Henri de Man

L'Ère des masses

& le déclin de la Civilisation

Omnia Veritas

HENRI DE MAN

(1885-1953)

L'ère des masses &

le déclin de la Civilisation

Vermassung und Kulturverfall, traduit de l'allemand par Fernand Delmas, Paris, Flammarion, 1954.

Publié par

OMNIA VERITAS LTD

*Ø*MNIA VERITAS

www.omnia-veritas.com

AVANT-PROPOS

E ncore une traduction de l'allemand ! Et pourtant, après l'expérience faite avec *Au-delà du Marxisme* et *l'Idée socialiste* notamment, je m'étais promis, il y a une vingtaine d'années déjà, de ne plus écrire de livres en cette langue. On a reproché alors aux traductions françaises de ces ouvrages écrits en allemand la tournure lourdement germanique de leur style ; et il m'a bien fallu reconnaître la justesse de ce reproche. Le fait est qu'il est presque impossible de couler dans une forme française un texte pensé en allemand. L'inverse toutefois n'est pas vrai ; la structure latine, en même temps plus claire et plus rigide, garde généralement fort bien sa forme sous le revêtement du tissu germanique, plus ample, plus souple, et donc mieux adaptable.

J'avais conclu de cette expérience que, pour faciliter les traductions et donc toucher le plus de lecteurs possible, je me servirais dorénavant du français.

Cette promesse a été tenue pour la demi-douzaine de livres que j'ai écrits entre 1935 et 1948. Mais l'écrivain propose et l'éditeur dispose : en 1949 c'est la proposition d'un éditeur américain de mes amis qui m'amena à écrire en anglais le livre qui constitua la version première de celui-ci ; il ne parut d'ailleurs pas, mon ami étant mort sur ces entrefaites et ses successeurs ayant trouvé mon livre trop pessimiste, au point d'en être « inarnéritain ». Cependant, peu après, la maison d'édition Francke, de Berne, m'en demandait une version allemande.

J'en profitai pour remanier légèrement mon texte ; et c'est cette version, que j'ai cherché à mieux adapter au lecteur européen, qui a servi de base à la présente traduction.

Les livres ont leur destin, et c'est donc à celui-ci qu'il faut s'en prendre si nous voici encore une fois confrontés par toutes les difficultés et tous les désagréments d'une nouvelle traduction. Pour donner une idée de leur étendue, il suffit de signaler que déjà le premier mot du titre allemand, *Vermassung und Kulturverfall,* est proprement intraduisible. Il paraît que quelqu'un a déjà osé « massification » ; j'ai jugé préférable de tourner la difficulté, quitte à employer « grégarisation » dans le texte là où aucun terme plus français ne convient aussi bien.

Quand M. F. Delmas, que je remercie ici d'avoir bien voulu se charger de cette traduction, m'a demandé ce que je considérais comme préférable, un texte serrant d'aussi près que possible l'original ou une forme élégante, je l'ai prié de donner, dans le doute, la préséance au contenu. C'est donc à moi qu'il appartient de demander pardon au lecteur s'il se heurte à certaines aspérités d'un style commandé, par la forme originelle de la pensée.

J'aurais sans doute jugé autrement s'il s'était agi d'un livre sur un sujet moins grave et moins difficile. Mais il est de ceux qui ne peuvent guère s'accorder avec le désir de rendre la tâche du lecteur aussi facile que s'il s'agissait d'une lecture d'agrément. Les livres qui plaisent par leur forme sans que leur substance donne à faire au cerveau ne manquent pas. Il s'agit ici d'un livre désagréable, et qui rien que pour cette raison demande de toute façon un sérieux effort au lecteur ; il se pourrait même que, sans cet effort, son but ne soit pas atteint, puisqu'il vise à faire réfléchir avant que de convaincre.

Henri de Man.

Greng, par Morat. Printemps 1953.

AVANT-PROPOS DE LA

PREMIÈRE ÉDITION ALLEMANDE

E n écrivant cet ouvrage, je n'ai pas eu d'autre livre sous la main ; je me suis contenté de contrôler à l'occasion tel ou tel passage que j'avais lu autrefois et qui me revenait en mémoire. Ce qui avait déjà été dit par d'autres sur le même sujet m'importait moins que ce que j'ai moi-même vécu, observé et essayé d'approfondir. De là l'emploi si fréquent de la première personne.

Sans doute le lecteur aura-t-il tendance à conclure des chapitres que j'ai consacrés aux phénomènes de décadence dans la civilisation d'aujourd'hui que je vois les choses en noir. Peut-être ne lui sera-t-il pas indifférent d'apprendre que j'ai toujours été tenu par mes parents, mes amis et tous ceux qui me connaissent pour un incorrigible optimiste. Se seraient-ils tous trompés ? Le lecteur qui voudra se faire là-dessus une opinion d'après ce livre devra se décider à le lire jusqu'au bout.

Henri de Man.

Greng, par Morat. Été 1951.

AVANT-PROPOS DE LA

SECONDE ÉDITION ALLEMANDE

L a plupart des comptes rendus et des lettres de lecteurs qui me sont tombés sous les yeux depuis la publication de cet ouvrage ont dissipé les craintes que je laissais percer dans mon premier avant-propos. Il semble donc que j'aie largement atteint mon but : signaler un danger sans pour cela faire peur et donc décourager, et je n'aurais rien à ajouter si une minorité de lecteurs, au reste bienveillants, n'était d'avis qu'entre la rigueur de mon diagnostic et la réserve de mes pronostics, il existe un désaccord inexpliqué.

À vrai dire ces images médicales s'appliquent mal à la nature de leur objet. La grégarisation n'est pas une maladie pour laquelle il faudrait découvrir une thérapeutique. Elle est la suite normale, logique, d'une évolution générale de la société sur laquelle on ne saurait revenir sans renoncer au machinisme, à l'économie industrialisée, à la forme démocratique de l'État. Il ne s'agit pas de prescrire à un malade le bon remède ; il s'agit de lutter contre la dégénérescence d'un organisme dont nous sommes les cellules, en reconnaissant comme telles les forces susceptibles de renverser le sens de l'évolution présente et en leur venant en aide. Dans cette tâche les efforts individuels de résistance ne peuvent eux non plus s'exercer que par l'entremise de forces de masses.

C'est donc affaire non point de médication, mais de lutte. La réponse à la question : « Qu'y pouvons-nous ? » se trouve, en dernière analyse, sur le plan de la politique - au sens le plus large et le plus élevé de ce mot, qui renferme en lui bien autre chose encore que les querelles des partis et l'élaboration des lois et aussi bien plus que ce que l'on appelle une politique culturelle. Car ce livre aurait manqué son but essentiel s'il n'avait pas réussi à faire toucher du doigt que la menace la plus immédiate qui pèse sur notre civilisation émane de la guerre en permanence. Et celle- ci de son côté ne peut être comprise que comme un produit de la grégarisation : en particulier de l'organisation de masses, de la peur de masses, de la propagande de masses.

Il est encore une autre raison pour laquelle l'image évoquée par le mot *pronostic* est inexacte.

Si je ne suis pas un pessimiste, cela vient en fin de compte de ce que je tiens pour impossible tout pronostic en histoire. Inutile d'approfondir des problèmes philosophiques pour fonder cette conviction. Une remarque de simple bon sens y suffit : pas un historien n'a encore réussi à prédire ce qui allait se passer. Seul l'invraisemblable peut aujourd'hui avoir quelque vraisemblance : et ceci fait plus que jamais bonne mesure à notre incertitude et, par suite, à notre liberté - comme à la portée des espoirs que nous permet la raison.

Henri de Man

Greng, par Morat. Été 1952.

CHAPITRE I

NOTRE CIVILISATION

L e monde est plein de gens qui vous déclarent qu'une troisième guerre mondiale aboutirait fatalement à la ruine totale de notre civilisation. Vous n'en entendrez pas moins la plupart d'entre eux vous parler tout aussitôt d'une guerre pour le salut de cette même civilisation. De cette contradiction bien peu ont conscience et cela prouve combien, chez l'immense majorité de nos contemporains, le slogan affectif fait obstacle à une vision lucide et fondée en raison de la réalité. Une telle situation doit être tirée au clair. Aussi nous faut-il avant tout nous demander quels concepts se cachent derrière les mots et quelles réalités derrière les concepts.

Les termes abstraits qui jouent un rôle de premier plan dans l'arsenal de la propagande moderne : civilisation, liberté, démocratie, etc., ont ceci de particulier qu'ils sont susceptibles des interprétations les plus diverses. C'est là sans doute l'un des motifs pour lesquels on les emploie de toutes parts si volontiers ; chacun y peut loger ce qui lui convient.

Le plus confus est peut-être le concept de civilisation. Cela vient sans doute pour une part de ce qu'il appartient au domaine des sciences de l'esprit et celui-ci touche la plupart des hommes moins directement que ne le font les débats quasi-quotidiens sur le régime politique et économique. Mais l'ambiguïté du mot civilisation vient également de ce que, même dans le langage scientifique, son contenu ne cesse jamais de rester fluide.

Sa signification s'est fort amplifiée depuis l'époque, pas si lointaine pourtant, où on l'appliquait principalement sinon exclusivement, aux choses qui relèvent de la formation de l'esprit, des goûts et des mœurs. Cet élargissement est dû en tout premier lieu à l'apport des sciences naturelles.

Partant de la notion fondamentale d'évolution biologique, la science du 19e siècle édifia un système imposant de connaissances et d'hypothèses nouvelles auxquelles vinrent ['une après l'autre s'intégrer la paléontologie, l'ethnologie, la spéléologie, l'archéologie, et, d'une façon générale, les sciences préhistoriques. Un peu plus tard la « psychologie des peuples » dont Wilhelm Wundt fut le pionnier, orienta les esprits vers l'évolution des langues, des religions et des mythes au cours des millénaires. La « psychologie en profondeur », dont C. G. Jung est actuellement le principal représentant donna à ce processus son couronnement en révélant, grâce à l'exploration du subconscient, des rapports à peine soupçonnés jusque-là entre notre civilisation et celle de nos ancêtres préhistoriques.

Les découvertes de la préhistoire se rapportaient avant tout à des outils, à des objets d'usage courant, à des armes. L'évolution des techniques fut ainsi portée au premier plan. Cette méthode trouva d'autant mieux accès dans les sciences morales que celles-ci, selon l'esprit qui régnait à la fin du Siècle dernier, considéraient presque comme un axiome l'identité du perfectionnement des techniques avec l'évolution de l'humanité dans le sens du progrès.

Alors donc que nos grands-parents concevaient encore l'épanouissement de la civilisation comme une recherche sans cesse approfondie du vrai et du beau, on s'accoutuma dès la génération suivante à disserter sur l'âge de pierre et sur l'âge de bronze et à attribuer aux perfectionnements apportés à la charrue et au tour du potier autant d'importance qu'à la peinture de la Renaissance ou à la conception du monde des Encyclopédistes. Dans la mesure où l'on croyait pouvoir atteindre les causes (au lieu de ne s'intéresser qu'aux fins comme on faisait autrefois) il se produisit dans les recherches sur l'histoire de la civilisation un déplacement du centre de gravité. Plus un fait était primitif, plus il était intéressant. Les peintures rupestres des cavernes d'Altamira n'avaient désormais pas moins d'importance pour nous que les fresques de Michel-Ange ; et c'est par les mœurs et les coutumes des insulaires des Fidji que l'on cherchait à éclairer les arrière-plans de notre psychologie religieuse moderne.

C'est ainsi que la génération mûrie pendant la première moitié de ce siècle en vint à concevoir la civilisation comme un lotit englobant non seulement les sciences et les arts, mais encore la technique et l'économie, l'État et la religion, la structure sociale et la morale des affaires, l'hygiène et les convenances. Cependant le langage, tel que l'emploient la plupart des gens dont la lecture des journaux constitue la principale nourriture intellectuelle, ne suit généralement qu'avec un certain retard l'évolution du vocabulaire scientifique. Il faut des dizaines d'années quelquefois avant que celui-ci ne s'infiltre dans toutes les classes de la société. Ce fait explique pour une large part que le mot civilisation puisse susciter les associations les plus diverses suivant la couche sociale à laquelle appartient le lecteur.

Toutefois, la pire source de confusion provient de l'influence qu'ont exercée sur la terminologie scientifique les savants allemands qui, depuis une ou deux générations, ont établi une distinction de principe entre « Kultur » et « Zivilisation ».

Les choses allèrent relativement bien aussi longtemps que, dans chacune des principales langues européennes, on désignait une même notion par un même mot. Jusqu'à ce moment, *civilisation* en anglais et en français, *civiltà* en italien, *beschaving* en néerlandais, *Kultur* en allemand signifiaient à peu près la même chose à quelques nuances près, provenant de ce que le phénomène même de la civilisation résulte dans chaque pays d'une évolution historique particulière. Ainsi, la *civiltà* italienne - mot introduit par Dante, si je ne me trompe -garde une certaine saveur romaine d'appartenance à un État policé. De son côté, la *Kultur* allemande, s'opposant immédiatement à *Natur,* rappelle le souvenir plus proche de l'époque où la culture de la terre marqua le passage de l'état sauvage à la civilisation. Ces nuances, sources de richesse linguistique plutôt que de confusion, n'empêchaient pas que ces termes s'avéraient pratiquement interchangeables. Tout le monde aurait pu continuer sans grand inconvénient à se servir du sien si un nombre croissant d'auteurs anglo-saxons n'avaient éprouvé le besoin de substituer au terme de civilisation celui de culture, en donnant à ce dernier une signification plus ou moins semblable à celui du mot allemand *Kultur.*

Or, il se trouve que cette signification est devenue de plus en plus équivoque depuis le moment où les Allemands se sont mis à opposer

Kultur et *Zivilisation.* Les premières tentatives dans cette direction, attribuant à *Zivilisation* un sens plus superficiel, semblent remonter à Kant et à son contemporain Moses Mendelssohn ; mais elles n'avaient encore rien de systématique, et, jusqu'il y a un demi-siècle environ, il s'est même trouvé des auteurs allemands importants pour interpréter la différence entre *Kultur* et *Zivilisation* dans un sens presque opposé à celui qui a fini par prévaloir. « Le « Dictionnaire Philosophique Allemand », par exemple, appelle *Zivilisation* « *le* premier degré de civilisation au sortir de la barbarie », qui précède donc celui de la *Kultur.*

C'est surtout Oswald Spengler qui, il y a une trentaine d'années, par son livre célèbre sur le *Déclin de l'Occident,* a « vulgarisé » » - dans les deux sens du mot hélas, -la conception qui prévaut actuellement. Bien que l'on n'en trouve nulle part de définition précise, son idée directrice est que, dans l'évolution générale de chaque *Kultur,* la *Zivilisation* représente un stade tardif où, les forces créatrices s'étant affaiblies, la *Zivilisation* ne comporte plus qu'un progrès, en quelque sorte quantitatif, dans le domaine des choses matérielles et techniques. Une anecdote bien connue essaie de fournir un exemple de cette distinction en disant : un blanc vivant parmi une tribu d'anthropophages et qui leur apprendrait à manger de la côtelette de missionnaire avec des couteaux et des fourchettes leur apporterait de la *Zivilisation ; s'il* leur apprenait à ne plus manger de chair humaine, ce serait de la *Kultur.*

Depuis Spengler, on s'est habitué à considérer la Zivilisation comme un stade de décadence qui marque la fin de chaque Kultur, selon un cycle par ailleurs immuable. C'est un cas typique de définition ad hoc, anticipant, par une fixation arbitraire du sens des mots, sur le résultat que l'on veut établir par leur emploi. On est en droit d'estimer que c'est une raison suffisante pour considérer que l'usage que l'on en fait en

Allemagne implique plus de dangers que d'avantages pour la connaissance scientifique. Il faut ajouter à cela le grave inconvénient que présente, pour la compréhension mutuelle entre les peuples et les traductions que cela requiert, l'usage de termes auxquels on donne dans -une langue un sens particulier qui ne correspond ni à leur origine latine, ni à celui qu'ils ont dans les autres langues. Ainsi, les Français ont toujours employé civilisation dans le sens général correspondant à celui de Kultur, tandis que culture pour eux se rapporte à la formation de l'esprit et du goût. C'est, sous certains aspects, le contraire de l'interprétation allemande moderne. Par exemple, selon Spengler, il peut arriver, dans un peuple de civilisation inférieure, qu'une petite élite raffinée représente à un degré supérieur ce que les Français appellent la « culture » - c'est-à-dire cette « formation par l'art et la science » et « cette politesse et cette bienséance » qui étaient déjà aux yeux de Kant les caractéristiques essentielles de la Zivilisation, distinguée de la Kultur. On voit dans quel labyrinthe s'engagent les auteurs français qui sacrifient à la mode du jour en substituant à « civilisation » une « culture » qui réveille des associations aussi différentes selon les nations et les époques. La confusion qui en résulte est la rançon que l'on paie dès que le vocabulaire scientifique, sans motifs graves, s'écarte du langage commun et de sa propre voie traditionnelle. La même observation s'applique aux savants anglais et américains qui, récemment, se sont habitués à dire culture au lieu de civilisation. Les Américains, suit-tout, se sont engagés dans cette voie pour nulle part, apparemment, sous l'influence des savants allemands immigrés au cours de cette dernière vingtaine d'années. Ce qui n'était à l'origine que la concession de quelques auteurs au pédantisme est devenu, chez cette partie du public qui tient particulièrement à être tenue pont,

« cultivée », une espèce de snobisme bénéficiant de la confusion entre l'interprétation allemande du mot Kultur et son sens traditionnel dans les langues latines. Et il va de soi que la petite minorité qui se considère comme une élite intellectuelle tient d'autant plus à ce nouveau vocabulaire qu'elle se distingue par-là du commun qui, lui, continuera sans doute longtemps encore à se contenter de dire civilisation pour désigner un phénomène saisissable par tous. Ainsi, l'effet des divergences sociales vient aggraver encore celui des divergences nationales.

Le seul argument que pourraient faire valoir ceux qui disent culture au lieu de civilisation, c'est que cela facilite l'usage de l'adjectif « culturel », pour lequel civilisation ne permet pas d'équivalent. C'est d'ailleurs une acclimatation qui paraît se faire toute seule, en dépit des résistances inspirées par des soucis de pureté linguistique légitimes en soi, mois impuissants à la longue contre les exigences de la pratique. Mais elle peut e faire - et c'est titi exemple que je suis moi-même à l'occasion -sans qu'on doive pour cela renoncer au substantif civilisation, qui garderait toute sa signification même si on s'habituait à ne plus faire de distinction entre civilisation et culture, ni au sens de la tradition française, ni à celui du néologisme allemand.

À examiner les choses de plus près, on trouve que le vocabulaire des théoriciens diffère en grande partie selon qu'ils représentent la tendance optimiste ou pessimiste. En pratique, cela équivaut presque à dire : selon qu'ils appartiennent au monde russe et américain ou au monde européen. Car l'une des nombreuses ressemblances entre la civilisation américaine et la civilisation russe dont il sera encore question dans ce livre tient dans le fait que les idéologies en honneur dans les deux camps expriment leur foi dans l'avenir et témoignent dans cette mesure même d'une conception optimiste de la civilisation - à l'inverse de l'Europe où, non seulement dans la patrie de Nietzsche et de Spengler, mais encore dans celles de Gobineau et de Toynbee, les théories pessimistes de la civilisation ont la prépondérance.

L'Européen cultivé qui juge la situation intellectuelle en Amérique d'après certains sociologues ou - phénomène plus fréquent - d'après la production littéraire dans le domaine du roman, de la poésie et de l'essai, se trompe aisément sur l'état de l'opinion publique dans ce pays. Depuis plusieurs générations en effet, et tout particulièrement depuis la première guerre mondiale, les écrivains représentant l'élite intellectuelle américaine traversent la même crise que les intellectuels européens à l'époque de l'industrialisation et de l'ascension sociale de la bourgeoisie. Elle se livre à la même étude critique de la société et de la civilisation qui a caractérisé la littérature européenne depuis Voltaire et Swift jusqu'à Ibsen, Tolstoï et Bernard Shaw, en passant par Balzac et Dickens. Il n'y a pour ainsi dire pas d'ouvrage marquant dans la littérature américaine depuis le début de ce siècle qui ne se soit révolté contre la glorification de l'état de choses actuel et contre la croyance optimiste au progrès dont fait preuve l'Américain moyen. Cette attitude est apparue encore plus clairement du fait que les meilleurs auteurs américains, et les plus connus à l'étranger, lesquels ont d'ailleurs pour la plupart passé quelques années en Europe, ont eu tendance à faire l'apologie de la civilisation et du mode de vie de l'ancien continent.

Mais celui qui connaît l'Amérique autrement que par la littérature d'exportation « highbrow », celui-là sait bien qu'une telle attitude n'est aucunement représentative de l'état d'esprit du public américain. Au contraire : bien plus que dans n'importe quel pays d'Europe, les milieux littéraires et artistiques ne constituent en Amérique qu'une élite sociale extrêmement restreinte dont l'influence, même indirecte, sur la formation du goût de la masse populaire est à peu près nulle. La consommation de papier correspondant à leur production littéraire sur le marché intérieur représente probablement moins d'un pour cent du papier utilisé par les imprimeries. Ce que l'on offre à l'Américain moyen en guise de, lecture - qu'il s'agisse des magazines populaires dont le tirage se chiffre par millions d'exemplaires, ou des best-sellers de la littérature romanesque - tout cela est écrit exclusivement sous le signe de l'optimisme total qui caractérise la conception américaine de la civilisation. Cette constatation ne vaut pas moins pour l'Américaine moyenne, qui, comme on sait, lit plus que la plupart des hommes et fait davantage encore preuve de conformisme intellectuel. Le résultat, c'est une quasi-unanimité, déroutante pour un esprit européen, lorsqu'il s'agit de proclamer sa foi dans la « vraie voie » symbolisée par le mode de vie américain, et dans l'avenir, vers lequel il doit conduire. La conséquence, c'est qu'il est pratiquement impossible, sauf dans des cercles privés extrêmement restreints, de faire partager des opinions où l'on peut voir des critiques en quelque sorte hérétiques de l'optimisme ambiant.

Qu'un livre comme *Study of History* de Toynbee ait trouvé en Amérique tant de lecteurs - ou du moins d'acheteurs - ne dément en rien la puissance de l'optimisme en tant qu'idéologie dominante en Amérique en matière de théories de la civilisation. La thèse défendue dans cet ouvrage correspond précisément à cet agréable mélange de diagnostic pessimiste et d'espoir réconfortant en une *happy end à* base de conviction religieuse qu'un certain snobisme bel-esprit attend de la lecture d'un tel livre : il doit chatouiller et même à la rigueur donner un peu la chair de poule, mais il ne doit pas porter de coups véritablement douloureux ou dangereux.

Tout le monde sait que - *mutatis mutandis* - il n'en va pas autrement en Russie, à cela près que, dans ce pays, on dispose pour donner le ton à l'opinion publique de moyens beaucoup plus directs que la menace du chômage et la mise en quarantaine. Aussi l'Europe se laisse-t-elle moins facilement illusionner sur la Russie que sur l'Amérique, d'autant plus que le nouveau continent exerce sur notre civilisation une influence beaucoup plus forte et plus directe.

L'optimisme russe n'est d'ailleurs pas exactement de même nature que l'américain. Il ne lui ressemble que dans la mesure où, dans ces deux pays « jeunes », on croit que seuls les autres sont en décadence, tandis que l'on Se trouve encore au stade initial de l'évolution. Mais en revanche la conception russe n'exclut pas la possibilité d'un renouvellement de la civilisation par le moyen d'une révolution sociale qui pourrait s'étendre également à l'ancien continent. Fidèles au principe de Marx, suivant lequel les idées qui dominent une époque sont toujours et uniquement celles des classes qui sont au pouvoir, les communistes considèrent la crise que traverse la civilisation occidentale comme un problème qui pourrait être résolu par la dictature révolutionnaire du prolétariat. Autre différence : les Russes assurent leur « unanimisme » par des moyens encore beaucoup plus massifs et plus directs que les Américains. La révolution américaine date de bientôt deux siècles, la révolution russe de trente-cinq ans seulement. Ainsi, tandis que l'Amérique défend, dans un climat conservateur, une position idéologique conquise et consolidée depuis très longtemps, on constate encore en Russie les effets d'une vague révolutionnaire à peine retombée et qui n'a même pas encore eu le temps de déferler sur toute l'Asie. Rien d'étonnant par conséquent si l'on a dans le périmètre russo-asiatique l'impression de respirer une brise matinale, tandis que les « châteaux en ruines » de l'ancien continent baignent, comme disait Gœthe, dans le crépuscule.

La réaction pessimiste contre la croyance naïve au progrès qui a caractérisé le siècle dernier n'est donc nullement un phénomène universel. Le monde américain et le monde soviétique russe ne sont pas les seuls à y avoir échappé : il en est de même pour les peuples de couleur d'Afrique et d'Asie pour lesquels l'influence de notre civilisation occidentale a précisément ouvert de nouvelles et réconfortantes perspectives d'avenir. La réaction pessimiste est pratiquement limitée à l'Europe - ou plus exactement à l'Europe centrale et occidentale. Mais on ne peut même pas dire que sur notre continent le pessimisme soit partout aussi prépondérant qu'il l'est, tout au moins depuis Spengler, dans les pays de langue allemande. En raison de sa tradition coloniale et impérialiste, l'Angleterre est trop longtemps demeurée associée à la diffusion toujours plus large de la civilisation occidentale par-delà les sept mers pour avoir entièrement perdu la foi en la supériorité incontestable et en la pérennité de la civilisation de « l'homme blanc » ; G.B. Shaw lui-même n'a pas réussi à ébranler cette foi : dans bien des cas, il a tout juste réussi à faire sourire les augures. En ce qui concerne les pays latins, leur latinité même les immunise en grande partie contre le pessimisme extrême d'un Spengler : leurs élites intellectuelles ont trop le sentiment d'être les héritiers d'Athènes et de Rome pour ne pas éprouver une grande répugnance à interpréter les signes de décadence même les plus évidents comme la manifestation particulière d'un « déclin général de l'Occident ».

À la grande diversité de nuances que peut revêtir « l'angoisse universelle », correspond une diversité non moins grande de théories et de conceptions de la civilisation.

Il n'est donc pas étonnant que, sur dix personnes qui s'entretiennent de la décadence de notre civilisation, il soit rare d'en trouver deux qui donnent à ces mots le même sens. Les images qui surgissent à l'esprit de certains sont empruntées à l'histoire des civilisations disparues : on pense alors aux ruines de l'Acropole, aux décombres des temples Maya dans la forêt vierge de l'Amérique centrale, à la « vie quasi-végétative du fellah égyptien » à l'ombre des Pyramides, à la destruction de l'Empire Romain par les Barbares, et ainsi de suite. D'autres se représentent -un monde américano-européen ravagé, par la bombe atomique, laissant le champ libre à l'invasion des hordes jaunes ou noires qui jetteront peut-être sur notre sol ancestral les bases d'une nouvelle civilisation. D'autres encore pensent à une fin de l'espèce humaine ou même du inonde au terme de réactions physiques en chaîne déclenchées par la bombe atomique. Il y a encore toutes sortes d'autres images intermédiaires plu, ou moins vagues, où les éléments qui viennent d'être décrits se mêlent dans les combinaisons les plus diverses.

Dans tous les cas et à travers toutes les théories, se révèle le divorce entre deux conceptions de la civilisation qui, bien que radicalement différentes, portent toutefois le même nom.

L'une, que l'on pourrait appeler -unitaire, conçoit la civilisation comme un processus global s'étendant à toute l'histoire de l'humanité. Suivant l'expression employée par Blaise Pascal il y a trois siècles, l'humanité est conçue ici « comme un seul homme qui apprend continuellement ». De par sa nature même, cette conception est déjà optimiste, car elle suppose un processus cumulatif dans lequel il n'y a que des quantités positives s'ajoutant les unes aux autres. L'autre - conception, que nous appellerons pluraliste, repose sur l'hypothèse selon laquelle le cours de l'histoire est constitué par la répétition incessante d'un même cycle de phénomènes comprenant la naissance, l'épanouissement et la mort des différentes civilisations. Cette hypothèse se trouve à la base de presque toutes les théories pessimistes, car le principe d'une telle répétition est difficilement conciliable avec la croyance en une finalité intelligible.

La profondeur de l'abîme qui sépare ces deux conceptions apparaît déjà dans le fait qu'une civilisation, telle que l'entendent les pluralistes, ne s'étend jamais que sur des périodes de quelques siècles, la plus ancienne de ces périodes ne remontant pas ait delà de cinq ou six millénaires. Pour les unitaires en revanche, la civilisation n'est pas limitée à la période dite historique, mais elle inclut toute l'évolution de l'humanité dans la mesure où elle a laissé des traces quelconques ; elle englobe donc entre autres ces degrés de civilisation que les anthropologues appellent « sauvage » ou « barbare ». Il s'agit dans ce cas d'une ère couvrant plusieurs dizaines de milliers d'années, dont l'époque historique ne représente qu'une fraction peu importante.

Il y a là un hiatus qu'aucune théorie de la civilisation n'a jusqu'à présent pu réellement combler, mais que l'on a tout au plus réussi à camoufler sous des fleurs ; il constitue le problème fondamental à résoudre si l'on veut savoir ce que l'on dit quand ou parle de la fin de « notre civilisation ».

En fait, la plupart de ceux qui attendent du siècle de la bombe atomique qu'il marque le suicide de notre civilisation ne distinguent bien souvent pas clairement entre la conception unitaire et la conception pluraliste. Sans doute parlent-ils tous du déclin de « notre civilisation », mais ils laissent ordinairement entière la question de savoir si le « notre » doit se rapporter à la civilisation humaine en général ou seulement à sa phase occidentale. Le problème qu'il s'agit de résoudre en l'occurrence se ramène donc logiquement à la question suivante : d'où proviennent et à quoi doivent aboutir les tendances internes qui menacent « notre » Civilisation occidentale de décadence ? Appartiennent-elles à un Système causal intéressant uniquement la phase occidentale de la civilisation, c'est-à-dire une période n'excédant pas un millier d'années, ou bien les causes du déclin ne doivent-elles pas être recherchées beaucoup plus loin ?

Ce livre se propose avant toute autre chose de répondre à cette question, et cela sur la base d'une analyse qui se distingue en deux points essentiels de toutes celles qui ont été tentées jusqu'à ce jour. En premier lieu : elle n'admet pas comme point de départ axiomatique la conception pluraliste et « répétitive », mais, de ce fait, elle n'exclut pas non plus a priori une interprétation ou une solution « unitaire », que l'issue en soit heureuse ou malheureuse. Et en second lien : elle n'admet pas l'utilisation étroite de la méthode analogique qui se borne à une comparaison purement morphologique de faits historiques ; elle accorde en revanche une part d'autant plus importante à l'analyse sociologique qui, sous l'aspect extérieur des phénomènes, cherche à reconnaître des rapports de causalité plus profonds.

Cherchons donc tout d'abord à découvrir quelle réalité se cache derrière le concept qu'Européens et Américains désignent communément par l'expression « notre civilisation ». En l'occurrence, le meilleur fil conducteur sera constitué pour nous par les différents adjectifs que l'on emploie pour la caractériser.

Celui qui a parcouru le monde et a pris contact avec les peuples de couleur (qui d'ailleurs forment la plus grande partie de sa population), a pu constater que, vue de l'extérieur, notre civilisation constitue une réalité concrète nettement délimitée : elle est la civilisation de Y « homme blanc ». Les Blancs eux-mêmes qui vivent chez les peuples de couleur ne voient du reste pas les choses autrement : la ligne de démarcation entre leur civilisation et celle des indigènes correspond exactement à la différence entre deux genres de vie bien déterminés, et cette différence à son tour est celle qui distingue deux races et deux couleurs de peau.

Si séduisant qu'il soit en raison de sa simplicité et de sa clarté, ce caractère distinctif ne peut toutefois être considéré comme décisif. Car tout d'abord il existe au moins une civilisation d'hommes blancs encore vivante, en plus de la civilisation occidentale : celle des Arabes. En second lieu et surtout : il y a eu, avant notre civilisation occidentale, plusieurs autres civilisations « blanches », disparues dans l'intervalle. Toynbee estime même que, sur les 21 civilisations qu'il admet, il n'y en a pas moins de 12 qui contiennent des « apports féconds » provenant de peuples de race blanche. Or la plupart de ces civilisations sont éteintes, et c'est là un motif suffisant pour condamner comme équivoque une dénomination qui leur serait commune à toutes. Pour distinguer, eux aussi, notre civilisation de celle de nos ancêtres et de nos voisins, la plupart des historiens ont en effet préféré un autre adjectif : je veux dire « occidental ».

Sans doute le mot n'est-il pas très précis, car en fin de compte la détermination de ce qui est à Y « ouest » et de ce qui est à « l'est » dépend du lieu où l'on se place, et depuis l'Antiquité où a été faite la distinction entre l'Orient et l'Occident, le point de vue s'est trop déplacé pour que ces mots puissent aujourd'hui encore avoir une signification précise. Cependant, à mesure que le centre de gravité de la civilisation occidentale se déplaçait vers l'ouest, le concept d'occidental s'adaptait lui aussi peu à peu dans l'usage général au nouvel état de choses. Aujourd'hui, il Se trouve coïncider à peu près, dans tous les domaines linguistiques, avec un espace géographique correspondant en gros aux territoires européens et américains peuplés par les blancs.

Certains historiens ont récemment essayé d'introduire le mot « atlantique » : ils signifiaient par-là que l'Amérique aujourd'hui n'est pas une partie moins importante de l'Occident que l'Europe. Mais l'idée se heurte à l'objection suivant laquelle il est difficile d'admettre, du point de vue historique, qu'une évolution remontant à plus d'un millénaire porte un nom qui caractérise uniquement sa dernière phase. Il n'y a pas encore deux siècles que l'Amérique a commencé à jouer un rôle dans le processus qui se déroulait depuis huit siècles à l'est des côtes occidentales de l'Europe et des Îles Britanniques. Le terme « atlantique » est donc trop étroitement calqué sur la conjoncture actuelle pour qu'il soit préféré au traditionnel « occidental ». À côté de ces deux mots, l'épithète « chrétienne » est la plus usitée. Elle exprime un fait historique concret, à savoir que notre civilisation est née et s'est développée sous le signe des impulsions religieuses issues du Christianisme. Il y a cependant de bonnes raisons pour ne pas identifier en quelque sorte la civilisation occidentale à la religion chrétienne. Le mot « Christianisme » évoque l'idée d'un « idéal » moral dont l'histoire enseigne que l'Occident est toujours resté trop éloigné (et de plus en plus ces derniers temps) pour que le terme « chrétien » n'ait pas un arrière-goût désagréable de fausse vertu.

À cette objection, qui est d'ordre affectif, s'en ajoute une autre qui est objectivement d'un plus grand poids. Le Christianisme est beaucoup plus ancien que la civilisation occidentale, il est même environ deux fois plus ancien. Quelques historiens font commencer l'histoire de l'Occident au seuil de l'an 1000 et les autres remontent à peine au-delà du Vine siècle. Que l'on fasse entrer dans ce calcul la tentative manquée de l'empire carolingien n'a en l'espèce aucune importance ; la question est aussi académique que celle de savoir au juste si un opéra commence avec l'ouverture ou seulement avec le premier acte.

L'an 1000 est à juste titre considéré par Oswald Spengler comme la date qui coïncide à peu près avec l'apogée ou, si l'on veut, le centre même des événements qui ont donné à notre civilisation son caractère propre. Parmi ceux-ci, citons surtout, pêle-mêle : la fin des grandes migrations européennes ; la fondation d'une dynastie nationale en France, en Allemagne et en Angleterre ; la Paix de Cluny au terme de cette Grande Peur suscitée par l'attente de la fin du monde ; la fondation des premières communes ; l'apparition de la bourgeoisie ; le passage, en architecture et dans les arts apparentés, du style romain (revu par les Barbares) et du style byzantin au style roman ; le début des Croisades ; la colonisation intérieure de l'Europe par les moines ; le grand schisme qui sépara l'Église d'Orient de l'Église d'Occident.

Du reste l'an 1000 marque également un tournant dans l'histoire du Christianisme. À partir du XIe siècle, la religion chrétienne a joué dans l'Occident un tout autre rôle que celui qu'elle avait joué en Orient, à Rome, et dans l'Empire byzantin.

Il faut bien se garder de sous-estimer pour cela dans le Christianisme les éléments permanents, tels qu'ils se manifestent par exemple pour tous les chrétiens dans la Sainte Écriture et pour les catholiques en outre dans la perpétuité de l'Église romaine. Plus l'action de la religion sur la vie du siècle est vive, plus le culte prend corps en des institutions ecclésiastiques, plus la religion et l'histoire religieuse se trouvent indissolublement engagées dans l'évolution générale de l'histoire. On voit s'exercer alors des influences réciproques. D'une part les institutions ecclésiastiques sont, en tant que telles, soumises à des nécessités temporelles, comme par exemple celles qui résultent de leur effort pour durer et étendre leur pouvoir. Les préceptes de la religion d'autre part agissent sur les hommes de chaque époque de façon différente selon les conditions de leur vie sociale et culturelle et selon la façon dont ils s'amalgament à d'autres influences spirituelles - par exemple à celles de la science et de la philosophie. Il s'en sait que, dans l'enseignement de l'Église, les centres de gravité se déplacent, de nouvelles interprétations apparaissent, et cela équivaut à un constant renouvellement et à une incessante évolution de la conception religieuse du monde.

De toutes les transformations auxquelles le Christianisme a été soumis au cours de deux millénaires, la plus profonde fut celle qui s'accomplit aux environs de l'an 1000. Elle représente beaucoup plus qu'une simple adaptation de la politique et de l'enseignement de l'Église à de nouvelles circonstances économiques, sociales et politiques. C'est de la foi elle-même que jaillirent des forces spirituelles et morales toutes neuves, de nature à créer des situations nouvelles bien plutôt qu'à s'adapter aux anciennes.

Ce n'est pas dans le milieu contemporain que ces forces prenaient leur origine. Elles avaient surgi dix ou quinze siècles plus tôt dans deux pays méditerranéens : dans la terre natale de la religion chrétienne, la Palestine, et dans la terre natale de la philosophie rationaliste, la Grèce. Longtemps avant la Renaissance - qui en dépit de son nom, fut plutôt une adaptation par imitation qu'une véritable renaissance - le moyen-âge, parvenu à son apogée, avait réalisé cette fusion unique en son genre de la sagesse hellénique et de la morale chrétienne qui donna à notre civilisation son caractère spécifique et son élan spirituel original.

Le christianisme de l'Orient avait été magique, celui de l'Occident fut rationaliste, et cela dès le XIIIe siècle, dans une mesure que ne soupçonnent pas les gens qui aiment tant l'expression de « sombre moyen-âge ».

Sociologiquement parlant le Christianisme avait, jusqu'au XIe siècle, revêtu les formes les plus diverses. Ce fut successivement - et à l'occasion simultanément - une religion d'esclaves s'éveillant à un sens nouveau de la dignité humaine, une religion d'ascètes et d'ermites fuyant un monde de péché, une religion de thaumaturges qui frayaient la voie à une psychothérapie plus haute, une religion d'aristocrates nés dans le paganisme qui s'étaient détournés d'une existence dépourvue de sens ; et de temps en temps aussi une religion d'hommes d'État et de chefs d'armées habiles qui ne lui demandaient rien d'autre que de leur fournir de meilleurs sujets et de meilleurs soldats. Après l'apparition des cités du moyen-âge avec leurs gouvernements, autonomes de bourgeois indépendants, artisans et commerçants, le Christianisme prit un visage tout nouveau. Au lieu de fuir le monde, on lui donna son assentiment ; d'ermites qu'ils étaient, les moines se firent pionniers de la colonisation intérieure. Les cathédrales furent construites par des hommes appartenant à de nouvelles couches de la société, fondateurs d'un nouvel ordre social, animés d'un sentiment tout frais de la liberté personnelle, d'une nouvelle foi en la rédemption par le travail, d'une nouvelle confiance en la pensée critique, en des jugements conformes à la raison pour atteindre la vérité. Ce nouveau Christianisme se distinguait autant de l'ancien que le message de la cathédrale d'Amiens diffère de celui des mosaïques de San Vitale à Ravenne ou que la philosophie néo-aristotélicienne de Saint Thomas d'Aquin diffère du messianisme visionnaire des contemporains du Christ.

La moitié occidentale de l'Europe est encore pleine de monuments qui témoignent de la nouvelle foi du moyen-âge : le Christ n'apparaît plus en Dieu-Roi, mais en Dieu fait Homme ; la Vierge-Mère devient l'incarnation la plus haute de l'amour porté au sublime ; le diable et les saints sont désormais les symboles du pluralisme social qui a fait suite à la hiérarchie ancienne ; le Jugement dernier, thème de prédilection dominant le portail ouest des cathédrales, proclame le primat d'une éthique fondée sur la responsabilité personnelle ; l'accent est mis désormais sur l'obligation morale du travail dans l'interprétation de la chute originelle et de la rédemption ; l'autorité spirituelle des savants et des philosophes païens est reconnue - comme à Chartres, où Pythagore, Euclide et Aristote figurent à côté des prophètes et des apôtres. Tous ces témoignages et mille autres s'offrent à la vue de quiconque voyage à travers l'Europe occidentale, sans qu'il soit besoin de lire un seul livre en dehors du « grand livre de pierre » des cathédrales. En vérité, ce Christianisme-là est le produit de la civilisation occidentale, tout comme il a contribué lui-même à la créer, et cela est déjà en Soi Une raison suffisante pour que deux mille ans de Christianisme et un millénaire de vie de l'Occident ne se recouvrent pas exactement.

D'autres aspects intellectuels de notre civilisation sont éclairés par des qualificatifs comme faustienne, scientifique, ergocratique, individualiste, personnaliste, démocratique, etc. Ils se placent tous à un point de vue beaucoup trop particulier et limité dans le temps pour pouvoir s'imposer comme adjectifs usuels ; chacun d'eux n'en contribue pas moins à sa manière à déceler des traits caractéristiques de l'ensemble.

Spengler a qualifié de faustienne notre civilisation pour la distinguer de celle de l'antiquité gréco-romaine qui fut apollinienne et de celle de l'Islam qui est « magique ». L'expression n'a tout son sens que pour la petite partie de l'humanité qui connaît le Faust de Goethe, et cela ne représente en dehors des pays de langue allemande, qu'une infime minorité ; car le Faust reste, en dépit des tentatives les plus méritoires, proprement intraduisible. Il n'en est pas moins vrai qu'il constitue une somme de la culture de l'Occident, en même temps qu'il contient l'ensemble des symboles les plus expressifs des forces agissantes en elle. Faust - Splengler le démontre de façon convaincante - incarne en lui ces forces en raison de sa volonté de puissance et de perfection qui ne connaît pas de limites, en raison de son ambition de dominer la nature, du dynamisme qui, dans sa conception de la vie et du monde, ne s'accorde ni trêve ni repos, on encore - et ce n'est pas le moins important - à cause de la façon dont il passe du monde tragique des sortilèges au inonde magique de la technique. En tout cela l'expression « faustienne » est particulièrement adéquate. Le démonisme de la science et de la technique est un caractère essentiel de notre civilisation.

Il y a eu naturellement de tous temps des gens qui cherchèrent à étendre le domaine des connaissances ; toutefois, il s'agissait pour eux d'un tout autre genre de savoir - et de sagesse - que pour nous. La science occidentale était déjà engagée dans la voie particulière et nouvelle qu'elle avait délibérément choisie longtemps avant qu'il vînt à l'esprit de quelqu'un de la mettre au service d'inventions techniques. Notre civilisation avait déjà six ou sept siècles quand elle franchit, dans le domaine de la production ou des communications, la limite que par exemple la Chine, la Grèce ou Rome avaient déjà atteinte depuis longtemps et qui, à la même époque, caractérise la civilisation arabe.

Pour la science de l'Occident, c'était dès le principe un tout autre genre de recherche de la vérité qui était en cause. Pour la première fois dans l'histoire, on tournait le dos à toute révélation magique, mythologique ou mystique. Ce que nous appelons science est effectivement une quête de la vérité d'une nature toute spéciale et nouvelle. Car elle part du principe que tout ce qui se produit dans le monde est déterminé par des lois comprises comme l'action de causes (et non plus comme la réalisation de fins, ainsi qu'on l'admettait auparavant). Sans doute cette intervention du principe de causalité dans le raisonnement est caractéristique de toute pensée mécanique, mais elle était déjà pratiquée et cultivée plus d'un demi-millénaire avant l'époque dénommée l'âge des inventions. La méthode scientifique a exercé son influence jusqu'sur les conceptions religieuses : ce n'est qu'à des hommes de l'Occident qu'il pouvait venir à l'esprit de prouver l'existence de Dieu par des déductions logiques et d'établir par-là que la façon dont Il règne sur le monde s'accorde avec les lois découvertes par la science et -élucidées par la philosophie.

Au moyen-âge et quelques siècles encore au-delà, cette nouvelle méthode de pensée fut appliquée presque exclusivement à la théologie et à la philosophie. Pendant ce temps, on rassembla et on conserva les acquisitions scientifiques théoriques et pratiques transmises par les géomètres et les calculateurs grecs, les ingénieurs romains et particulièrement par les Arabes dans leurs recherches algébriques. La conviction optimiste des chercheurs du moyen-âge, que l'esprit observateur, logique et critique, avait accès à la compréhension du monde, ne cessa de se développer. La pensée scientifique qui, depuis la Renaissance et tout spécialement depuis le XVIIe siècle, mène à la technique moderne, en passant par les sciences dites exactes et les sciences de la nature, ne fut que le prolongement de ce rationalisme précoce du moyen-âge qui, en théologie, s'est depuis lors sclérosé sous la forme de la scolastique.

Tout -comme cet épanouissement de la science, celui de la technique qui, plus tard, s'édifia sur elle, constitue un fait nouveau. Certes, de tous temps, des inventeurs ont sans cesse amélioré les outils et les moyens de production. On n'aurait pas connu sans cela depuis des millénaires la charrue, la roue, le métier à tisser, le moulin à eau, etc. Archimède, les Chinois, les Arabes et bien d'autres prouvent que l'esprit d'invention appliqué aux appareils mécaniques mis au service de la technique du travail ou de la guerre, ne s'est point limité à l'Occident. Mais ici, on a suivi une voie nouvelle supposant un long développement des sciences exactes et tendant vers des buts tout différents ; ce qui est nouveau également dans le résultat final, c'est l'emploi d'une force motrice produite mécaniquement : la vapeur, l'électricité, au lieu de la force musculaire de l'homme ou des animaux.

Pour en arriver là, il a fallu autre chose que l'ambition d'acquérir de nouvelles connaissances. Là où, au moyen-âge, l'artisanat aurait pu, avec l'aide de méthodes mécaniques de production, se développer en des entreprises industrielles, des interdictions appropriées vinrent partout s'opposer à cette tendance. Il y a à peine plus de quatre cents ans que Léonard de Vinci notait dans son journal qu'il avait inventé une machine à voler, mais avait décidé de ne le dire à personne. L'âge de la machine à vapeur, dont l'invention marque le début de la révolution industrielle, date tout juste de deux siècles. Auparavant, il a fallu lui ouvrir la voie en écartant toutes sortes d'obstacles. À partir du XVe et du XVIe siècle, le-développement du trafic au-delà des mers, la décadence du régime des corporations, l'effondrement de la société théocratique et féodale, l'émancipation politique de la bourgeoisie, l'abolition de la défense de faire rapporter des intérêts au capital se chargèrent de cette besogne. C'est seulement quand il devint ainsi possible d'employer des machines pour accroître ses capitaux que la science fut au service de la technique et la technique au service de la finance.

Dans la mesure où cette évolution a été en première ligne et depuis le début l'œuvre de la bourgeoisie, on serait en droit de qualifier notre civilisation de bourgeoise. Mais ce qui s'oppose à l'emploi scientifique de cette dénomination, c'est que la bourgeoisie elle-même, au cours de ces neuf ou dix siècles, a subi de profondes transformations qui font que cette expression désigne une réalité fluctuante. En outre, au cours des discussions sociales des temps modernes, une nuance souvent péjorative s'y est associée : le mot ne peut plus être pris ainsi en un sens tout à fait objectif. Ces considérations ont d'autant plus de poids que, dans le langage de la politique, les adjectifs bourgeois et capitalistes sont souvent - bien à tort - considérés comme synonymes.

Le mot « bourgeois », correspondant à l'allemand *Bürger,* à l'anglais *burgher,* et *burgess,* et à l'italien *borghese,* désignait, à partir du XIe siècle, les habitants des villes affranchis des servitudes féodales et par suite habilités à s'administrer eux- mêmes dans leur métier et dans leur cité. Cette bourgeoisie fut d'abord presque exclusivement composée d'artisans et de commerçants, mais avec le temps, elle engloba aussi des agents administratifs, des membres des professions intellectuelles et des gens qui, à des titres divers, participaient an commerce et aux rapports entre les hommes. Après la fin du moyen-âge, il s'y adjoignit une petite minorité - qui ne tarda pas à s'accroître -de banquiers, prêteurs, courtiers, grands commerçants participant au trafic d'au-delà des mers et autres détenteurs de capitaux produisant des intérêts. Ceux-ci furent, sociologiquement parlant, les ancêtres des capitalistes des deux derniers siècles, tout comme les bourgeois du moyen-âge doivent être considérés sociologiquement comme les ancêtres des *middle classes* anglaises et, plus près de nous, de la *business class* américaine.

Après avoir mené pendant six ou sept cents ans bien des luttes contre les couches sociales voisines (noblesse terrienne, clergé, paysans, salariés ne possédant rien, gens de cour etc.), la bourgeoisie européenne conquit la puissance politique au cours d'une série de révolutions, qui ébranlèrent d'abord les Pays-Bas au XVIe siècle, l'Angleterre au XVIIe, la France au XVIIIe. Ces révolutions, en introduisant la démocratie parlementaire et en amplifiant les libertés conquises par la bourgeoisie dans le travail, le choix du métier, le commerce et le profit, jusqu'à en faire la liberté tout court, rendirent possible la révolution industrielle et avec elle l'avènement presque universel du système économique capitaliste.

La montée de la bourgeoisie et le développement du capitalisme ont ainsi des rapports étroits aussi bien entre eux qu'avec la civilisation de l'Occident d'une façon générale. Il s'agit même là de caractères exclusifs de cette civilisation, car il n'a jamais existé auparavant de régime social où l'activité économique reposât sur la libre concurrence et sur le jeu illimité du profit.

L'expression capitaliste ne convient donc pas pour désigner notre civilisation occidentale, puisqu'elle s'applique seulement à la phase la plus récente de son développement et qui comprend à peine deux siècles.

On peut en dire autant de dénominations comme « mécanique » ou « industrielle ». Par contre, des expressions comme « ergocratique », « personnaliste » ou « démocratique » mettent en relief des caractères plus durables ; leur faiblesse consiste seulement en ce qu'elles ne soulignent que certains aspects limités de la civilisation. Toutefois, elles pénètrent assez près de l'essentiel pour mériter quelque attention.

Le qualificatif « d'ergocratique », assez souvent employé, particulièrement en Amérique, prétend exprimer que notre civilisation repose sur le respect du travail. Elle se distingue en effet par-là de toutes les autres. Sans avoir recours à l'histoire, on peut le constater dans le présent partout où des Blancs occidentaux se trouvent en contact avec des peuples de couleur. Exactement comme les Européens et les Américains tiennent les indigènes pour irrémédiablement paresseux, ceux-ci réciproquement considèrent les Blancs comme des demi-toqués, tourmentés par la furie du travail. Ce qui, naturellement, ne prouve qu'une chose, à savoir que les diverses civilisations disposent d'échelles de valeur différentes.

Chaque civilisation, de quelque race qu'il s'agisse, et sous quelque climat qu'elle se développe, suppose naturellement un certain quantum de travail ; mais celle de l'Occident a ceci de particulier qu'elle a fait de cette nécessité vertu. Ce n'est certes pas par hasard que la prédication du travail comme devoir moral découlant du péché originel constitue une des fonctions essentielles des missionnaires aux avant-postes des Blancs. À cela s'ajoute que nous avons finalement si bien enchaîné le travail humain au travail des machines, et intégré de telle manière l'appréciation de son rendement dans le salaire, que le labeur productif est devenu pour nous la mesure de toutes les valeurs et l'argent l'expression de ces valeurs. Par suite, notre civilisation est la seule à avoir fait du travail le but de la vie et de *l'efficiency* le critérium du succès, sans se soucier des « dons du ciel » ni de la beauté du « geste inutile ». Par là le temps prend une nouvelle signification sociologique, puisqu'il est pour nous perdu ou pratiquement sans valeur quand il n'est pas employé au travail et en vue du gain. Ce n'est que dans l'Occident que l'on apprécie le temps, « parce que c'est de l'argent ».

Le rôle joué par l'homme dans notre civilisation comme personnalité ou comme individu, est également chose essentiellement nouvelle et originale. Ce personnalisme est du reste en étroits rapports avec l'ergocratie. Ces deux traits trouvent leur fondement originel et religieux dans la conception chrétienne (qui n'a son pareil dans aucune autre religion), d'après laquelle chaque homme assume lui-même et lui seul la responsabilité de ses actes et tient ainsi en mains son destin. Car la doctrine chrétienne a pour conséquence que tous les hommes, naissant avec une âme immortelle, sont soumis aux mêmes lois voulues par Dieu et ont le droit d'espérer la même justice divine et la même grâce. La civilisation occidentale est aussi la seule à avoir produit un système social et politique où tous les hommes, sans égard à leur naissance, disposent sinon des mêmes chances matérielles, du moins du même droit à façonner leur propre destinée par leur conduite personnelle. Ce système n'a certes pas été réalisé partout dans la même mesure, mais partout on s'efforce d'en faire une réalité, et cela avec d'autant plus d'intensité que les pures influences occidentales ont plus de force pour triompher - par conséquent surtout en Amérique et dans les autres pays « jeunes », où elles ont à surmonter moins d'obstacles dressés par la tradition.

Le personnalisme, où la même valeur morale, la même dignité sont reconnues à tous les hommes, et l'ergocratie qui fait dépendre leur destin personnel de leur activité propre, ont les mêmes racines que la démocratie, car elle concède à tous les hommes la même faculté d'exercer une influence sur les lois et le gouvernement.

Une telle conception qui, depuis la fondation des premières communes jusqu'à nos jours, n'a jamais cessé d'agir comme un idéal à atteindre est aussi absolument sans précédent dans l'histoire des civilisations. Tout au plus peut-on admettre qu'il en apparaît comme une ébauche dans les républiques des cités grecques où elle est incluse à l'état embryonnaire - et où du reste, en fin de compte, elle avorta - car premièrement dans ces républiques une petite minorité de privilégiés pouvait seule se gouverner elle-même et secondement ce ne fut qu'une phase transitoire dans une évolution dont le point culminant fut atteint en partie plus tôt, en partie plus tard. Par contre, ce que la Révolution française du XVIIIe siècle par exemple (et plus nettement encore la Révolution américaine) s'est efforcée d'établir et ce que depuis lors tout l'Occident, par des voies diverses, continue à tenter de réaliser, constitue, même si on ne voit là qu'un idéal, quelque chose de tout à fait nouveau.

Ce rapide aperçu auquel a donné lien un problème de dénomination a donc suffi à déterminer une série d'indices qui distinguent notre civilisation de toutes celles qui l'ont précédée, de toutes celles qui existent. On a l'impression que déjà le caractère de répétition attribué aux civilisations par la théorie pluraliste se trouve par-là dans une certaine mesure mis en question, car une civilisation apportant tant de choses qui sont nouvelles au point d'être sans précédent se laisse difficilement ranger dans une série dont l'Ecclésiaste se voit contraint de dire : « Ce qui a été c'est ce qui sera et ce qui s'est fait c'est ce qui se fera... Vanité des vanités, tout est vanité. » (Ecclésiaste, I - 9 et 2.)

Nous aurons encore à rechercher si cette impression résiste à un examen plus approfondi. Il y a lieu de se garder ici de conclusions trop hâtives, d'abord parce que la théorie pluraliste, la théorie de la répétition, n'exclut pas que chaque civilisation puisse représenter quelque chose de différent et par suite de nouveau ; elle prétend seulement que toutes vont de la même manière à la décadence et à la mort - et c'est justement dans cette perspective que l'évolution de notre civilisation occidentale devra être étudiée. Mais en laissant complètement de côté ce qui résultera de nos recherches sur son devenir immédiat, il est déjà une constatation générale que nous pouvons esquisser provisoirement à grands traits. La conclusion des partisans de la répétition : « Tout est vain » parce que tout n'est que perpétuel recommencement, est insoutenable si on n'admet pas que tout l'apport original d'une nouvelle civilisation est condamné à disparaître avec elle et à rentrer dans le néant. C'est pourquoi les représentants les plus conséquents de la théorie de la répétition, comme Spengler, se sont donnés tant de peine pour réduire l'importance des possibilités de liaison et de transfert d'une civilisation à une autre. Si cette supposition se révélait fausse, si au contraire une civilisation pouvait hériter d'une autre, si même pour l'avenir, un isolement par des frontières infranchissables dans le temps ou dans l'espace n'était plus guère imaginable, alors bien sûr la théorie de la répétition se trouverait privée de son fondement.

CHAPITRE II

LA CIVILISATION ET LES CIVILISATIONS

L'ancêtre de toutes les théories pluralistes, basées sur la notion de répétition, est le Napolitain Giovanni Battista Vico. On en trouve exposées dans *sa Scienza nuova* parue en 1725 toutes les idées fondamentales. Le cours de l'histoire est déterminé comme celui des phénomènes naturels par les lois voulues par Dieu. Ces lois apparaissent en ce que toutes les « nations » suivent une évolution analogue. Chacune de ces évolutions suit un cours « cyclique » et revient à son point de départ. Il n'y a progrès que dans la mesure où les hommes parviennent à une conscience plus haute des lois auxquelles ils sont soumis.

Vico, on le sait, n'eut pas de son vivant beaucoup de succès et ne fut « découvert » qu'un siècle plus tard. Toutefois, peu de temps après lui, la méthode comparative (dont il avait surtout trouvé la matière dans l'antiquité classique) fut appliquée au même sujet par un Français célèbre et par un Anglais qui ne l'était guère moins.

En 1734, Montesquieu écrivit son livre *De la Grandeur et de la Décadence des Romains,* et en 1776, Gibbon donnait à son tour *Decline and Fall of the Roman Empire.* Depuis lors, des millions d'élèves et d'étudiants de tous les pays ont dû, au cours de leurs études historiques ou lors de leurs examens, prouver par des rapprochements entre les phénomènes de décadence des civilisations aux différentes époques, leur aptitude à saisir dans sa profondeur l'enchaînement des faits historiques.

Il importe d'observer que Vico, aussi bien que Montesquieu, et aussi (quoique dans une moindre mesure) Gibbon, ont eu à l'égard de leur temps une attitude critique. Au fond, ce qui leur importait - et même là où ils se contentaient de le laisser lire entre les lignes - c'était d'inciter leurs lecteurs à faire des comparaisons avec le présent, pour les amener à cette conclusion que le régime contemporain était lui aussi menacé de périr, à moins de subir une transformation radicale. En cela ils ne songeaient pas seulement au système politique, mais encore à l'ordre social tout entier, y compris les idées régnantes, les croyances et les mœurs.

Que Vico ait parlé de « Nations » tandis que Montesquieu et Gibbon traitaient des « Empires » est sans importance à côté du fait que, au fond, c'est le même sujet qui est étudié ici et chez les théoriciens postérieurs de l'évolution cyclique de l'histoire, à savoir : les civilisations et cela selon une méthode identique, à savoir la méthode comparative.

Cette méthode est mise en œuvre par les théoriciens du pluralisme en un double sens, c'est-à-dire au fond, en deux séries parallèles de recherches : premièrement il s'agit de trouver ce qui distingue une civilisation des autres, donc son originalité ; secondement, d'établir ce qu'elle a de commun avec les autres, et c'est le même déroulement cyclique de ses phases successives. Alors que la première de ces tâches exige des investigations en profondeur, indispensables pour atteindre l'essence d'un organisme quel qu'il soit, dans la seconde l'attention se porte plutôt sur des ressemblances de forme - en langage savant, sur des analogies morphologiques. Cette méthode s'impose d'autant plus que les civilisations, chez Toynbee, sont identifiées à des organismes individuels à l'intérieur d'une espèce et même, chez Splengler, à des plantes.

C'est dans l'emploi des analogies morphologiques que se trouve le point faible des doctrines pluralistes. Elles ont produit précisément dans ce domaine, à côté d'un certain nombre d'observations intéressantes, suggestives et parfois brillantes, bien des choses contestables et même insoutenables.

La méthode morphologique a, pour l'historien, un charme particulier - qui peut aisément devenir un danger. Pour prendre à Spengler un de ses exemples, celui qui « découvre » que Bouddah, Socrate et Rousseau sont « contemporains », c'est-à-dire ont joué des rôles analogues comme « hérauts de civilisations naissantes » dans des phases correspondantes de diverses civilisations, s'exalte à la pensée qu'il pénètre beaucoup plus avant dans le domaine du savoir que s'il étudiait l'une quelconque de ces trois personnalités dans le milieu qui lui sert de cadre. Il n'a plus maintenant affaire à de simples rapports de causalité comme ceux qui se peuvent établir entre un homme et son milieu, mais c'est le sens profond des phénomènes historiques dans l'absolu qui semble se dévoiler. On croit saisir les lois mêmes qui règlent le déroulement de l'histoire et ce par quoi ce déroulement prend pour nous un sens. Cette « descente chez les Mères » vous procure naturellement une jouissance intellectuelle particulièrement relevée. La tentation est si forte que plus d'un déjà a brûlé les étapes en remplaçant les anneaux qui manquaient dans la chaîne des analogies par des interprétations tendancieuses de faits imparfaitement connus ou même par de pures hypothèses.

On se laisse aller d'autant plus aisément à procéder ainsi qu'aujourd'hui il n'est pas un historien dont on puisse attendre ni exiger qu'il soit également versé dans toutes les parties et toutes les époques de l'histoire universelle. Ici comme ailleurs les temps du savoir encyclopédique sont révolus. Chacun a sa spécialité et peut s'estimer heureux s'il la possède assez pour pouvoir utiliser les connaissances acquises dans ce domaine, afin d'avoir plus facilement des vues sur les grands ensembles qui se présentent dans les disciplines voisines. Seulement il n'y est plus alors qu'un dilettante et non un spécialiste. Il lui est impossible de connaître tous les faits accessibles aux autres spécialistes et il est bien obligé, bon gré mal gré, de faire entre eux un choix. Naturellement il s'arrêtera d'abord à ceux qui l'intéressent le plus parce qu'ils font son affaire - ou pour s'exprimer de façon plus nuancée, parce qu'ils semblent confirmer et étendre les vues auxquelles il a atteint dans sa spécialité. Il en résulte un danger auquel plus d'une conclusion tirée de l'analogie a déjà succombé : d'une jambe, elle prend pied sur un sol ferme, mais de l'autre sur un sol instable, de sorte qu'elle boite lamentablement.

Je ne veux donner en exemple que le plus récent des représentants de l'école pluraliste, Arnold Toynbee. Je me sens ici d'autant plus à l'aise que je l'ai lu avec beaucoup de profit, que j'admire son savoir étendu et, que j'éprouve sur des points très importants -par exemple son attitude universaliste, humaine, libérale et pacifiste - de la sympathie pour ses opinions. Or donc Toynbee est, par sa formation, orientaliste, et signale dans une préface qu'il ne s'est occupé jusqu'à un âge relativement avancé que des civilisations du Proche-Orient maintenant disparues et à l'époque de leurs débuts dans l'histoire. Des événements contemporains -il s'agit de la première guerre mondiale - l'ont tout à coup amené à s'intéresser à la période moderne et spécialement au présent dont, à vrai dire, jusque-là, il ne savait pas beaucoup plus que ne peut apprendre par les journaux l'homme de la rue. Naturellement, il a puisé par la suite à d'autres sources, mais tout aussi naturellement il en est resté sur mainte question au savoir du lecteur de journaux. Cela explique sans doute d'étranges lacunes qui se manifestent par exemple dans le fait que ce protagoniste de la plus moderne théorie sur le déclin des civilisations ignore le plus important des philosophes nihilistes de la civilisation : Nietzsche, et le plus important psychologue qui ait analysé le « sentiment de malaise dans la civilisation » : Freud.

Les erreurs qu'il commet dans l'appréciation de la situation contemporaine s'expliquent de la même manière. Pour ne donner qu'un petit exemple - caractéristique pourtant - Toynbee fait précéder une discussion du communisme d'une remarque d'après laquelle celui-ci tiendrait son nom de la « Commune de Paris » (Mars-Mai 71). En fait, l'expression « Communisme » était courante dans la littérature politique de l'Europe occidentale dès avant 1840 et le *Manifeste communiste* de Marx et Engels, le document politique le plus important de ce siècle peut-être, parut, on le sait, en 1848. Ce défaut de familiarité avec les faits n'empêche pas Toynbee de consacrer au Marxisme et au Communisme d'aujourd'hui un nombre respectable de pages. Il se trouve que je me suis occupé assez longuement et sérieusement de ces questions ; je n'éprouve donc aucune difficulté à faire le départ entre les considérations fondées sur des faits et les affirmations fausses de Toynbee sur ce sujet. Le malheur est que chaque lecteur n'est vraiment spécialiste que dans un domaine, où il est en état d'exercer un tel contrôle. Mes réactions à la lecture de Toynbee sont naturellement celles de quelqu'un qui a été témoin d'un accident de la rue et qui en lit le lendemain dans le journal un compte rendu en grande partie inexact. Il se demande alors quelle foi on peut bien ajouter au récit d'événements beaucoup plus lointains. Cette tendance au scepticisme se trouve encore renforcée quand on apprend des experts, combien maigre est la documentation, que les historiographes des civilisations depuis longtemps disparues, comme la civilisation égéenne et la sumérienne, ont à leur disposition, combien infime le nombre des faits sur lesquels on peut vraiment faire fond.

Certes le technicien expérimenté a bien, d'ordinaire, développé en lui dans une certaine mesure la faculté de faire par intuition, même en dehors des limites de sa spécialité, un tri entre les faits, les interprétations, les hypothèses. Il sait aussi à quoi se réduit la différence entre l'apparence et la réalité pour qui se fie trop aux apparences. La tentation est particulièrement forte lorsqu'il s'agit d'analogies de formes, c'est-à-dire de l'aspect extérieur des choses. La réalité a beaucoup de facettes qui, selon la perspective où se place l'observateur, apparaissent dans une lumière différente. Dans certaines circonstances le promeneur peut bien découvrir dans un nuage, dans la crête d'un rocher, ou dans un vieux saule un profil humain qui, quelque cent mètres plus loin, a déjà pris un tout autre aspect. Comme il est facile, quand on traite d'une époque dont les spécialistes ne connaissent pas grand-chose, et les profanes pour ainsi dire rien, d'en faire accroire au grand public avec des analogies ! C'est par ces ressemblances formelles qu'il s'en laisse le plus aisément imposer ; d'abord parce que, en tant que phénomènes extérieurs, on peut les percevoir sans grand effort, et ensuite parce que l'on s'imagine accéder par ce moyen commode à la compréhension directe de profondes relations intimes. Il en résulte que la méthode des analogies morphologiques, si féconde qu'elle ait pu être sur certains points, porte la responsabilité de la diffusion de toutes sortes de théories à la mode qui se *rangent plutôt* parmi les sujets de conversation spirituels à l'usage des dilettantes que parmi les vérités scientifiquement établies.

Certes cette méthode a ouvert sur l'histoire des vues qui sont parmi les plus précieuses, depuis les premiers essais de l'homme pour la considérer autrement que comme une série de récits anecdotiques, édifiants ou dramatiques. Il faut compter en première ligne comme une de ces conquêtes positives durables la constatation que, dans l'histoire des civilisations, et même simplement en histoire, il n'y a pas d'évolution en ligne droite, mais un mouvement qui progresse comme celui des vagues, au cours duquel des organismes ayant atteint leur maturité périssent les uns après les autres pour faire place à des formes nouvelles. En reconnaissant des civilisations dans ces organismes appelés nations par Vico, empires par Gibbon, notre savoir a fait un pas en avant, il faut également le reconnaître.

Il est bien dommage que l'ambiguïté de l'expression ouvre ici les portes toutes grandes à de trop nombreux malentendus et peut-être une dénomination précise comme « cycle de civilisation » eût-elle été préférable. Mais en ce qui concerne le fond même des choses, il nous faut, surtout depuis Spengler (et sans qu'on ait besoin de le suivre pour cela dans ses exagérations), considérer comme établies les propositions suivantes :

1° Ces phénomènes historiques parcourent le cycle particulier de leur évolution qui, analogue à celui des organismes, les mène de la naissance à la mort, par-delà la maturité et la vieillesse.

2° Ce sont des civilisations en ce sens que leur contenu est soumis à l'action de forces psychiques particulières dont le rôle est analogue à celui de « l'âme » chez les êtres vivants.

3° Elles peuvent tout aussi bien s'infiltrer et se féconder réciproquement que naître et mourir indépendantes les unes des autres.

On peut admettre ces principes sans en tirer la conclusion qu'il s'agit dans tout cela du perpétuel retour d'un processus foncièrement de même nature. Car à cette conclusion s'opposent les constatations suivantes qu'il nous faut d'abord énumérer ici comme des thèses avant de leur donner un fondement plus précis :

1° En dépit de, leur ressemblance avec les êtres vivants, les civilisations ne sont nullement aussi nettement distinctes les unes des autres que les individus d'une même espèce biologique.

2° En dépit de tout ce qui les distingue, elles s'intègrent dans le déroulement général de l'évolution civilisatrice prise dans un sens unitaire, fondé lui-même sur les affinités biologiques de l'humanité en général et sur la transmissibilité des conquêtes de la civilisation.

3° Le fait que chaque civilisation représente quelque chose d'original exclut plutôt l'hypothèse d'une perpétuelle répétition que celle d'un développement graduel de toute la série dans une certaine direction.

4° L'originalité des civilisations et leur indépendance à l'égard les unes des autres - ce postulat sur lequel repose la théorie de la répétition - n'est valable que pour une partie du déroulement de l'histoire qui nous est accessible, mais en aucun cas pour les civilisations actuellement existantes.

5° Le fait que notre civilisation occidentale est la première dont le champ de rayonnement s'étende sur le monde entier crée une situation nouvelle en principe, quant à l'originalité et à l'indépendance des civilisations.

6° Il en va de même de l'allure accélérée et sans précédent de certains processus d'évolution qui sont propres à la phase actuelle de notre civilisation occidentale ; accélération à laquelle - dans l'hypothèse unitaire de l'évolution des civilisations également - il y aurait lieu d'attribuer une signification d'un ordre nouveau.

7° Parmi les phénomènes pouvant être actuellement retenus dans l'Occident et interprétés tant comme symptômes de décadence que comme germes éventuels d'un renouveau, il en est pour lesquels il n'existe aucun précédent dans des époques, comparables des civilisations antérieures. On se contentera pour l'instant de caractériser trois d'entre eux par les formules : « règne des masses », « mécanisation », « conscience de l'histoire ».

En ce qui concerne le premier de ces sept points, il est deux constatations que l'on peut faire à la lecture des ouvrages principaux de la théorie de la répétition qui devraient surprendre le lecteur réfléchi : 1° ce qu'il faut entendre par « civilisations » est confus et plein de contradictions ; 2° on est loin d'être d'accord sur le nombre des civilisations (ou cultures selon le vocabulaire employé). Gobineau compte dix civilisations, Spengler huit, Toynbee en trouve vingt et une - dont dix représentent des cas douteux - après élimination de cinq civilisations « stoppées » et de quatre « mort-nées ». En y regardant de plus près il apparaît que ces divergences entre les trois théoriciens principaux proviennent moins de ce qu'ils disposaient d'un ensemble de faits plus ou moins considérable que de ce qu'ils ont appliqué des échelles différentes à l'appréciation de ce qui constitue une civilisation ; à chacune de ces échelles correspondait en outre une autre philosophie de l'histoire. En d'autres termes, chacun étend l'histoire sur un lit de Procuste différent qui la contraint à une autre attitude. Une telle incertitude sur le nombre des civilisations anciennes ou actuellement existantes serait-elle imaginable si elles étaient vraiment analogues à des organismes ? Des êtres vivants, qu'il s'agisse d'arbres dans un verger ou d'êtres humains dans une pièce, sont bien faciles à dénombrer s'ils ne sont qu'une ou deux douzaines - sauf au cas où la visibilité serait si mauvaise qu'on ne puisse pas même établir à quelle espèce ils appartiennent, et alors il vaudrait mieux renoncer à philosopher dans les ténèbres.

On a encore tout lieu d'être sceptique en constatant que parmi les civilisations mortes dont le nombre est incertain, il n'en est pas plus de quatre ou cinq à avoir laissé assez de traces de leur évolution pour qu'il soit possible d'en tirer une conclusion générale quelconque. En fait, les théories de la répétition ont été déduites de l'étude comparative d'un tout petit nombre de civilisations et imposées à celles qui restaient

- ce qui naturellement fut d'autant plus facile qu'on connaissait moins de faits susceptibles de contredire les interprétations proposées.

Ainsi l'indépendance des civilisations à l'égard les unes des autres ou leurs affinités réciproques constitue le problème le plus scabreux et le plus insidieux. À l'inverse de Spengler qui cherche à l'esquiver, Toynbee le pose en pleine lumière, mais sans le résoudre malheureusement. Il distingue entre celles qui présentent un « rapport de famille » ou de « connexité » et celles qui sont restées « en vase clos ». Il y aurait peut-être lien de discuter si cet « isolement » est, en fait, aussi absolu que le voudraient prétendre Spengler et Toynbee. Certes on peut admettre avec une certitude suffisante que, par exemple, entre la civilisation égéenne et la civilisation maya, aucun contact ne s'est établi, du moins pas en ce sens que l'une aurait pu influencer l'autre. Mais on peut imaginer des rapports d'une autre nature qui les feraient néanmoins considérer comme des parties d'un ensemble.

Au point de vue biologique pour commencer. Nous ne savons pour ainsi dire rien de la façon dont sont apparues et se sont différenciées les races humaines ; nous, ne sommes donc pas non plus en état de juger dans quelle mesure des phénomènes de civilisation ont pu provoquer, dans des régions géographiques fort éloignées les unes des autres, des conséquences biologiques susceptibles de s'appliquer à l'humanité tout entière. Peut-être y a-t-il lieu de Considérer la population actuelle de la terre, qui ne connaît plus de civilisations en vase clos, comme le foyer prédestiné qui concentre en lui tous ces effets. Il y a déjà longtemps que les ethnographes ont appris à voir dans le perfectionnement des outils et des armes un processus d'ensemble et à l'associer à cet autre processus d'ensemble : l'évolution biologique. De ce point de vue il n'est en fin de compte, aucune contribution, de si loin qu'elle vienne dans le temps et dans l'espace, qui ait été complètement perdue. La psychologie collective en particulier dans ses ramifications modernes qui s'efforcent d'explorer les faits inconscients héréditaires, ne voit pas les choses autrement. Dans un tableau des mythes de l'humanité comme celui que J. G. Frazer a entrepris dans soin Rameau d'Or, il n'y a pas de civilisations en vases clos. Il n'y en a pas davantage si l'on admet avec C. G. Jung une mémoire collective de l'espèce, Car cela suppose, a priori, de tout autres formes de transmission que des influences civilisatrices par communication des états de conscience.

Une objection fondamentale à la thèse des civilisations en vase clos résulte en outre de la question : le seul fait que nous connaissons leur existence ne constitue-t-il pas déjà un contact, pris entre elles et nous ? Et un tel contact n'est-il pas déjà une raison suffisante pour écarter l'idée d'une pure et simple répétition de processus identiques ?

Si l'on veut donner à cette question une réponse exacte, il est un fait d'importance que Toynbee a bien noté, niais manifestement sans en percevoir toute la portée. Il remarque en effet que, « dans l'ancien continent, depuis trois millénaires, et depuis deux dans le nouveau, autant que nous le N'y a-t-il pas là une différence fondamentale, entre deux époques ? On pourrait dans ce cas admettre sans crainte l'existence d'un nombre encore plus grand de civilisations disparues, inconnues de nous, définitivement inconnaissables ; donc vraiment indépendantes, et cela ne changerait rien au fait qu'elles ont eu part à l'évolution biologique, technologique et psychologique de races, d'outils, d'armes, de mythes et de langues. Le fait que nous ne pouvons plus discerner cette participation n'enlève rien à sa réalité ni à son efficacité. Le chrétien n'a nullement la prétention de connaître tous ses aïeux depuis Adam et Ève et l'incroyant ne sait pas davantage comment, depuis le pithécanthrope (ou quel que soit le nom de cet ancêtre hypothétique) les races humaines se sont développées. Il n'est pas moins établi qu'une évolution de ce genre a nécessairement eu lieu et que la connaissance de son point terminal contemporain et de quelques phases antérieures nous permet de lui donner raisonnablement un sens.

Nous pouvons le faire bien que, dans la série des civilisations successives, tout comme dans celle des organismes humains, il y ait un nombre incalculable de, chaînons dont aucune trace n'est parvenue jusqu'à nous. C'est ainsi que Toynbee, à côté de ses neuf civilisations plus ou moins étouffées dans l'œuf, ou demeurées inachevées, admet l'existence « d'environ six cent cinquante sociétés primitives » qui ne se sont pas élevées au rang de civilisations et par suite n'ont joué aucun rôle dans l'établissement de rapports « connexes » entre celles-ci. Il se peut. Mais pourquoi n'y aurait-il pas dans l'histoire de l'humanité comme dans la nature - cette grande prodigue - et dans l'évolution biologique en général, des tendances qui s'atrophient, des avortements, des institutions mort-nées, des « impasses », ou, comme le suggère Toynbee des « expériences manquées » ?

C'est seulement cette hypothèse qui confère au fait que, depuis deux ou trois mille ans, les civilisations ont cessé de se développer en vase clos, toute son importance. Les civilisations qui se sont épanouies dans le bassin méditerranéen depuis l'antique Égypte jusqu'à celles de l'Europe moderne ont manifestement entre elles des affinités beaucoup plus intimes que n'importe quelles autres dont il subsiste encore des restes, des traces ou des témoignages. Les rapports existant en particulier entre l'antiquité grecque et romaine aussi bien qu'entre cette antiquité et l'Occident sont si étroits, que les mêmes historiens pour qui chacune de ces civilisations est un organisme indépendant ne sont pas d'accord sur le point où il convient de tracer la limite. C'est cela sans doute qui a amené le plus récent d'entre eux, Toynbee, à renoncer à toute description concrète de leurs caractères originaux (alors que Spengler l'avait encore entrepris), car il est impossible de décrire ce qui distingue des parents entre eux sans attirer également l'attention, en traçant cette ligne de démarcation, sur ce qui les unit les uns aux autres.

À la place de la brillante caractéristique qui constituait du, moins le charme principal de l'œuvre de Spengler, Toynbee se contente de, cette froide définition pratique : une civilisation est « an intelligible field of study » littéralement, « un champ de recherches intelligible » ; mais la meilleure traduction serait sans doute : « un ensemble que l'on peut saisir comme cohérent ». On peut penser ce qu'on voudra de cette définition, pour ma part j'estime, qu'en dépit de sa froideur « scientifique », les qualités essentielles d'Une définition scientifique lui font défaut, savoir la clarté et l'absence d'ambiguïté. Si, sous le nom de champ de recherches intelligible, on entend quelque évolution cyclique complète, cela peut s'appliquer au jour aussi bien qu'au mois et qu'à l'année. Si l'on comprend par là un laps de temps contenant aussi bien les causes que les effets d'une série cohérente de faits donnés, alors il n'existe, depuis deux ou trois millénaires, absolument aucune cloison. Peut-on saisir la civilisation occidentale comme un ensemble cohérent si on en exclut les influences gréco- romaines et palestiniennes ? Comment un champ de recherches cohérent peut-il se limiter aux effets de causes qui ont leur place dans un autre champ plus ancien ?

Bien sûr on peut parler d'une civilisation gréco-romaine, d'une civilisation arabe, d'une civilisation de l'Occident, etc., si on n'entend par là rien d'autre que cette réalité dont on est effectivement parvenu, de Vico à Toynbee, à prouver l'existence : un cycle partiel dans le cours général de la civilisation humaine où l'on peut discerner une naissance, un développement et un déclin dans un système particulier d'impulsions et de réalisations culturelles. Jusque-là, bon. Pour nous aussi la civilisation de l'Occident représente en ce sens un « enchaînement intelligible ». Mais voici cet enchaînement de faits historiques englobé dans un autre (voire même dans plusieurs autres) comme le cycle des jours dans celui des mois et de l'année. La véritable philosophie de l'histoire consiste à ne pas se contenter de reconnaître la figure des cycles partiels, mais derrière eux, à travers eux et au-dessus d'eux, à contempler la figure du cycle total.

Ceci est aujourd'hui plus nécessaire que jamais et, par bonheur, plus facile aussi, parce que nous vivons dam une époque où, manifestement, il ne s'agit plus de civilisations, mais de la civilisation. Une évolution qui, depuis deux ou trois générations, s'est accélérée dans une mesure insoupçonnée jusque-là, a mis fin à l'indépendance réciproque des civilisations. Il n'est pas vrai que, dans ce domaine, il n'y ait « rien de nouveau sous, le soleil ». Ce qui est nouveau, c'est que, depuis que la Méditerranée a constitué le centre de l'évolution qui donna naissance à notre civilisation occidentale, la tendance croissante à un apparentement et à une intégration remporte une victoire toujours plus décisive sur la tendance à la différenciation. Ce qui est neuf encore, c'est que depuis trois mille ans on constate un crescendo continu. Ce qui est nouveau également, c'est qu'aujourd'hui, pour la première fois dans l'histoire, le monde entier est, sinon dominé, du moins atteint et influencé par une seule civilisation. Ce qui est nouveau enfin, c'est que les hommes, grâce à la destruction atomique, ont en mains désormais la possibilité de mettre fin à cette civilisation et même, peut-être, à toute vie sur la terre. Jusqu'ici la civilisation était un moyen de donner une forme à la nature ambiante. Par la bombe atomique et ses effets radioactifs elle pourrait aboutir à détruire cet univers ambiant ou à le rendre inhabitable et les savants compétents estiment que ce danger n'est nullement exclu.

Ce qui a amené les théoriciens de la répétition à sous-estimer l'importance de principe de ces faits nouveaux, - dans la mesure où ils pouvaient en avoir connaissance - ce fut leur aversion pour la foi au progrès du siècle précédent. Ils ont réagi contre cet optimisme matérialiste qui attendait le salut du perfectionnement de la technique, cet optimisme matérialiste que Spengler, non sans quelque raison, a qualifié « d'optimisme aux pieds plats ». De cette réaction sentimentale provient leur surestimation du caractère de répétition découvert dans les cycles particuliers de civilisation. Ils se trouvaient en présence de phénomènes de décadence et ne surent pas en découvrir d'explication plus convaincante que de proclamer notre civilisation soumise, elle aussi, à la loi de la mort comme toutes les autres, et destinée à faire place à une nouvelle.

Il est curieux qu'aucun d'entre eux n'ait seulement songé à une possibilité à laquelle seul Nietzsche, à vrai dire, fait parfois allusion, à savoir que l'évolution dont ils étudient la phase de déclin pourrait bien englober encore de tout autres choses qu'une civilisation à la suite de beaucoup d'autres, et avant beaucoup d'autres. Et si ce qui se passe sous nos yeux ou du moins semble nous menacer, représentait la fin de la civilisation au sens unitaire, de la civilisation humaine tout simplement ?

Notons-le bien, on peut poser le problème sans se lier à l'avance à une solution quelconque et même sans seulement être certain qu'il comporte une solution. Mais il faut le poser si on ne veut pas fermer les yeux devant le fait que ce qui est en question aujourd'hui dépasse, à bien des égards, ce qui, lors du déclin des civilisations antérieures, à chaque fois disparu avec elles.

On peut reconnaître ce fait sans être obligé de revenir aux conceptions de l'époque pour laquelle l'unité de la civilisation n'allait pas au-delà de l'unité du progrès des sciences et des techniques. Il y a encore une autre conception unitaire : la conception religieuse, en particulier celle de la religion chrétienne. Il est caractéristique de la rupture actuelle entre la pensée religieuse et la pensée scientifique que les historiens de notre époque « scientifique » aient totalement laissé de côté cet aspect du problème. C'est pourquoi il est tant de bons esprits qui croient que ce n'est plus la science qui peut donner une réponse aux grandes questions de la philosophie de l'histoire telles qu'elles se posent aujourd'hui, mais seulement la théologie.

Ils entendent par là pour la plupart que l'interprétation historique la plus valable est encore celle qui considère l'histoire de l'humanité sous l'angle de la création, des prophéties, de leur accomplissement, du jugement et du salut. Peut-être ont-ils en cela raison. Mais là aussi on devrait se garder de fermer le livre de l'histoire pour ouvrir celui de l'Apocalypse avant d'avoir épuisé jusqu'à la dernière les possibilités de l'analyse scientifique.

La méthode analogique semblant avoir, en fait, atteint ses limites, c'est de la méthode sociologique qu'on devrait d'abord attendre des résultats qui mènent plus avant. Il y a lieu ainsi de faire passer au premier plan des phénomènes qu'il convient de considérer comme des caractéristiques, en principe nouvelles, de notre civilisation occidentale : le règne des masses, l'économie sur le plan mondial, la mécanisation, la conscience de l'histoire.

CHAPITRE III

LA MASSE ET LA GRÉGARISATION

C'est au XVIIIe siècle que se fit jour l'idée, selon laquelle la chute de l'Empire Romain offre un exemple typique des symptômes qui accompagnent la décadence d'une civilisation ; depuis lors cette idée n'a pas cessé de hanter bien des esprits. Les sources les plus sérieuses auxquelles on se réfère ordinairement à ce propos sont les œuvres de certains écrivains latins qui, pour des motifs tant politiques que moraux, se sont livrés à la critique de leur époque. On y trouve dénoncée à chaque page (selon toute apparence à juste titre, mais aussi parfois avec une outrance un peu tendancieuse) une dégénérescence dont l'amollissement général des mœurs devait être stigmatisé comme la manifestation la plus grave.

C'est encore sur l'affaiblissement de la force vitale que mettent l'accent les doctrines qui, vers la fin du siècle dernier, mirent à la mode le mot « décadence ». Le, phénomène en question était essentiellement limité aux grandes villes du continent européen, bien qu'il y eût également à Londres et, dans une mesure beaucoup plus faible, à New-York, de petits cercles d'individus bohèmes auxquels il ne déplaisait pas de passer pour décadents. Cette « fin de siècle » avait ceci de particulier que, pour exprimer ses prétentions à une culture raffinée et à un goût délicat, une petite aristocratie sociale désœuvrée recourait volontiers à une profession de foi « décadente ». C'était l'époque où triomphaient les formules de « l'art pour l'art » et de la « culture de l'exquis ». À Paris, à Vienne et à Berlin, il était alors de bon ton d'afficher précisément ce manque de robustesse et de vitalité auquel les historiens classiques imputaient la chute de Rome et des civilisations antiques en général. Le cas d'un Proust traînant une éternelle maladie était un exemple de ce genre de vie ; on pourrait également citer les mœurs efféminées et les manières affectées d'un Oscar Wilde, qui déclarait que son unique sport de plein air consistait à faire à l'occasion une partie de dominos à la terrasse d'un café parisien.

La première guerre mondiale marqua le terme de cette époque. Cependant, même chez Spengler, on trouve encore après la guerre des traces de la théorie analogique du déclin des civilisations, en vogue vers 1900 sous le nom de « décadence ». Elles apparaissent dans son principe fondamental : « Toute civilisation passe par les mêmes âges que l'individu ; chacune d'elles a son enfance, sa jeunesse, son âge mûr et sa vieillesse. » Le mot vieillesse fait involontairement penser à l'engourdissement et à l'épuisement progressifs des forces vitales ; et, de fait, Toynbee n'a pas pu, lui non plus, se dégager complètement de la conception traditionnelle, suivant laquelle il y a quelque chose de ce genre dans les symptômes de décadence actuels.

Mais si, renonçant à vouloir regarder le présent à la lumière du passé, on se contente de le voir tel qu'il est, on ne tarde pas à s'apercevoir qu'il ne peut être question de « vieillesse » à propos de notre civilisation. Pour s'en tenir à l'image des différents âges de la vie, on devrait plutôt dire qu'elle fait penser à un homme débordant de force dont la santé ne laisse rien à désirer - sinon peut-être du côté du cerveau ou du système nerveux. La couleur de la fin de siècle décadente était un bleu lilas d'une pâleur maladive ; celle du milieu du XXe siècle est un rouge sang éclatant.

Sur le plan démographique, on ne remarque aucun épuisement chez les peuples qui sont les principaux représentants de la civilisation occidentale. Il y a sans doute en Europe des pays qui, pour des raisons de politique nationale, se plaignent d'un recul des naissances ; mais dans l'ensemble, et en particulier chez les peuples « jeunes », le nombre des individus de race blanche s'accroît à une cadence telle que l'humanité a lieu de se demander chaque jour davantage comment le monde pourra dans l'avenir nourrir une si grande masse d'hommes. Grâce à une meilleure hygiène et aux progrès de la médecine notamment, la durée moyenne de la vie augmente d'année en année. La capacité de rendement du corps humain ne diminue pas non plus : on ne le remarque pas seulement aux records atteints dans toutes sortes de sports et d'exercices physiques, mais encore au nombre toujours plus grand de ceux qui les pratiquent et à l'élévation constante du niveau moyen des performances réalisées.

En ce qui concerne d'autre part l'utilisation de ces forces sur le plan économique, on travaille en Occident comme jamais on n'a travaillé et comme nulle part ailleurs on ne travaille dans le monde. Ainsi a-t-on pu atteindre un degré de productivité qui, voici encore un siècle, aurait paru utopique. Les deux premières guerres mondiales ont en outre démontré que la race blanche était également tout à fait capable de subir sans broncher l'épreuve du danger et des fatigues.

En un mot, et pour employer une autre image, notre civilisation ne ressemble pas à un vieux navire faisant eau de toute part, mais plutôt à un bâtiment puissamment gréé, robuste et rapide, dont on ignore malheureusement s'il ne fonce pas à toute vapeur sur un récif ou vers un gouffre marin. En fait, son allure donne à penser que le gouvernail n'obéit plus à aucun commandement, de sorte que le navire zigzague au gré d'une cargaison mal arrimée qui ballotte aveuglément à l'intérieur de sa coque.

Le sens que nous donnons à cette comparaison apparaîtra si l'on analyse le rôle que les masses jouent à notre époque.

La notion sociologique de « masse » a depuis un siècle subi d'importantes transformations ; aussi le mot est-il encore dans la langue d'aujourd'hui quelque peu imprécis.

À l'époque des grands soulèvements sociaux et des luttes politiques, entre 1830 et 1848, il entra dans l'usage pour désigner une couche sociale inférieure privée de tous droits. C'est en ce sens que Thomas Carlyle l'employa quand il lança la formule « les masses contre les classes ». Les classes, ce sont ici les couches de la population dont les membres jouissent dans l'ordre social existant d'une autonomie reconnue. Les masses au contraire se trouvent pour ainsi dire en dehors du corps social, et cela non pas seulement parce qu'elles ne possèdent ni biens, ni instruction, mais encore parce qu'elles sont privées de tout droit politique. Une telle manière de voir correspondait à la réalité d'une équipe où il subsistait dans la nouvelle structure des classes sociales des vestiges des anciens groupes sociaux. Aussi comprend-on que la formule de Carlyle ait joué un grand rôle, notamment dans les campagnes en faveur du droit de vote qui furent organisées par le mouvement chartiste anglais.

Ces idées eurent également une influence sur les ouvrages de jeunesse de Karl Marx, qui datent du début des années quarante du siècle dernier. Il n'avait pas encore à l'époque découvert le prolétariat en tant que classe et il employait le terme « la masse » (*die Masse) - ou* parfois « la foule » (die *Menge) - pour* désigner les gens qui n'ont rien et ne comptent pas. Aux yeux de ce penseur bégélien, la masse se trouve beaucoup plus nettement encore que pour Carlyle en dehors de la société elle est même à proprement parler son antithèse elle est la « non-société ». Si l'on s'en tient à la conception marxiste, d'après laquelle la personne est le produit d'un complexe de rapports sociaux, les individus qui composent la masse ne sont même pas des personnes. Lorsqu'ensuite, en 1843 et 1844, Marx eut rencontré dans les ouvrages des socialistes français l'idée des classes sociales, il en vint peu à peu à remplacer l'abstraction philosophique par un terme sociologique. La synthèse est réalisée à la fin de *la Critique de la philosophie hégélienne du droit ; elle* est exprimée sous la forme suivante : « Une classe de la société bourgeoise qui n'est pas une classe de la société bourgeoise ; un groupe social qui est la négation de tout groupe social - un milieu social qui consacre en un mot la perte, complète de l'homme, et qui ne peut donc se reconquérir soi-même que par la reconquête complète de l'homme. Cette négation de la structure sociale sous la forme d'un groupe social particulier, c'est le prolétariat. Si le prolétariat annonce la désintégration de l'ordre universel actuel, il ne fait que proclamer le secret de son être propre, car il est la désintégration même de cet ordre universel. »

On trouve ici la racine de cette ambivalence caractéristique des sentiments qu'éveille le mot *masse* en langage marxiste : plus le sort des masses est « déshumanisé » et plus leur mission de libératrices de l'humanité et de rénovatrices du monde devient sublime et glorieuse. C'est ce qui explique l'auréole dont le concept de masse se trouve paré depuis un siècle dans la littérature marxiste. Cette auréole a pris un éclat particulier au début de ce siècle, lorsque les marxistes extrémistes, qui passèrent par la suite pour les premiers théoriciens du communisme, pratiquèrent à outrance la glorification des masses.

Ce phénomène n'était pas sans rapport avec le rôle décisif que jouèrent pendant les premiers temps de la révolution russe les manifestations et les grèves spontanément déclenchées par la masse prolétarienne encore inorganisée. Il en résulta des comparaisons avec cette passivité que les marxistes extrémistes reprochaient déjà à l'époque à la classe ouvrière d'Europe centrale et occidentale organisée en syndicats et en partis sociaux-démocrates. Lorsqu'elles célébraient la « grève des masses », des marxistes comme Rosa Luxembourg et Henriette Roland Holst allaient jusqu'à attribuer à la masse en tant que telle des vertus qui éclipsaient largement celles du prolétariat organisé ; et il vaut la peine d'observer que ce sont précisément des femmes qui se sont le plus attachées à célébrer les masses. Il est également caractéristique de cette époque que l'une des revues communistes les plus répandues ait choisi pour titre *The Masses.* Les théoriciens trotzkistes et léninistes apportèrent à cette terminologie nouvelle le soutien d'une doctrine sociologique qui élargit considérablement la notion de prolétariat telle qu'on l'avait comprise jusqu'à cette date. En plus de la classe ouvrière proprement dite, constituée par les travailleurs de l'industrie, les masses devaient désormais comprendre également la plus grande partie de la paysannerie, le prolétariat en faux-col, la « cinquième classe » des chômeurs permanents et la classe moyenne prolétarisée.

Ainsi l'on s'efforçait de ce côté d'imposer un concept plus vaste de la masse considérée comme le produit de la prolétarisation de la grande majorité du peuple ; mais, dans le même temps, les savants « bourgeois » portaient leur attention sur l'aspect psychologique du phénomène « masse ». À partir du début de ce siècle en particulier, on relève dans les études qui se sont accumulées sur ce sujet l'idée que les masses se comportent autrement que les individus qui les composent. Ce point de vue fut notamment défendu par des Italiens (comme Vilfredo Pareto), mais il le fut également par le Français Gustave Le Bon dans son ouvrage *La psychologie des foules*, très remarqué à l'époque, ainsi que, un peu plus tard, par l'Espagnol Ortega y Gasset dont *La Rebellion de las Masas* eut aussi un grand retentissement. À l'origine, on voyait souvent dans la masse une foule, c'est-à-dire le rassemblement en un même lieu d'un grand nombre d'hommes, tel qu'il se produit dans les assemblées, lors des attroupements sur la voie publique, des manifestations ou des émeutes. Mais peu à peu se fit jour la notion d'une masse qui ne se définit pas par le rapprochement des individus dans l'espace, mais par la communauté du destin sociologique et l'identité des influences et des réactions psychologiques. C'est peut-être Ortega y Gasset qui est allé le plus loin dans cette voie lorsqu'il a dit que le terme masse ne désignait pas une couche sociale inférieure mais un comportement qui correspondait bien plutôt au concept courant d'individu moyen, opposé à celui d'élite ou d'aristocratie dans le sens le plus large de ce mot.

Dans le domaine sociologique comme dans le domaine

psychologique, on peut donc observer une tendance à revenir dans une certaine mesure à la conception primitive d'une masse située en dehors de la hiérarchie sociale et au sein de laquelle il n'existe aucune différenciation des personnes. Chose curieuse, ces différents éléments conduisent à une vue synthétique qui présente de fortes analogies avec l'emploi du concept de masse en physique et dans les sciences exactes en général. Chose non moins curieuse, une telle interprétation est en parfait accord avec l'étymologie latine du mot. Sans doute le terme « masse » a-t-il aussi en physique, notamment dans la physique électro-magnétique moderne, différentes significations ; mais elles ont toutes en commun l'idée de valeur purement quantitative et non-différenciée, l'absence de mouvement propre, la soumission à des forces extérieures pour lesquelles la masse est « résistance » ou « objet ».

Du point de vue sociologique également, la masse apparaît comme la somme d'un certain nombre de composantes non différenciées et ne possédant d'autres qualités que celles qui résultent de ses dimensions, de son poids ou d'autres caractères numériquement mesurables. Le signe distinctif essentiel d'une masse sociale ainsi conçue est donc, en termes négatifs, l'absence de différenciation individuelle, d'initiative, d'originalité et de conscience. La masse est quantité sans qualité. Elle n'est pas sujet mais objet, au sens hégélien de ces mots. Même lorsqu'elle croit pousser, c'est encore elle qu'on pousse. Sauf dans les cas peu nombreux où elle intervient en tant que grandeur physique, les sujets vivants qui la composent ne sont que de simples unités statistiques qui se résolvent en chiffres. Elle n'est pas active, mais seulement réceptive ; elle n'agit pas, elle se contente de réagir.

Tel qu'il vient d'être défini, le concept de masse semble correspondre à ce qu'on aperçoit de durable et de fondamental, en dépit des influences passagères de la mode, dans les différentes conceptions attestées par l'usage de la langue. Il constitue en outre le meilleur moyen de comprendre le phénomène psychologico-social qui est l'un des traits les plus frappants de notre époque : celui que les Allemands ont appelé Vermassung, et qui peut se traduire par grégarisation, ou absorption dans la masse.

Le mot Vermassung, que la langue allemande est du reste seule à pouvoir dériver de sa racine latine, n'est pas un joli mot -il l'est aussi peu que la réalité qu'il recouvre. Mais il dit bien ce qu'il veut dire : un état de choses dans lequel le cours des événements sociaux ou historiques est déterminé par le comportement des masses.

Par masse, il faut entendre ici beaucoup plus qu'une foule d'hommes ou une couche sociale déterminée. La masse étant essentiellement caractérisée par un comportement non pas autonome, mais réactif, tout homme appartient à une masse dans la mesure où il subit avec d'autres l'action de forces étrangères qui déterminent son comportement. Les acheteurs qui, dans le choix de la marchandise, cèdent à l'influence de la réclame ou, par conformisme social, suivent la mode ou l'exemple d'une classe sociale plus élevée, forment une masse, quand bien même ils appartiendraient aux classes les plus différentes et ne sauraient rien les uns des autres. Il en est de même des hommes qu'une même propagande travaille par la voie de la presse et de la radio, même si par ailleurs ils ne constituent en aucune manière un groupe social. S'ils adoptent une attitude conformiste sur telle ou telle question, les membres des classes supérieures de la société appartiennent à une masse. Mais on ne peut en dire autant d'un simple ouvrier ou d'un paysan qui, dans le même domaine, garde son indépendance d'esprit. Chacun de nous est « grégarisé » dans la mesure exacte où son attitude sociale, est dans quelque domaine que ce soit, déterminée par l'influence d'une masse. Le savant lui-même qui a dans sa spécialité une pensée originale et féconde n'échappe pas toujours à la grégarisation : c'est le cas lorsqu'il achète un article pour sa marque, cédant en cela, consciemment ou non, à l'action suggestive d'une réclame de masse, ou lorsqu'il écoute à la radio le même compte rendu de l'actualité mondiale que des millions d'autres hommes, ou encore lorsqu'en tant *qu'homo politicus*, il est victime d'une propagande quelconque, trop étrangère à son domaine d'étude pour qu'il puisse alors s'en remettre au jugement de son esprit critique.

Il est donc tout indiqué de parler de masses au pluriel quand on considère l'ensemble de la société. Si l'on y regarde de près, à chaque espèce particulière d'influence correspond une masse particulière. Mais les lignes de partage se recoupent tant et si bien qu'il existe un lieu géométrique où l'on rencontre l'homme intégralement grégarisé, c'est-à-dire celui qui est soumis à toutes les formes de la grégarisation. C'est donc en ce lieu géométrique qu'il faut chercher la « masse », au singulier. Il ne s'agit pas ici d'une simple vue de l'esprit. Dans la plupart des pays « évolués », l'immense majorité de la population ne s'écarte de ce type intégral que sur des points de détail insignifiants. Les différences tiennent plus à l'âge et au sexe qu'à la situation sociale ou même au degré de culture. Les femmes par exemple sont en règle générale plus dociles à la mode que les hommes, et l'enthousiasme sportif, qui se manifeste non seulement par la pratique du sport, mais aussi par le *supporting* et par le pari, est plus répandu dans la jeune génération que chez les aînés. À ces nuances près, il n'existe que dans une minorité de cas des divergences appréciables par rapport au type de l'homme grégarisé, dont le comportement, en tant que consommateur, est déterminé par la mode et la réclame, en tant que citoyen par la propagande, et en tant qu'être social en général par l'imitation de modèles sociaux.

On voit dès maintenant que grégarisation et prolétarisation sont deux choses absolument différentes en dépit des diverses relations existant entre les deux phénomènes. Nous en avons un exemple concret dans le cas de l'Amérique du Nord, où la grégarisation est encore plus poussée qu'en Europe, mais où la majorité de la population ne saurait toutefois être considérée comme constituant un prolétariat. C'est cependant dans ce pays qu'on voit le plus clairement comment, du point de vue technologique, la masse est le produit de la mécanisation ; du point de vue économique, celui de la standardisation ; du point de vue sociologique, celui de l'entassement et du point de vue politique, celui de la démocratie.

On aurait tort de ne se représenter les effets de la mécanisation que sous l'angle du rapport entre l'ouvrier et la machine. Ils sont d'une ampleur beaucoup plus considérable. Ce que Marx dans sa jeunesse a appelé la déshumanisation du travail ne peut être mis sur le compte de la seule machine. Il y a même de nombreux cas où la machine a élevé le travail à un degré de qualification supérieur. Sans doute le travail à la chaîne dans une usine d'automobiles est-il monotone et abrutissant, comparé à celui d'un artisan du moyen-âge. Mais on ne doit pas oublier que les ouvriers de la période pré-industrielle n'étaient pas tous, tant s'en faut, de brillants démiurges, et que de nos jours le travail en usine est loin d'être toujours mécanique et déshumanisé.

Il y a eu à toutes les époques des tâches qui ne se conçoivent que comme des corvées stupides faites de répétition monotone et de surmenage physique. De nombreux travaux de ce genre ont été portés à un degré de qualification supérieur du jour précisément où les machines ont été introduites : le débardeur et le lamineur ne sont pas déshonorés parce que la grue a déchargé leurs épaules des fardeaux les plus lourds, en sorte que l'on demande moins à leurs muscles et davantage à leurs cerveaux. Le travail du paysan qui utilise des machines agricoles est plus varié et demande plus d'intelligence que celui de ses ancêtres. La ménagère ou la couturière qui se servent d'une machine à coudre moderne s'épargnent une masse de travail ennuyeux ; dans sa locomotive, le mécanicien est bien supérieur à son prédécesseur le postillon, aussi bien à titre d'homo *faber* que d'*homo sapiens ;* et le machiniste à qui l'on confie une presse rotative au une machine entièrement automatique est plutôt le maître que l'esclave de sa machine, car elle exécute tout le travail pénible sous sa direction et son contrôle.

Cependant le slogan de la déshumanisation du travail est loin d'être vide de sens à notre époque de machinisme. Bien au contraire, car il ne signifie pas seulement que la machine ravale l'ouvrier qui la fait fonctionner au rang de manœuvre. Si l'on prend précisément comme terme de comparaison l'artisan du moyen âge, si souvent mis en cause à cet égard, la différence ne tient pas seulement dans l'abandon du travail à la main au profit du travail à la machine. L'artisan fabriquait, seul et par ses propres moyens, un produit fini ; l'ouvrier moderne par contre se borne en général à exécuter un travail fragmentaire, ce qui ôte à son effort l'essentiel de sa valeur créatrice. Ce travail fragmentaire doit en outre dans bien des cas être répété un si grand nombre de fois qu'il engendre l'ennui et l'indifférence. Tous ces phénomènes sont toutefois inhérents au principe même de la division du travail qui est beaucoup plus ancien que le machinisme. Deux siècles se sont écoulés depuis que, dans son analyse demeurée classique de la fabrication des épingles, Adam Smith a décrit cette méthode dont l'introduction sonna le glas du travail artisanal bien avant l'utilisation de la machine à vapeur. Lorsqu'il leur fallait escalader des échelles sans fin, et remonter le charbon dans des paniers en tournant des manivelles, les mineurs souffraient plus de la dureté d'une corvée sans cesse répétée que leurs successeurs n'ont souffert depuis la mise en service des ascenseurs.

Il était en outre de règle pour l'artisan de posséder son atelier et ses outils, d'acheter les matières premières et de vendre au client le produit de son travail une fois achevé. Tout ceci lui conférait une indépendance économique qui fait totalement défaut à l'ouvrier salarié, lequel n'a aucune part dans la propriété des moyens de production et dans la vente des produits. En outre, l'artisan travaillait d'ordinaire avec un ou deux compagnons ou apprentis qui fréquemment vivaient dans sa famille et pouvaient eux aussi compter devenir maîtres un jour. La plupart des travailleurs salariés au contraire sont leur vie durant soumis à une discipline de masse et se trouvent soins la coupe de puissances anonymes qui leur sont étrangères.

Autre différence entre l'artisan et l'ouvrier : ce dernier ressent les répercussions directes ou indirectes de la mécanisation jusque dans cette partie de sa vie qui n'est pas consacrée à son activité professionnelle. Ceci ne vaut bien entendu pas seulement pour la classe ouvrière ; celle-ci n'est à cet égard qu'une fraction de la grande masse dont le mode de vie et les besoins, même en ce qui concerne l'utilisation des loisirs, sont déterminés par ce que l'on pourrait appeler la mécanisation des mœurs. Du point de vue économique, il y aurait lieu de distinguer, dans le même ordre d'idées, la mécanisation de la production et la mécanisation de la consommation. Ce point de vue est d'autant plus important qu'il n'existe en ce domaine aucune différence entre les ouvriers et les membres d'autres groupes sociaux, pas plus qu'entre les producteurs qui utilisent des machines et ceux qui n'en utilisent pas.

De nombreux employés de bureau n'ont jamais pénétré dans une salle des machines ni vu une machine-outil, mais leur vie n'en est pas moins mécanisée à l'extrême. Plutôt que le travailleur de l'industrie, l'employé peut même être considéré comme le prototype de l'homme de masse moderne. Car, du seul fait que l'ouvrier est organisé et qu'il prend à l'occasion part à des grèves ou à d'autres luttes sociales, sa vie n'est pas constituée exclusivement par des actes de caractère purement réactif au même titre que celle de l'employé. Ce dernier est, du point de vue social, plus « atomisé », et cette circonstance a, par parenthèse, largement contribué à en faire la victime toute désignée de la propagande de masse des régimes totalitaires. Il y a d'innombrables employés qui, pendant toute la durée de leur vie laborieuse, ne consomment pas la moindre parcelle d'énergie mécanique, mais dont le travail quotidien est cependant plus monotone, moins intelligent et moins intéressant que celui de la plupart des travailleurs de l'industrie. Même en dehors de ses heures de travail, l'employé moyen n'est pas grand-chose de plus qu'un minuscule rouage dans un immense mécanisme social. Pour reprendre l'expression du Dr Stockmann dans l'Ennemi du Peuple d'Henrik Ibsen : il « pense les pensées de ses supérieurs ». Nécessité et habitude sont les lois de sa conduite. Cela commence le matin lorsqu'il se lève dans sa maison de banlieue et utilise selon un rite immuable chacune des minutes dont il a soigneusement réglé l'emploi jusqu'au départ de son train ou de son tramway quotidien. Et cela se termine le soir lorsqu'il lit le même journal ou écoute la même émission radiophonique que des millions de ses semblables. C'est la machine sociale tout entière qui, telle un rouleau compresseur géant, écrase et uniformise son mode de vie personnel et le standardise lui-même comme s'il était le produit d'une énorme machine invisible. On ne peut même pas dire qu'il faut aller dans les usines pour voir des robots : il suffit de Se représenter un instant le cadre dans lequel se déroule la vie du citadin moderne pour conclure que nous sommes tous des robots à un titre quelconque.

Il n'y a pas encore si longtemps, chaque famille formait une cellule que les murs de la maison séparaient des autres cellules et isolaient du monde extérieur. L'Anglais, qui était à l'époque le représentant du mode de vie le plus évolué et le plus prisé dans le monde entier, exprimait cette vérité en disant : « My house is my castle. » - Ma maison est mon château-fort. Cette époque est révolue. Je n'en eus jamais plus nettement conscience que ce dimanche après-midi où je fis, voici quelques années, une promenade dans les environs d'une grande ville d'Europe. Je traversais une cité de banlieue moderne. Cette cité se composait de pavillons familiaux qui, par leur caractère individuel, tranchaient agréablement sur les immeubles du genre caserne situés aux portes de la ville. La température était d'une douceur printanière et les fenêtres de la plupart des maisons étaient ouvertes. Passant successivement devant tous les jardinets, je pus entendre du début jusqu'à la fin le radio-reportage d'un match international de football. Tous les habitants de ces maisons particulières écoutaient en même temps la même retransmission. Je fus pris de cette angoisse qui vous saisit dans les cauchemars et je pensai alors à cette « -épouvante sociale » décrite par Jean Jaurès - le sentiment de malaise mêlé de peur que l'on éprouve lorsqu'on songe à ces forces spirituelles mystérieuses qui maintiennent en place l'assemblage social en imposant à leur insu à des millions d'hommes les lois de leur comportement.

Ce serait une grave erreur de croire qu'il ne s'agit ici que d'influences « culturelles », au sens étroit de ce mot ; je veux dire d'influences qui ne s'exercent que dans le domaine de l'esprit ou en ce qui concerne les loisirs. Non moins importante est la manière dont se créent les besoins qui déterminent la conduite des hommes dans l'ordre économique. Au siècle de l'économie familiale et rurale, il se consommait peu de choses que les hommes ne produisissent eux-mêmes ou ne trouvassent dans le voisinage immédiat. Au siècle de l'économie mondiale, il en va tout autrement. Les paysans eux-mêmes doivent acheter toujours plus de choses à prix d'argent. Les citadins, qui représentent, ne l'oublions pas, la majorité de la population en Europe et en Amérique du Nord, doivent pour ainsi dire tout acheter de ce dont ils ont besoin pour vivre : logement, habillement, nourriture, éducation, distractions, etc... La production ayant entre temps tendu à devenir toujours davantage une production massive d'articles standardisés, le mode de vie tout entier se standardise à l'exemple des produits consommés. Le nivellement des besoins, des habitudes, des goûts et des mœurs qui résulte de cette évolution est une caractéristique essentielle de la grégarisation.

Ce processus est favorisé par des phénomènes qui, tout au moins en ce qui concerne leur ampleur, sont sans précédents dans l'histoire, à savoir : la densité de la population, le développement des grandes villes et la rapidité des moyens de communication.

L'entassement humain qui en découle est la première chose qui frappe nos sens. Il est de plus en plus difficile de fuir la foule, au sens propre du terme. Les villes avaient à l'origine pour but de permettre le rapprochement de leurs habitants. Aujourd'hui, les plus importantes d'entre elles sont devenues si grandes qu'une visite à des amis ou à des parents habitant dans une autre banlieue exige souvent beaucoup plus de temps qu'une course à cheval n'en exigeait autrefois d'un village à l'autre. Les embarras de la circulation sont d'autre part si fréquents que, dans bien des quartiers commerçants, les autos vont à peine plus vite que les piétons du bon vieux temps. Quand nous nous rendons à notre travail, ou au retour, nous sommes entourés d'une multitude d'hommes que nous retrouvons le soir lorsque nous cherchons à nous distraire ou à passer agréablement le temps. Si, pour fuir le bruit et le tumulte des quartiers centraux, nous allons habiter sur la périphérie de la ville, nous y trouvons bientôt nos concitoyens mus par le même désir et rassemblés ici en nombre tel qu'il en résulte un nouvel entassement humain ; et nous sommes bien avancés, maintenant qu'il nous faut voyager matin et soir en compagnie de cette nouvelle foule. Si nous essayons d'aller camper ou pique-niquer dans la nature, nous devons alors nous attendre à entrer en concurrence avec des essaims d'autres hommes qui poursuivent le même but. Et en admettant même que nous sortions vainqueurs de la compétition, nous pouvons nous estimer heureux si le lieu solitaire que nous avons découvert n'est pas déjà souillé et défiguré par les détritus de toutes sortes que nos prédécesseurs y ont laissés derrière eux. En supposant enfin que l'on puisse être délivré de la vue de la foule - soit dehors, soit à la maison -, on n'en demeure pas moins encore contraint de respirer le même air qu'elle : cet air de la ville empesté par l'industrie et la circulation. Mais c'est surtout le bruit qui nous atteint en tous lieux et nous rappelle l'un des aspects les plus cruels de la vie urbaine.

Il ne s'agit toutefois pas seulement de l'entassement des corps humains. Il existe encore une autre forme de la grégarisation, et non moins sournoise. Un des triomphes de la technique moderne est la fabrication d'une foule ou d'une masse invisible au moyen de la réclame et de la propagande. Le fait que l'influence ainsi exercée échappe en grande partie à la conscience des intéressés la rend particulièrement efficace. Chacun sait que la réclame atteint son but dans la mesure où elle réussit par la suggestion à se frayer un chemin jusqu'à ces régions du subconscient où se forment les associations d'idées d'ordre affectif. Pour parvenir à ses fins, la propagande ne procède pas autrement. Elle s'adresse moins au sens critique qu'aux facultés affectives et à l'automatisme des associations d'idées formées par la répétition et l'habitude. Le temps n'est plus où les articles de fond des journaux donnaient le ton à l'opinion publique. Aujourd'hui ce sont les informations qui jouent ce rôle par la manière dont elles sont choisies et présentées, par la répétition constante des mêmes formules et surtout par la force suggestive concentrée dans les titres et les manchettes.

Lorsque nous nous trouvons au milieu d'une foule d'individus, quand nous écoutons par exemple un orateur au cours d'une réunion politique, il nous suffit d'observer nos voisins, pour nous rappeler ce que nous avons souvent lu au sujet de la primitivité de l'âme de la masse. Depuis que Gustave Le Bon a écrit son livre sur la psychologie des foules, d'innombrables psychologues ont emboîté le pas et ont analysé les motifs pour lesquels l'individu se comporte différemment selon qu'il est seul ou en foule. Sa personnalité consciente est alors pour ainsi dire recouverte par une âme collective subconsciente. Le sens critique disparaît du même coup et il se produit un retour à un stade plus primitif de l'évolution intellectuelle. Les caractéristiques les plus apparentes de ce phénomène sont bien connues : identification avec un moi idéal incarné dans la personne d'un chef ; penchant à prendre à son compte les affirmations et les slogans lancés par le chef ; facilité avec laquelle se propagent les vagues d'enthousiasme, de fureur ou de haine, etc.

Tous ces phénomènes sont relativement faciles à déceler lorsqu'on observe en spectateur désintéressé la conduite d'autrui ; pour celui qui vit au sein du groupe, il est encore possible, à condition d'être suffisamment doué pour l'autocritique, de se tenir sur ses gardes et de se préserver dans une certaine mesure de la contagion. Mais la chose est impossible quand nous sommes les jouets d'un mécanisme qui échappe à nos regards et dont une infime minorité est seule à connaître tant soit peu la structure et le fonctionnement. Sans doute chacun de nous est-il théoriquement convaincu de la puissance de la propagande ; mais, en pratique, nous ne la remarquons la plupart du temps que le jour où elle contredit celle autre propagande que nous avions l'habitude de subir. Le grand art consiste précisément à rendre invisibles les fils qui actionnent les marionnettes, invisibles tout au moins pour ceux qui sont suspendus au fil. -Et qui donc de nos jours peut se dire tout à fait à l'abri ?

Il va de soi que ce mécanisme n'aurait pas toute l'efficacité qu'il a en réalité s'il ne trouvait un point d'appui dans certaines tendances innées de la nature humaine. Aucune force suggestive ne peut être déterminante si elle ne libère pas une force virtuelle quelconque d'origine instinctive, qui fait partie de nos dispositions naturelles. Le ciment psychologique qui assure la cohésion de toutes les foules ou de toutes les masses est l'instinct grégaire. Ce dernier n'est nullement l'apanage des espèces animales qui vivent en troupes, comme les éléphants, en bandes comme les oiseaux migrateurs ou en sociétés organisées comme les fourmis. La nature humaine ne se conçoit pas sans une certaine dose d'instinct grégaire, pas plus qu'elle ne se conçoit sans l'instinct sexuel, les deux étant d'ailleurs apparentés à bien des égards. Le goût de l'homme pour la vie en société s'explique donc par les mêmes dispositions affectives que l'instinct grégaire des animaux : l'individu se sent déprimé et perdu lorsqu'il est séparé de ses congénères, cependant que le troupeau rejette sans pitié les individus qui se soustraient aux lois du groupe ou qui sont pour tout autre motif jugés différents.

Mais bien que les instincts et les réactions affectives correspondantes demeurent fondamentalement les mêmes, le comportement qui en résulte peut néanmoins varier du tout au tout selon les conditions telles que le milieu, les habitudes, les scrupules moraux acquis, etc... L'instinct grégaire de l'homme se manifeste donc d'une manière toute différente dans une société hiérarchisée et aristocratique et dans une société démocratique nivelée. La même différence existe par exemple entre un ordre social théocratique, dont la cohésion est garantie par l'acceptation d'une loi morale à sanction religieuse, et un autre ordre social où l'on n'obéit qu'à la loi tout court.

Dans sa Volonté de Puissance, Nietzsche a exprimé cette idée dans les termes suivants : « À supposer que la foi en Dieu ait disparu : la question se pose alors de nouveau : « Qui parle ? » - Ma réponse : c'est l'instinct grégaire qui parle. Il veut être le maître : c'est pourquoi il dit : « Tu dois ! » Il n'admet l'individu que comme partie du tout et pour le bien suprême du tout, il déteste qui cherche s'affranchir - contre celui-là il tourne la haine de tous les individus. - Le groupe cherche à préserver un type et se défend à droite et à gauche, aussi bien contre ceux qui tournent mal (criminels, etc...) que contre les individus supérieurs. La tendance du groupe est à l'immobilité et à la conservation ; il n'y a rien de créateur dans le groupe. »

C'est ainsi sans doute que l'instinct grégaire s'est manifesté, dans tous les types de sociétés et à toutes les époques de l'histoire. Mais notre époque se distingue des précédentes en ce que l'instinct d'adaptation et d'imitation s'étend maintenant à la société tout entière et qu'il aboutit à un nivellement général par en bas.

Dans toutes les autres civilisations, chaque caste, chaque groupe social, chaque classe représente en quelque manière un compartiment à part ; l'imitation porte donc exclusivement sur les valeurs et les conventions qui ne sont pas le bien héréditaire ou le privilège d'une autre couche sociale ou d'un autre groupe. Dans la mesure où l'imitation (ou, pour parler comme les zoologistes, l'assimilation) franchit les limites qui séparent les groupes sociaux, elle s'exerce alors de haut en bas. Le résultat, c'est que l'échelle généralement admise pour les valeurs intellectuelles, esthétiques et morales correspond à la structure de la pyramide sociale elle-même.

À notre époque, la tendance de toutes les couches sociales à imiter le mode de vie de la couche immédiatement supérieure est assurément encore bien vivante ; mais il en résulte alors tout autre chose qu'une échelle de valeurs qui refléterait la hiérarchie sociale. Car cette hiérarchie elle-même est ébranlée et commence à se désagréger. Sans doute existe-t-il toujours des groupes sociaux qui se superposent et se disputent des positions et des avantages de toutes sortes. Mais ces groupes ont perdu leur caractère permanent, car ils ne reposent pour ainsi dire plus que sur des différences de degré entre les succès matériels qu'ils obtiennent et qui sont par définition à la portée de tout le monde. La supériorité morale de ceux que le succès favorise est mise secrètement en doute par les intéressés eux-mêmes ; quant aux autres, ils ne se cachent pas en général pour la contester. Il n'y a donc plus parallélisme entre supériorité morale et hiérarchie sociale. Les pauvres essaient comme par le passé d'imiter les riches ; mais, étant donné que les riches eux-mêmes deviennent sans cesse plus vulgaires, ce résultat final ne s'en ramène pas moins à un progrès généralisé de la vulgarité.

Il ne faudrait cependant pas croire que les masses aient devant les yeux un tableau fidèle du genre de vie des couches sociales dont elles suivent l'exemple. Nous allons voir qu'il n'en est pas ainsi, et pourquoi il n'en est pas ainsi, en examinant le mécanisme économique qui opère pour ainsi dire industriellement le nivellement par en bas.

CHAPITRE IV

LA PRODUCTION EN SÉRIE ET LA MODE

S i notre civilisation s'est grégarisée, c'est pour une bonne part la conséquence d'un fait économique qui ne prit une importance décisive qu'au cours du siècle dernier : la production en série.

Avant l'âge de la machine, la production de grandes quantités d'un même objet n'entraînait aucun avantage en ce qui concerne les frais de fabrication. Vingt paires de souliers revenaient vingt fois plus cher à fabriquer à un cordonnier qu'une seule paire de souliers, parce que celui-ci devait procéder vingt fois de la même manière. À la suite de l'introduction dans les manufactures de la division du travail et surtout à la suite de l'invention de la machine à vapeur, il se produisit un changement capital. Cent mille paires de souliers fabriqués en série reviennent par paire sensiblement moins cher que si la série ne comporte que dix mille paires, ne fût-ce que parce que les frais d'outillage mécanique se répartissent sur un plus grand nombre d'unités produites.

Dans la période précapitaliste et particulièrement au moyen-âge, l'économie politique reposait sur deux principes essentiels : 1° La production devait être stabilisée en quantité pour rester adaptée aux besoins existants et aux méthodes de travail traditionnelles du métier ;

2° Il fallait limiter en nombre les objets produits, de façon à assurer à tous les artisans un revenu correspondant à leur situation sociale. Par contre, le système capitaliste présuppose que l'on petit s'efforcer d'obtenir des gains illimités, ce qui n'est possible qu'en réduisant les frais de fabrication et en augmentant le débit. Les progrès du système vont ainsi de pair avec l'extension du marché. Il faut en conséquence accroître la demande, et cela par la création de nouveaux besoins d'une part, d'autre part par l'élévation du revenu moyen qui résulte également d'une productivité accrue.

Des gens pauvres, qui n'avaient mangé jusque-là qu'avec des couteaux, se mirent à acheter des fourchettes, et cela pour des raisons qui n'apparurent qu'avec le nouveau système industriel. On pouvait fabriquer les fourchettes à meilleur marché en même temps que le pouvoir d'achat augmentait. En outre, les révolutions démocratiques, en abattant les barrières féodales entre les classes et en généralisant la libre concurrence, avaient créé un sentiment nouveau d'égalité sociale qui contestait aux couchés supérieures de la société leur droit exclusif à un style de vie plus relevé. C'est ainsi que se généralisa la coutume de manger avec des fourchettes, laquelle, pendant quelques siècles, avait été le privilège des quelques milliers d'individus formant la classe supérieure.

Il fallait que ces fourchettes fussent bon marché, faute de quoi la masse des nouveaux consommateurs n'eût pu les acheter : on les fit donc en fer au lieu de les faire en argent. Le résultat fut que le nombre des possesseurs de fourchettes était en 1850 bien des fois supérieur à ce qu'il était un siècle plus tôt ; par contre, la plupart des fourchettes étaient d'un modèle Moins solide et sans beauté.

Avec le temps - grâce au progrès social et technique - elles devinrent même plus laides encore. Les premières fourchettes vendues aux paysans et aux ouvriers étaient d'une simplicité primitive. Deux ou trois générations plus tard, les consommateurs appartenant à, ces classes voulurent avoir quelque chose de plus élégant, quelque chose qui ne fût pas extérieurement par trop différent des modèles plus distingués. Les fabricants firent droit à ce vœu ; d'autant plus que, dans l'intervalle, la technique de la production en série avait progressé de telle manière qu'on pouvait exécuter à bon marché l'ornementation de ces articles. Une seule condition s'imposait : c'était que l'on pût attribuer à la ressemblance extérieure avec le modèle à la mode, plus d'importance qu'à la perfection du dessin et à la qualité de la matière.

Il en fut ainsi pour presque tous les objets d'usage courant qui constituent le cadre que nous donnons à notre vie. L'âge de l'industrie et des marchés mondiaux les soumit à la production en série. Jusque-là, ils avaient été inconnus, comme les fourchettes, ou bien confectionnés par chacun à son propre foyer, comme les étoffes tissées à la maison, ou bien on se les procurait, comme les meubles, chez l'artisan d'à côté.

L'extension constante du marché qui rendit possible cette évolution ne put être assurée qu'en adaptant de plus en plus les objets produits an faible pouvoir d'achat et, en ce qui concerne la qualité, et le goût, aux exigences assez médiocres des couches inférieures de la masse des consommateurs.

Afin de comprendre pourquoi il en fut ainsi, il suffit de se représenter que, de tous temps, on a imaginé - et non sans raison - la hiérarchie sociale symboliquement comme une pyramide. Il n'en va pas autrement aujourd'hui. Les couches sociales riches et cultivées sont bien moins nombreuses que les autres. Et pour conquérir un marché plus vaste à un article qui originairement (ce qui est conforme au processus normal) n'était destiné qu'aux classes supérieures, il faut le mettre à la portée des bourses de la couche située immédiatement au-dessous. Cette couche renferme un plus grand nombre d'individus que celle des privilégiés antérieurs ; il importe donc au fabricant de ne pas viser trop haut. L'échelon inférieur de ce nouveau groupe social a pour lui plus d'importance que l'échelon supérieur. Si l'on découpe une pyramide en tranches horizontales d'égale épaisseur, ces tranches sont d'autant plus larges qu'elles sont plus proches de la base. Si l'on fait la coupe au-dessus du milieu de la pyramide, la hauteur de la tranche ainsi isolée pourra bien s'élever jusqu'au sommet, les parties inférieures plus massives et plus lourdes n'en demeureront pas moins exclues. On court moins de risques en opérant trop bas : ce que l'on perd au voisinage du sommet est compensé, et au-delà, par le gain réalisé dans les larges couches de la base. Aussi est-il de règle chez les producteurs de viser plutôt trop bas que trop haut.

Les effets de ce glissement se trouvent encore renforcés par une réaction des consommateurs dans le même sens. Au bout d'un certain temps, les gens s'habituent aux objets nouveaux qui les entourent et leurs appréciations s'adaptent à ce milieu. À chaque fois qu'un producteur provoque une baisse du niveau, le goût des usagers se gâte en conséquence. Naturellement le, producteur voit là une confirmation de son estimation première et visera, la prochaine fois, plus bas encore. Ce mouvement de pendule a pour conséquence une chute progressive du niveau dit goût sur lequel se règle la production en série.

Il existe bien des forces qui cherchent à freiner ou même à renverser ce processus. La révolte du goût artistique contre la laideur créée dans le monde par l'âge de l'industrie constitue la tentative la plus importante entreprise dans cette direction. Si cette rébellion a pris naissance en Angleterre, dans le sol classique de la révolution industrielle, ce n'est pas par hasard. Et ce n'est pas non plus un hasard si ses promoteurs, et ses premiers théoriciens, John Ruskin et William Morris, ont prêché à la fois le retour aux normes esthétiques du moyen-âge et une réforme de la société dans le sens socialiste. Quand il s'étendit au continent européen, le mouvement se modernisa en ce sens qu'il chercha à tenir compte peu à peu des exigences et des ressources de la technique contemporaine. En passant par l'école de Weimar de Henry van de Velde, le *Werkbund,* la *Bauhaus* de Gropius et son école de Dessau, jusqu'à Le Corbusier et le *Rockefeller Center* de New-York, il a fini par se placer sens le signe du fonctionnalisme, c'est-à-dire de l'adaptation de la forme esthétique à la fonction technique du bâtiment ou de l'objet. Cette exigence ne se limita pas du reste à l'architecture ; elle s'imposa aussi aux arts décoratifs et à la production artisanale. On se trouve ici sans aucun doute devant une phase extrêmement importante dans l'évolution de l'histoire de l'art. Le mouvement a également réussi à imposer de nouvelles exigences et de nouvelles normes dans le domaine des édifices publics et à agir sur le goût d'une élite cultivée de clients.

Toutefois, la production en série et le goût des masses n'en ont été que très faiblement influencés. On petit trouver à ce fait diverses explications. L'une d'entre elles, c'est que les produits industriels fabriqués sous l'influence de la nouvelle doctrine revenaient plus cher que les autres objets produits en série. Ce fut vrai surtout au début, quand on avait encore tendance à préférer la fabrication artisanale au travail des machines. Au surplus, l'objet fabriqué à la machine revient plus cher quand il a été conçu par des artistes compétents et bien payés et surtout quand il doit être exécuté dans une matière ayant vraiment de la valeur - et c'est là une exigence importante de la nouvelle école. Mais même s'il en était autrement, la difficulté essentielle consisterait encore à rendre une telle production acceptable au goût des masses. Ce qui importe précisément aux masses, c'est d'acheter pour une somme aussi minime que possible des objets usuels ressemblant au moins extérieurement à ceux qui sont en usage dans les couches sociales plus fortunées. En cela, l'ornementation joue naturellement un rôle beaucoup plus important que l'aptitude fonctionnelle et la qualité. Or il se trouve que, dans la plupart des cas, l'imitation d'un motif ornemental à la mode est moins coûteuse qu'une esquisse originale bien étudiée ou que l'emploi des meilleures matières premières. Le principe fondamental de la production fonctionnelle qui prohibe l'ornement se trouve donc diamétralement opposé à l'orientation essentielle du goût des masses, tel qu'il est déterminé par les conditions actuellement existantes de la production et du marché.

Il en va de même de la fabrication de ce qu'on appelle les productions de l'esprit, dont l'usage conditionne directement le niveau culturel des masses en un sens plus étroit.

Bien peu de gens se rendent compte combien il s'est écoulé peu de temps depuis que des productions de l'esprit ont été offertes pour la première fois aux acheteurs sur le marché, comme c'est le cas par exemple pour les livres, les tableaux, les partitions, les films, etc...

Au moyen-âge par exemple, les valeurs culturelles étaient constituées par les enseignements de l'Église, la sagesse des savants, et la beauté des œuvres que des artisans au service des institutions religieuses ou profanes avaient créées selon les règles de leur corps de métier. Ces gens-là ne travaillaient pas pour s'accommoder au goût d'une masse de consommateurs ; la nature de leurs productions était déterminée par celle de la commande qui leur était passée. Pour employer une formule de la vie économique d'aujourd'hui, ce n'était pas la demande, mais l'offre qui faisait loi. Les producteurs de valeurs spirituelles remplissaient un office et disaient en quelque sorte aux autres : Voilà ce que nous pouvons vous donner de mieux selon nos connaissances, notre opinion, notre sentiment. Ils ne disaient pas : Nous vous donnerons ce que vous demandez à condition que vous le payiez, même si nous savons que c'est chose sans valeur ou pire encore.

La production intellectuelle perdit son noble statut hiérarchique en même temps que son indépendance économique, quand elle se mit à travailler pour la vente à des particuliers. Cela se produisit dès qu'il y eut une bourgeoisie riche et que certains progrès techniques furent accomplis. Dans ce domaine, le facteur décisif fut l'imprimerie qui, à partir du XVe siècle, transforma en articles de commerce les productions de la littérature profane. Pourtant il s'est écoulé tout juste deux siècles depuis que l'activité littéraire a permis aux auteurs - et tout d'abord à un tout petit nombre d'entre eux - de vivre de la vente de leurs livres. Certes, il y a eu auparavant des artistes qui, pour gagner leur pain, se sont fait payer leurs œuvres ou leurs services par les commandes de particuliers. Les premiers exemples, rares encore, ne remontent pas au-delà du début de la Renaissance et les représentants les plus célèbres de cette espèce nouvelle : Michel Ange au XVIe, Rembrandt au XVIIe, Haendel au XVIIIe siècle, sont de tragiques illustrations du conflit, alors dans toute sa nouveauté, entre les exigences de la création spirituelle et la nécessité de vendre leurs œuvres. Pourtant ces hommes-là eux-mêmes ne trafiquaient pas sur la place publique ; la plupart d'entre eux étaient dans la dépendance de clients privés ou de Mécènes, avec lesquels ils avaient des rapports d'homme à homme faisant songer à ceux des philosophes grecs avec leurs maîtres romains qui les avaient achetés comme esclaves. Le moyen-âge était encore tout proche où tout artiste était un artisan et tout intellectuel un clerc.

Quand l'âge des fabriques eut succédé à l'âge des cathédrales, tous les membres des professions intellectuelles et libérales se transformèrent en commerçants sur un marché où régnait la loi de l'offre et de la demande ; où, par suite, seules les marchandises répondant au goût des acheteurs possibles pouvaient trouver preneur. C'est sur ce fait que s'appuie, dans la langue des écrivains et des journalistes américains, la formule qui fait dire d'une bonne idée qu'elle « vendra » (sell), et l'expression est si bien entrée dans la langue qu'on l'applique, dans les campagnes de propagande et de réclame, à une idée dont on attend qu'elle « attire » ou qu'elle « s'enfonce dans la tête ».

Désormais il ne s'agit plus de servir l'Église, de travailler pour une municipalité, ou de plaire à un mécène princier. Les œuvres de l'esprit créées pour le marché eurent encore plus vite fait de supplanter les commandes particulières que l'industrie, de refouler à l'arrière-plan l'ouvrier travaillant pour un client.

Un fait économique vint encore précipiter ce processus. Dans des cas de plus en plus nombreux, des entreprises commerciales s'interposèrent entre producteurs et consommateurs. Celles-ci se créèrent soit pour remédier au manque de capitaux des producteurs et à leur maladresse dans les affaires, comme font les marchands d'œuvres d'art pour beaucoup de peintres, soit parce qu'une grande organisation spécialisée est indispensable comme dans le cas des agences de concerts, soit parce qu'une intervention industrielle et commerciale est nécessaire, comme c'est le cas dans l'édition.

Il s'en suivit que l'industrialisation et la commercialisation de la production intellectuelle eurent pour conséquence une certaine prolétarisation des producteurs. Ce phénomène est tout spécialement sensible dans les branches qui exercent l'influence la plus vive et la plus directe sur la mentalité et le goût des masses : la presse, l'industrie du film et la radio - pour cette dernière, surtout en Amérique, alors qu'en Europe c'est une organisation mixte qui domine sous la forme d'un service semi-public.

Dans toutes ces branches de la production existent les mêmes échanges réciproques d'influence entre le choix du producteur qui doit concevoir et exécuter le produit et celui du consommateur qui l'achète, que s'il s'agissait de fourchettes, de souliers ou de meubles. Que la marchandise soit destinée à quelques milliers ou à quelques dizaines de milliers de consommateurs - (comme dans le cas des livres), ou à des millions (comme pour la radio), ou à des dizaines de millions (comme pour les films) - toujours l'intérêt, dans les deux sens du mot, se concentre sur la couche inférieure de la masse des consommateurs prévisibles. Seulement le mouvement de pendule réglant l'adaptation réciproque sur le niveau qui promet, du point de vue commercial, le plus grand succès, est ici encore plus marqué que pour les objets matériels, car le producteur duquel dépendent le contenu et la qualité de la production intellectuelle, n'est pas même en face du public, mais en face d'un intermédiaire : une entreprise commerciale.

Cette entreprise n'a pas seulement comme l'auteur ou l'artiste à assurer le, pain quotidien d'une famille, mais doit veiller au rendement en intérêts du capital investi. Par suite le désir, et même la nécessité d'accroître la vente pour chacun des produits, dépasse de loin les limites fixées au producteur travaillant directement pour un consommateur par les besoins de sa vie individuelle. Le défaut de contact personnel entre les entreprises industrielles et une masse de consommateurs anonymes accroît encore la tendance à viser plutôt trop bas que trop haut en cherchant à aller, par principe, aussi loin que possible dans le sens supposé du goût de la couche inférieure.

En outre, un détail d'organisation accentue encore bien souvent cette tendance : entre les entreprises industrielles et la masse des consommateurs viennent à nouveau s'insérer d'autres intermédiaires - par exemple dans la vente des livres entre l'éditeur et les libraires, ou bien dans le prêt des films entre le producteur et les cinémas. Il est clair que la pression des intérêts purement commerciaux s'en trouve encore accrue. C'est un fait particulièrement important que le succès d'un livre ou d'un film sur le marché dépend largement des frais de réclame engagés ; mais comme ces dépenses ne sont rentables que si elles dépassent un certain minimum fixé par la concurrence, une nouvelle préférence donnée à la marchandise faite pour la masse sur la marchandise simplement de qualité se trouve ainsi justifiée.

Ce n'est certainement pas un hasard si les conséquences culturelles de cette situation se manifestent avec le plus de netteté dans le pays où la technique et l'organisation sont le plus avancées, c'est-à-dire aux U.S.A. Les éditeurs américains par exemple s'intéressent de moins en moins à des livres susceptibles de plaire à une élite intellectuelle. Celle-ci en effet ne constitue naturellement qu'une minorité et en pareil cas les frais de réclame ne payent pas. Or sans ces dépenses-là, on ne saurait s'attendre à une vente apportant des bénéfices. Par contre ces éditeurs cherchent d'autant plus à s'assurer des *best sellers* qui, par le seul fait qu'ils ont été choisis et par suite de la résolution qu'on a prise de les « lancer » en cette qualité, sont assurés d'avance d'une vente minimum massive.

Il n'en est pas autrement des films, on le sait. Si, dans les cinémas, on peut voir de moins en moins de bons films, c'est encore plus la faute de l'organisation de la distribution que de la production elle-même. De temps en temps, en effet, on fait partout, et même à Hollywood, des films qui méritent vraiment d'être vus ; mais la plupart du temps ils ne sont projetés que par des ciné-clubs et des organisations non commerciales du même genre, ainsi le grand public n'a pas l'occasion de les connaître. Et même des cinémas qui voudraient les présenter ne peuvent pas en disposer assez longtemps, car il n'en existe qu'un trop petit nombre d'exemplaires. Toute l'organisation de la vente et de la réclame est ici également adaptée à des tirages massifs pour le goût de la masse. Or celle-ci, nul ne l'ignore, est demeurée en Amérique, tant pour ce qui est de l'âge intellectuel des gens fréquentant le cinéma que pour ce qui est de leur âge réel, au stade de l'enfance.

Ce serait enfoncer des portes ouvertes que de vouloir fournir d'autres exemples de l'abaissement progressif du niveau culturel des masses par suite de l'industrialisation et de la commercialisation de toutes les branches de la production intellectuelle ; et cela, sans même parler de la presse. Pour en rester aux exemples cités ci-dessus, les mots Hollywood et *best-seller* sont devenus dans le monde entier, et non sans raisons, synonymes d'une dégénérescence culturelle. Même dans ces industries-là, les gens du métier qui se soucient encore d'autre chose que de gagner de l'argent en conviennent. Il en va de même pour la radio et la télévision, dont tous les experts reconnaissent qu'elles favorisent un funeste nivellement par en bas, allant souvent jusqu'au retour à l'enfance intellectuelle et à la dégénérescence du goût. Le fait pouvant être considéré comme incontesté, il ne s'agit plus que de l'interpréter exactement et de découvrir ses causes.

Il y a certes également dans ce domaine, tout comme dans celui de l'architecture et des arts décoratifs, des tentatives pour réagir « d'en haut » contre la tendance régnante à l'avilissement de la culture. Les exemples les plus connus sont en Europe les clubs du livre et du cinéma, en Amérique les maisons d'édition fondées par certaines universités sous le nom de *University Press* et (en grande partie tout au moins) les *Book* Clubs. Dans quelques pays, on a imité l'exemple du « troisième programme » de la *British Broadcasting Corpora*tion, tout en sachant bien qu'il n'y a qu'une petite minorité à écouter ces émissions et que les autres programmes n'en sont ainsi que plus difficiles à protéger contre des concessions croissantes à la couche la plus basse des auditeurs.

On ne saurait enfin négliger de noter que, dans tous les pays, il y a également dans le « secteur privé » des libres entreprises des gens qui, en raison d'une tradition de famille ou d'un idéal supérieur, regimbent contre cette prétendue modernisation. Ils sauvent l'honneur de leur métier et de la classe intellectuelle. Il en va de même pour une minorité d'auteurs se refusant à suivre la ligne de moindre résistance, et cette minorité n'est tout de même pas négligeable. Ceux-là doivent, dans la plupart des cas, se résigner à ce qu'il n'y ait pas pour les valeurs qu'ils créent, de mesure commerciale et à se passer pour ainsi dire de salaire. Ce qu'ils peuvent espérer de mieux, c'est d'agir sur une élite qui, peut-être, réussira un jour à imposer du haut de la pointe de la pyramide de nouvelles valeurs se répandant vers le bas et à rompre ainsi le cercle vicieux d'un déclin progressif de la culture.

Un tel revirement serait le point de départ d'un renouveau de la civilisation. À vrai dire, rien encore ne laisse percevoir que cette renaissance soit proche. Il se peut que des isolés réussissent à nager contre le courant sans se noyer, mais cela ne change rien à la direction du courant. Elle est déterminée par la mode dont la toute-puissance ne saurait être brisée ou dirigée dans un autre sens que par une transformation totale de la situation sociale d'où elle découle.

Pour montrer sur quoi repose Cette toute-puissance, le mieux est sans doute de l'illustrer en prenant un exemple dans la mode, au sens le plus courant du terme.

Quiconque feuillette une histoire du vêtement humain et regarde toute la série variée des images, en vient aisément, sous l'impression de l'infinie diversité et de l'instabilité des manifestations du goût, à la conclusion que la mode est aussi vieille que l'humanité. Mais il n'en est rien. La plupart des changements que l'on prend pour des modifications de la mode en observant les époques antérieures ne sont que des changements de style - un phénomène normal dans toutes les phases du développement de la civilisation. Style et mode sont choses totalement différentes ; Car la mode commence là où le style prend fin et un style prend fin là où une civilisation est parvenue à son terme.

La mode, telle que nous la connaissons, avec ses transformations annuelles et saisonnières, n'est apparue qu'à la fin du XVIIIe siècle et même beaucoup plus tard sur bien des points. Auparavant, les types servant de norme au vêtement changeaient au même rythme que les transformations correspondantes dans tous les domaines (par exemple en architecture, en musique, en peinture, en littérature), où le style d'une époque trouve son expression symbolique. C'est là le rythme du changement de style et sa cadence s'exprime en générations ou même en siècles.

Il est suggestif que l'expression style ait été employée à l'origine pour désigner diverses formes fondamentales, diverses époques de l'architecture grecque dans l'antiquité. Le mot grec *stylos* signifie colonne, et nous avons tous appris à l'école que des types différents de colonnes constituaient le caractère distinctif des styles dorique, ionique, corinthien, etc. Nous avons en outre constaté dans l'histoire de l'art que les formes typiques ainsi définies correspondent à une forme précise du sentiment esthétique en général, à une échelle de valeurs qui s'y rattache, et celle-ci ne s'applique pas seulement à l'architecture, mais marque de son empreinte toutes les productions spirituelles d'une époque. Ces formes typiques, avec leurs lignes fondamentales, leurs couleurs, leurs proportions, leurs harmonies trouvent il est vrai en architecture leur expression la plus directe et la plus claire, et c'est pourquoi cet art est considéré à juste titre comme celui qui symbolise par excellence et permet le mieux de reconnaître le style d'une époque.

Rechercher comment il se fait que les styles se développent en suivant des courbes dont on peut découvrir la direction et selon un rythme déterminé, pourquoi il en est ainsi, et pourquoi certaines intuitions correspondent dans leurs formes à certains modes d'aperception esthétique, c'est là un des problèmes les plus fascinants de la philosophie de l'histoire. À vrai dire, il n'est guère possible de l'aborder avec les méthodes précises de la recherche scientifique. La seule chose que l'on puisse dire avec quelque certitude, c'est que les opérations les plus décisives s'accomplissent dans les régions subconscientes de la vie émotionnelle et que nous ne pouvons identifier les époques et les styles que comme nous distinguons les hommes les uns des autres, c'est-à-dire intuitivement, en se référant à leur physionomie et non par exemple au moyen de mensurations physiques, d'analyses chimiques ou de définitions abstraites. Nous n'en savons pas moins fort bien que les compositions pour orgue de Palestrina ne sauraient s'adapter au texte du *Figaro ou* que les figures de Chaucer n'auraient pu habiter les *palazzi* de la Renaissance ou goûter les symphonies de Beethoven.

Nous ne pouvons nous représenter les contemporains de Durer sur un arrière-plan peint par des impressionnistes ou y voir des lecteurs de choix pour le *Werther* de Gœthe. Par contre, il est relativement facile de sentir ce qu'il y a de commun entre l'architecture d'un Hardouin, la disposition des jardins d'un Le Nôtre, la musique d'un Lulli, la tragédie d'un Corneille, les sermons d'un Bossuet, les tableaux d'un Lebrun ou d'un Rigaud, les sculptures d'un Girardon, les doctrines économiques d'un Colbert, l'art militaire d'un Vauban et la mathématique d'un Descartes ; et nous pourrons tout aussi clairement percevoir dans quelle mesure, en dehors de la France, là où l'époque de l'absolutisme s'épanouissait également, il existait pour ces phénomènes des phénomènes contemporains équivalents. Le dénominateur commun qui en résulte est le style d'une époque. Sans doute ce style est en perpétuelle évolution, mais des changements de types n'apparaissent pourtant d'ordinaire qu'à des intervalles égaux à des générations et même parfois à des siècles.

Il existe aujourd'hui encore dans le domaine du costume des types qui sont restés immuables pendant des générations, dans certains cas même pendant deux ou trois siècles. Donnons Seulement comme exemple le costume traditionnel des *highlanders* d'Écosse, des paysans suisses ou des pêcheurs de Zélande. Ce sont les restes de l'évolution d'un style, analogue à celle qui, avant la révolution industrielle, déterminait dans tous les pays et dans toutes les classes le choix des vêtements.

L'impression d'une diversité résultant de la mode qu'éveille cette évolution n'est due qu'en partie à des transformations du costume dans la durée, comme c'est le cas pour la mode ; car ces changements se sont produits le plus souvent avec une telle lenteur que bien peu de gens, au cours de leur vie, ont pu y voir la tyrannie de la nouveauté. Le rôle essentiel dans cette différenciation est joué par deux autres circonstances : le caractère héréditaire des inégalités sociales et le caractère individuel du travail artisanal.

Sous l'ancien régime, les gens s'habillaient différemment, selon la classe à laquelle ils appartenaient. On pouvait reconnaître de loin, au costume, chez le paysan, chez l'ouvrier, chez le marchand, chez le noble, chez le fonctionnaire, chez le médecin et chez beaucoup d'autres encore la profession ou la classe à laquelle ils appartenaient, et personne ne se serait cru en droit de s'approprier les attributs d'un autre groupe social. Il arrivait bien souvent que des pièces de vêtements - et pas seulement de vêtements de cérémonie — se transmissent en héritage d'une génération à la suivante ; la plupart du temps les produits du travail artisanal résistaient assez longtemps pour cela. La fabrication par des gens de métier pour chaque client particulier rendait plus facile d'autre part l'adaptation du costume aux goûts individuels. Il en résulta ce gai chatoiement des couleurs, cette variété qui, contrastant avec la fade standardisation des cent dernières années, caractérise même le costume masculin au moyen-âge et s'est prolongée jusque dans le siècle dernier. De là vient aussi que des fantaisies individuelles plus au moins extravagantes avaient le champ beaucoup plus libre pour s'écarter de la norme.

À certaines époques, ces extravagances sont devenues si fréquentes dans le monde des élégants et des fats que des historiens, se laissent induire en erreur, ont vu là une mode, au sens actuel du mot. Cela se produisit pour la première fois d'une manière frappante dans l'histoire de l'Europe à l'époque du Quattrocento en Italie, à laquelle correspond en France « l'automne du moyen-âge » sous Charles VII. Cette même recherche de la bizarrerie et du « jamais vu » caractérisa plus tard ce que l'on appelle le style lansquenet qui fut surtout florissant en Angleterre sous Henri VIII, et en France l'élégance de cour sous Louis XIV ainsi que les « Incroyables » pendant le

Directoire. Le trait commun à toutes ces crises vestimentaires est l'exhibition de particularités ornementales que seuls peuvent se permettre des oisifs de haut rang. Il ne s'agit pas seulement ici de faire montre de richesse, mais aussi de ce luxe d'un genre tout spécial qui crie sur les toits qu'on ne veut rien savoir du travail, ni même de formes d'activité physique qui s'imposent au commun des mortels comme de marcher à pied. C'était le rôle des chaussures à la poulaine et de ces échafaudages de cheveux sur la tête des femmes ; aussi bien que, plus tard, des gigantesques manchettes de dentelle ainsi que des lorgnettes que l'on tenait à la main et dont on jouait. En y regardant de plus près, On Se rend compte que chacune de ces époques a connu la montée d'une nouvelle couche sociale bourgeoise qui tenait à se parer des plumes d'une classe de parasites blasés et fastueux appartenant à la haute société et accoutumés à l'oisiveté.

Des motifs psychologiques du même genre agissent encore sur l'évolution postérieure dans le sens de la mode. Mais à partir du XIXe siècle, deux traits essentiels se manifestent : la standardisation consécutive à la production en série et le mimétisme social généralisé.

D'un certain point de vue on pourrait aller jusqu'à dire que, entre l'ancien régime et l'âge de l'industrie, le mobile psychologique essentiel dans l'évolution de la mode s'est transformé en son contraire. Autrefois il avait pour effet une action centrifuge puisque les créateurs de la mode recherchaient la plus grande différenciation individuelle possible ; aujourd'hui au contraire c'est la tendance centripète qui domine et pousse au conformisme. Le courtisan vaniteux du Quattrocento voulait avant tout se donner une apparence distincte de celle de ses pairs ; et dans la mesure où une certaine coupe du vêtement et certaines couleurs étaient chargées de manifester l'appartenance à une coterie (celle des favoris d'un prince par exemple) il s'agissait de si petits groupes que le mimétisme n'avait dans la société qu'un milieu extrêmement restreint sur lequel il pût s'exercer. L'esprit d'imitation généralisé, si caractéristique de notre -époque, ne pouvait en outre se développer pour deux raisons : d'une part les barrières sociales étaient trop hautes du point de vue psychologique comme de celui des institutions ; d'autre part la technique de la production en série et de la vente en masse n'était pas encore découverte.

La mode, considérée comme une originalité de notre temps, repose sur trois principes actifs : aux degrés supérieurs de l'échelle sociale, le désir de nouveauté et de singularité chez les producteurs le besoin d'accroître le débit dans la masse l'effort pour s'adapter à une norme sociale. De ces trois motifs, seul le premier remonte au passé, les deux autres appartiennent en propre à l'âge de l'industrie.

Le motif de « prodigalité ostentatoire », comme l'a appelé le sociologue américain Thorstein Veblen, agit dans toutes les couches sociales sur le choix des articles vestimentaires dans la mesure où ils doivent manifester l'aisance et la libération des activités vulgaires. Pourtant ce motif n'est pas seul déterminant et il s'exerce de façon toute différente selon les milieux sociaux. Le phénomène de la mode se trouve ainsi beaucoup plus compliqué qu'il ne semble au premier abord. Si l'on veut s'en tenir à l'image de la pyramide, il faut tout au moins considérer les unes au-dessus des autres et les unes à côté des autres diverses pyramides dont les plans et les points d'intersection font de quelque manière autorité pour chacun et chacune d'entre nous.

La prodigalité ostentatoire dans un sens exclusivement quantitatif n'est pas même seule déterminante pour les dames du monde élégant formant la clientèle directe de la haute couture et de la haute mode ; la classe par excellence qui, estime-t-on, fait la mode. Cela vient déjà en partie de ce que cette classe, sociologiquement parlant, n'est nullement homogène. Elle comprend tout aussi bien les anciens riches que les nouveaux, des clames du monde et celles qui n'en font déjà plus tout à fait partie sans pourtant compter nécessairement dans le demi-monde, des étoiles du théâtre et du cinéma et en général des femmes dont la situation sociale exige de quelque façon la production habituelle d'une toilette élégante. Aussi les modèles nouveaux que chaque saison fait apparaître et qui, par la suite, vont « rayonner » sur le monde entier pendant quelques années, sont-ils, considérés isolément, un ramassis de types dont les plus extravagants disparaissent dans la course parce qu'ils sont « trop extrêmes », mais dont l'ensemble représente un compromis entre des tendances diverses, parfois opposées.

Même les femmes dont le rôle social se borne à la fonction purement décorative de dissiper conformément à leur rang la fortune amassée par leurs maris ne peuvent se contenter d'être aussi dépensières que possible. Elles ne peuvent en imposer dans les sphères qui leur importent - et c'est un « monde » étroit de gens du même milieu social - simplement par des signes extérieurs de richesse. Dans cette classe-là, il va de soi que l'on dispose de beaucoup d'argent, ou ne peut donc se distinguer que par la façon dont on le dépense et par le goût dont on fait preuve à cette occasion. Les riches de vieille date n'aiment d'ailleurs pas être pris pour des nouveaux riches et même ceux-ci ne sont pas tous assez naïfs pour ne pas s'apercevoir que l'argent, à lui seul, n'est pas tout. Il en résulte qu'à partir d'un certain degré de l'échelle sociale le prestige dépend avant tout de la culture dont on peut faire preuve, au moins en ce qui concerne le goût et les manières.

Il s'agit aussi, dans la course au succès auprès de la bonne compagnie, d'attirer sur soi l'attention d'une manière qui manifeste à la fois de l'originalité et du bon goût. Ces deux exigences, poussées à l'extrême, vont à l'encontre l'une de l'autre. La façon la plus sûre de manifester du goût est de se tenir aux règles établies du bon ton, ce qui mène aisément à une attitude conservatrice. Par contre le désir de paraître « différent des autres », c'est en se faisant remarquer de quelque manière que l'on peut le mieux le satisfaire et cela est considéré, non sans raisons, comme une faute contre les règles du bon goût. Dans la pratique, on cherche le plus souvent à résoudre la tension entre ces deux pôles dans la voie dorée du compromis : assez d'originalité pour ne pas être banal et assez de conformisme pour ne pas sembler bizarre. On sait assez que cette ligne moyenne se situe dans chacun des sexes à une place assez différente. La répugnance à l'excentricité est normalement beaucoup plus forte chez les hommes que chez les femmes ; et cela tient sans doute en partie an rôle différent qu'ils jouent dans le choix d'un partenaire sexuel, mais surtout au fait que leur fonction économique consiste généralement davantage à gagner de l'argent qu'à en dépenser.

Ce qui dans tout cela crée la mode au sens le plus large du terme, c'est uniquement ce qui, n'étant pas trop excentrique, reste dans le tamis où se trouve retenu un choix de modèles pour la production en série. Ce choix se fait selon des principes purement économiques. C'est le mobile du gain et lui seul qui met en mouvement le mécanisme par lequel on exploite le besoin de nouveauté des consommateurs afin d'accroître sans cesse la vente. Ce besoin ne résulte plus désormais de la nécessité de renouveler les objets usés, au contraire on détermine à dessein la qualité de telle sorte que l'article ne puisse rester trop longtemps en service. Une fois le marché des chapeaux de dames saturé parce que chaque femme possède un chapeau, il n'existe plus qu'un moyen de provoquer de nouvelles demandes : amener la clientèle à acheter périodiquement de nouveaux couvre-chefs, sans s'inquiéter de savoir si les anciens sont usés ou non. Le producteur y trouve d'autant mieux son compte qu'il lui est ainsi possible de fabriquer les chapeaux avec une matière moins coûteuse ; car, à l'inverse de ce qui se passait jadis, il ne faut pas qu'ils vivent trop longtemps.

Ce mécanisme économique suffirait en soi à expliquer les transformations périodiques de la mode qui, pour le vêtement féminin, ont lieu au moins plusieurs fois dans l'année. Et même si tout d'abord la demande ne se produit pas, parce que le besoin ne se fait pas sentir, on peut le créer au moyen de la réclame et de la propagande. Ceci s'applique même à des choses qui ne sont pas destinées à la parure de la beauté féminine, mais à l'usage courant. Ainsi après la première grande guerre l'industrie américaine est parvenue à conquérir le marché mondial au chewing-gum dont jusque-là, en dehors de l'Amérique, absolument personne n'avait senti le besoin ; et après la seconde, le même tour de force a réussi dans des proportions plus grandes encore avec le coca-cola.

Pourtant la suggestion exercée sur les masses ne pourrait enregistrer aucun succès de ce genre s'il n'existait des masses prêtes d'avance à se soumettre à une telle suggestion. Les prédispositions psychiques viennent ici en aide au mécanisme économique. Ce sont elles qui règlent l'action réciproque établie entre une minorité active et prête à innover - laquelle donne le ton - et une masse passive, toute disposée à imiter, qu'elle mène par le bout du nez.

Il en fut ainsi certes de tous temps. Déjà parce qu'il existait dans la société des cours, des salons, et d'autres foyers de compétition du même genre : les couches supérieures oisives trouvèrent toujours assez d'occasions de remplir leurs fonctions mondaines réduites essentiellement à la représentation, en inventant et en présentant de nouvelles toilettes. Il y eut toujours également un petit groupe de producteurs, tailleurs, bottiers, gantiers, coiffeurs, joailliers, etc., qui avaient intérêt à favoriser cette tendance. Les périodes mentionnées plus haut où l'extravagance se donne libre cours et que l'on peut situer environ vers 1450, 1520, 1660, et 1798 ne sont donc que les crêtes de vagues dont le mouvement n'a jamais complètement cessé.

Le phénomène complémentaire qui consiste en ce que chaque couche de la société a tendance - surtout en ce qui concerne l'étalage de son luxe - à se régler sur l'exemple de la couche sociale placée immédiatement au-dessus est tout aussi ancien. Les Anglais appelaient cela *aping the duke* - singer le duc - dès l'époque où bien peu de gens pouvaient s'offrir le luxe de donner une réalité à pareille ambition ; alors que l'immense majorité devait se contenter dans le meilleur des cas, de se régler sur l'exemple des valets du duc. Tout particulièrement aux époques où une centralisation démesurée de la puissance de l'État et de la vie des cours favorisait le prestige et le rayonnement du style de vie des « grands », l'esprit d'imitation sociale ne s'en tint pas aux limites de la classe la plus voisine ; que l'on songe seulement au Bourgeois gentilhomme de Molière, et, dans ses autres pièces, aux innombrables variations sur ce même thème.

Un certain nombre d'influences se firent également sentir de haut en bas, franchissant toutes les barrières qui séparent les classes. L'écrivain allemand Hans Neumann dans ses études sur le folklore a autrefois donné à ce phénomène le nom de « plongées de la civilisation ». Il a démontré avec ses élèves de façon convaincante qu'une bonne part de ce que le siècle précédent a considéré comme des créations de l'esprit populaire devait être en réalité attribué à des exemples venus « d'en haut ». Cela s'applique entre autres choses aux costumes régionaux de paysans où l'on doit voir dans bien des cas des produits de « plongée » dérivant de modèles venus de la cour. Il existe sans doute à peine un autre exemple de cette époque où apparaisse un tel phénomène de pénétration depuis le sommet jusqu'à une couche relativement humble de la pyramide sociale. Du reste il ne s'agit ici que d'une minorité. Pour ce qui est de la masse on perçoit peu de différences dans le vêtement de la paysannerie européenne, depuis les *Très riches heures du duc de Berry,* en passant par Breughel et par les frères Le Nain, jusqu'à Goya ; donc au cours d'une période de plus de quatre siècles. Cet exemple extrême d'une « plongée » de la civilisation jusqu'au costume régional paysan n'en fait pas moins apparaître en quoi, au siècle de l'industrie, la situation nouvelle se distingue de toutes les précédentes. Car ce qui en est résulté, ce n'est pas un changement de la mode, mais la permanence d'un style qui donne exactement l'impression d'un îlot de résistance contre les changements capricieux de la mode. Ce qui jadis n'avait été qu'une fantaisie frivole s'est figé en un fait permanent de civilisation, en une fière manifestation de l'orgueil de classe paysan.

Il s'est également produit depuis lors un renversement complet dans l'alchimie des valeurs esthétiques. Autrefois le costume de cour, en devenant finalement un modèle pour les vêtements des paysans, a plutôt pris en route de la distinction qu'il n'en a perdu. Mais aujourd'hui, s'il y a bien au point de départ des créations de la mode la trouvaille d'une imagination qui participe tout de même à l'art, on arrive par contre à l'autre extrémité à un produit de confection élaboré pour une consommation en masse, qui 't'ait de tout ce qui avait primitivement une originalité quelque chose de vulgaire. Vulgaire déjà dans la plupart des cas parce qu'un modèle établi en une matière de bonne qualité, pour des clients capables de payer cher, se trouve transformé en un produit qui doit être bon marché et Par suite, sacrifier la qualité à l'apparence.

De ce point de vue également la comparaison entre les anciens costumes de paysans et la nouvelle mode des villes est extrêmement instructive. Pourquoi, à l'inverse de la mode, le costume régional traditionnel reste-t-il inchangé d'année en année ? Cela ne peut s'expliquer que par les motifs suivants : 1° Ces costumes sont principalement des produits du travail à la maison ; 2° dans la mesure où ils ne le sont pas, et dans la mesure où certaines fournitures doivent être achetées, la dépense est trop grande pour permettre des renouvellements fréquents ; 3° tant que ceux et celles qui les portent sont fiers d'appartenir à un certain groupe, le costume régional remplit son rôle de signe de l'honorabilité sociale ; 4° pour autant qu'il apparaît souhaitable de marquer les différences individuelles de fortune ou de rang, on le fait généralement moins par des modifications de forme que par l'emploi d'une matière plus coûteuse ou d'ornements de métal précieux plus lourds.

Dès que l'on peut acheter les vêtements dans les magasins, le style commence à faire place à la mode. La phase de transition qui se présente alors est placée sous le signe d'un conflit entre deux systèmes de normes. Dans certaines parties de la Bretagne les femmes portent aujourd'hui au-dessus de leurs ravissantes coiffes de dentelle qui font partie du costume régional un chapeau des villes conforme à une « mode de Paris » plus ou moins récente, épouvantable symbole de la victoire de la mode sur le style.

Il est à vrai dire une question qui s'impose ici. Pourquoi tout individu tant soit peu cultivé éprouve-t-il un sentiment d'horreur devant un tel spectacle ? Existe-t-il donc une norme esthétique selon laquelle la coiffe en soi serait plus belle que le chapeau des citadines ?

Si l'on voulait poser le problème d'un point de vue strictement individuel, c'est-à-dire savoir si un certain chapeau ne peut pas être plus beau qu'une certaine coiffe, alors bien sûr il n'y aurait pas d'autre réponse raisonnable que le vieux proverbe : Des goûts et des couleurs il ne faut pas discuter. Mais nous nous trouvons ici devant un fait très général, devant un phénomène de masse même, qui permet sans aucun doute des jugements de valeur sur les tendances du goût selon des critères de psychologie sociale. C'est un tel critère qui résulte tout simplement de la question : Dans quelle mesure le choix d'un objet est-il déterminé par la fonction à laquelle il est destiné ?

On n'a nullement affaire ici à des jugements esthétiques subjectifs, il s'agit d'un diagnostic sociologique strictement objectif. La nature de la fonction qui doit être remplie et l'adaptation d'un objet précis à cette fonction sont des faits sur lesquels il est certainement possible d'émettre un jugement de validité universelle et, dans la mesure où des conclusions esthétiques en résultent, il n'y a pas lieu de s'appuyer sur un autre principe que sur le postulat admis par le sentiment général et par le bon sens, selon lequel un objet destiné à l'usage et dont la forme s'oppose à la fonction ne peut ipso facto prétendre à la beauté.

Ici la fonction en question est double : elle résulte d'une part de l'adaptation à un but pratique, purement individuel : par exemple l'adaptation des souliers à faciliter la marche et à protéger les pieds contre l'humidité et le froid. D'autre part le choix est guidé par le point de vue psychologique et social de l'adaptation à certaines normes de la société. Ainsi, chez nos Bretonnes au double couvre-chef, la fonction de la coiffe est de marquer l'appartenance à un milieu social et régional, et celle du chapeau de se montrer, également en dehors de ce milieu et de cette région, « comme il faut » et pas trop rustique.

Du point de vue de la première fonction, l'utilité pratique, on n'a point de peine à découvrir pourquoi l'évolution qui mène de l'ancienne production artisanale au nouvel article de mode équivaut à une perte de valeur fonctionnelle. Il était dans la nature même de la tâche du cordonnier qui travaillait pour un client qu'il lui fournît un article adapté à ses besoins personnels et en même temps aussi durable que possible. Même s'il s'agissait d'une commande d'apparat, de chaussures du dimanche, le point de vue ornemental restait, en règle générale, subordonné à l'autre. Quiconque voudrait aujourd'hui des souliers de cette qualité devrait aller trouver l'un des rares artisans travaillant sur mesures qui subsistent encore et en outre payer le double cette marchandise. Les articles de fabrique, à part quelques exceptions, sont soumis à d'autres exigences, savoir celles de la mode, pour laquelle l'adaptation de la forme extérieure au goût du jour est l'essentiel.

Le désaccord entre la forme et la fonction est plus frappant encore si l'on songe au rôle psychologique et social que l'objet dont on fait choix doit remplir, et le côté moral de ce désaccord : le défaut de sincérité, apparaît encore plus nettement. La coiffe de notre Bretonne proclame une vérité : « Je suis une femme du peuple de Concarneau ou de Quimper. » Le petit chapeau parisien par contre vent accréditer quelque chose de faux : « Je sais aussi bien que les dames de Paris ce qui est de bon ton, et personne ne m'en remontre sur ce point. » Cela est faux car la petite bonne femme est précisément ce qu'elle ne voudrait pas paraître : une rustaude, et le montre d'autant plus nettement qu'elle se donne plus de peine pour le cacher.

Dans le domaine social et psychologique plus encore que dans celui de la fonction pratique le monde de la mode est, pour la masse, un monde d'apparences ; et il l'est parce que, dans une société où il n'y a plus d'états héréditaires, chacun depuis le haut jusqu'en bas, s'efforce d'effacer tout au moins les différences extérieures dans les formes de vie - entreprise que rend possible la production en série et à laquelle le grand commerce a intérêt.

Une analyse plus précise de la façon dont s'établit la « tyrannie de la mode » peut manifester plus nettement encore la perte des valeurs de civilisation qui en résulte également dans le domaine de l'esthétique. Il suffira de mettre en lumière quelques faits dont l'exactitude objective peut aisément être reconnue de tout le monde indépendamment des goûts personnels.

1° Le développement de la mode n'est pas orienté vers un but final précis comme l'est par exemple la technique, qui, abandonnée à elle-même, tend vers une adaptation de plus en plus grande de ses produits à la fonction qui leur est dévolue. Les productions dont la forme n'est soumise à aucune autre influence - comme les avions, les outils, etc. - se perfectionnent dans le temps en une série dont la signification d'ensemble petit être considérée comme le lent accomplissement d'un type. On peut se représenter comme aboutissement de cette série un produit idéal qui, en raison précisément de l'accord parfait entre les moyens dont on dispose dans une situation donnée et le but à atteindre, représente aussi un sommet au point de vue esthétique - la « forme pure » vers laquelle tendent aujourd'hui les meilleurs architectes et ouvriers d'art (malheureusement avec un succès généralement bien maigre auprès du gros public). On peut d'ailleurs considérer le développement du style de chaque époque de la civilisation dans sa phase ascendante comme une évolution vers un tel idéal ; que ce but ne soit pas atteint ou se trouve dépassé ne change rien au fait qu'il tient lieu « d'étoile polaire » et comme tel détermine la direction. La mode ne connaît pas but de ce genre. Elle change pour changer - plus exactement, elle change pour assurer des profits économiques que ce changement apporte aux fabricants et aux marchands, sans égards pour les intérêts des consommateurs, si ce n'est pour le désir de nouveauté d'une minorité et pour le conformisme de la grande majorité.

2° Les courbes directrices qui orientent les changements de la mode vers des buts nouveaux et transitoires montrent parfois une certaine conformité avec des processus correspondants dans le milieu social ; par exemple l'engouement passager pour des emblèmes militaires dans la phase heureuse d'une guerre, ou bien des lignes et des symboles plus ou moins sportifs quand un nouveau sport devient en vogue. À part cela il est à peine possible de déterminer des rapports plus profonds avec le développement même de la civilisation. Les changements de la mode (et du goût des masses qui s'y trouve lié) semblent être vraiment capricieux de leur nature et ne suivre aucune courbe précise - à moins que ce ne soit un cercle vicieux.

3° Cette dernière hypothèse trouve une certaine confirmation dans le fait que de vieilles modes, au bout d'un certain nombre d'années ou de dizaines d'années, réapparaissent bien souvent comme des modes nouvelles ou tout au moins comme des variations nouvelles de thèmes anciens. Comme le nombre des thèmes possibles n'est naturellement pas illimité, le rapide défilé des types ne permet manifestement pas d'éviter des retours aux précédents.

4° C'est un fait d'expérience en psychologie des niasses que toute mode nouvelle, au moins dans ses manifestations les plus nettement accusées, commence par faire une impression d'étrangeté ou de bizarrerie à la généralité des gens. Il faut une certaine accoutumance avant que le goût s'adapte à la nouvelle situation dans laquelle il se trouve placé. Ceci impose la conclusion que les changements de la mode ne reflètent pas les changements du goût universel, mais au contraire qu'ils les déclenchent. Le rôle du public se borne ici dans le meilleur cas à une certaine « sélection éliminatoire ». La plupart du temps cette sélection elle-même est faite d'avance par les intermédiaires : par exemple quand certains modèles de chapeaux printaniers que l'on peut voir aux courses de Longchamp sont écartés d'emblée par les modistes parisiennes comme « allant trop loin ».

5° C'est un autre fait d'expérience en psychologie des masses que tout ce qui est passé de mode donne, après qu'on s'en est déshabitué au cours des années, une impression de ridicule. La conclusion tombe sous le sens et confirme la remarque formulée au paragraphe précédent.

6° La plupart des gens ne sont pas choqués de la même manière quand ils se trouvent en présence de styles périmés si bizarres que nous paraissent par exemple certains costumes traditionnels de paysans, si étranges que soient pour nous des costumes japonais ou si lointains que soient dans le temps les vêtements de l'antiquité grecque. Cela semble indiquer que les manifestations du style d'une région ou d'une époque quelconque renferment une signification esthétique qui fait défaut à la mode.

7° Cette supposition se trouve confirmée par le fait qu'il est à peine un style ancien ou étranger qui n'ait pas été utilisé à l'occasion par la mode comme « source d'inspiration ». Le caractère stérile, l'esprit d'imitation, la médiocrité esthétique des productions de la mode ne s'en manifeste ainsi que mieux.

8° L'immense majorité des consommateurs d'articles soumis aux fluctuations de la mode n'ont que rarement ou n'ont jamais l'occasion de déterminer leur choix d'après leur sentiment personnel de la beauté, tel qu'il a été formé par leur culture générale. Comme le nombre des modèles mis à leur disposition impose à leur choix d'étroites limites, les acheteurs doivent la plupart du temps se décider selon des principes négatifs résultant des contraintes suivantes : L'objet ne doit pas coûter trop cher et ne pas trop différer extérieurement de ce qui « se porte » si on ne veut se montrer ni trop sordide ni trop excentrique. Les femmes tiennent plus en cela au conformisme, les hommes à ne pas se faire remarquer. Ces deux motifs n'ont ni l'un ni l'autre un rapport quelconque avec le sentiment esthétique.

9° Pour des raisons analogues, parmi les motifs du choix, l'adaptation pratique à la fonction est rejetée à l'arrière-plan. Pour bien des articles il arrive même que des modèles commodes, remplacés sous l'influence d'une nouvelle mode par de moins pratiques, ne se trouvent plus dans le commerce. Tout homme qui aimerait se procurer des sous-vêtements ou, par exemple, lune coiffure de sport semblable à un modèle qui lui donne satisfaction depuis longtemps sait par expérience combien cela peut être difficile. Il entend le marchand lui déclarer : « Bien sûr, je trouvais cela pratique moi aussi et ce l'était, mais ce n'est plus demandé. » Au lieu de dire : Ce n'est plus demandé, on devrait dire : Ce n'est plus fabriqué ; mais dans la pratique, cela revient au même, car l'immense majorité des gens n'est pas assez « excentrique » pour préférer ce qui est commode à ce qui est à la mode.

10° La minorité excentrique qui veut des vêtements plus pratiques, plus sains, plus beaux que ce que lui offrent les dictateurs de la mode essaie toujours de regimber. L'expression consciente de cette rébellion apparaît dans le mouvement pour la réforme du costume qui, par son origine idéologique, est étroitement apparenté à la tendance fonctionnelle en architecture et dans les métiers d'art. Ce mouvement a remporté ses plus grands succès vers le début du siècle dans sa lutte contre le corset, où il fut soutenu par une partie du corps médical dans la défense des mères et des enfants encore à naître. Toutefois il n'aurait peut-être pas remporté la victoire si, à la même époque, le cyclisme et des activités du même genre n'étaient devenues populaires. En ce qui concerne les autres pièces du vêtement tant masculin que féminin, les succès furent plus modestes. Ils se limitèrent pour l'essentiel à une minorité d'acheteurs cultivés et relativement aisés qui pouvaient s'offrir le luxe de payer plus cher et d'être considérés par la foule comme des originaux. Le goût des masses ne fut que faiblement influencé par tout cela, car il résulte, après comme avant, du parallélogramme des forces qui d'une part découlent des intérêts de la production à la vente en masse, et d'autre part de l'effort des couches inférieures de la société vers la correction extérieure.

En résumé, la mode est donc le produit d'une situation qui n'a sans doute guère de précédents dans l'histoire de la civilisation : la complète disparition du style comme phénomène esthétique concomitant à cette disparition du principe formatif dans la société que Nietzsche a qualifiée avec raison de nihilisme, c'est-à-dire d'anéantissement des valeurs suprêmes.

CHAPITRE V

LA MASSE ET LES MŒURS

L es signes du nihilisme ne se manifestent pas seulement dans le domaine de la mode au sens étroit du mot. Ils n'apparaissent pas avec moins de netteté dans le déclin des mœurs, des coutumes et du savoir-vivre qui constituent le ciment de toute structure sociale.

Tout comme dans la transformation du style en mode la preuve de ce phénomène de décadence peut être administrée sans que l'on ait besoin de se placer sur le terrain glissant des jugements de valeur subjectifs. Il serait tout simplement vain de discuter pour savoir si notre époque ou notre société est moins morale que les précédentes ou s'il s'y manifeste, dans les rapports sociaux, moins de délicatesse. Il n'existe pas plus sur ce point de critère quantitatif que pour décider par exemple si les hommes sont aujourd'hui plus heureux que jadis ou inversement. La question est déjà absurde en soi, parce que les mesures elles-mêmes, selon lesquelles on estime son bonheur ou son malheur, s'appliquant à des phénomènes collectifs, s'adaptent plus ou moins vite à la situation ambiante. De même quand on juge du niveau moral d'une époque, il y a lieu de ne pas perdre de vue qu'il s'agit pour chaque individu de rapports réciproques entre une norme variable et une conduite variable, et ce ne sont pas là des quantités dont on puisse obtenir des sommes arithmétiques par addition ou soustraction. Tout ce que l'on peut objectivement saisir ici c'est simplement le phénomène collectif de la règle ayant cours dans la société. Il ne s'agit nullement ici des valeurs éthiques de la morale ou de la moralité, mais d'un exposé sociologique de faits relatifs aux mœurs et coutumes ; ce sont choses que l'on peut déduire du comportement de groupes concrets sans avoir besoin pour cela de sonder les cœurs et les reins des individus.

Il ne faut pas du reste sous-estimer l'importance de la civilité dans une appréciation de la civilisation d'une époque. C'est une tendance qui se manifeste malheureusement dans les ouvrages allemands de philosophie de la civilisation et elle se trouve encore favorisée par la méthode trop commode qui consiste à appeler « Kultur » ce que l'on croit posséder soi-même, ce que par suite on estime très haut, et « civilisation » ce que l'on aimerait bien posséder davantage sans être obligé pour cela de jalouser le voisin.

C'est un fait que - surtout depuis la guerre de Trente Ans - la civilisation allemande s'est développée sur un plan éclairé bien plutôt par une lumière d'intimité émanant de la philosophie, de la poésie, de la musique et de la piété que par l'éclat des lustres resplendissant sur les salons Le morcellement de l'Allemagne en petits États avec leurs innombrables cours provinciales qui ne laissaient point place à un rayonnement venu d'un unique foyer comme en France, en Angleterre, en Espagne, en Autriche, en Suède, au Vatican, etc., eut sur ce point une action décisive. Cela permit heureusement à un Goethe de jouer, à Weimar, un rôle qu'il n'aurait pu tenir à Versailles. D'autre part, en dépit de tout l'engouement que l'on 3 montrait pour la philosophie et le bel esprit, les mœurs qui régnaient à Potsdam rappelaient davantage la cour de caserne que le ton des salons. En même temps, on était frappé par l'existence d'une structure sociale particulière, dérivant du prussianisme du XVIIIe siècle, dont le résultat était la domination d'une classe de hobereaux s'appuyant sur le militarisme, à côté d'une bourgeoisie politiquement et économiquement d'autant plus faible. Il n'était que trop facile dans cette atmosphère de citer la formule du Faust de Goethe : « En allemand, quand on est poli, c'est que l'on ment » pour donner un fondement à une prétendue supériorité morale sur l'étranger « amolli » par une politesse excessive.

C'est le phénomène contraire qui se produisit dans les pays latins, particulièrement en France. Plus on considérait que le fait d'être civilisé s'exprimait normalement dans le charme des relations de société, plus on avait tendance à interpréter la bonhomie paysanne et petite-bourgeoise du peuple germanique voisin comme une rusticité barbare. Rien de surprenant donc à ce que la plus vieille définition française du mot « civilisation », celle qui se trouve dans le dictionnaire de Furetière de 1690, soit la suivante : « rendre civil et poli, traitable et courtois. » L'Académie française a, depuis lors, pratiquement fait sienne cette conception. Les Anglais l'ont adoptée en adoptant le mot lui-même. En 1775 eut lieu entre le Dr Johnson et Boswell une longue controverse sur le point de savoir si civilisation ou *civilty* (courtoisie) devaient être considérés comme le contraire de *barbarity*. Et il y a seulement quelques années l'un des sociologues français les plus profonds, Lecomte du Noüy, écrivait encore dans un ouvrage fort répandu : « Bien que cela puisse paraître aujourd'hui un peu superficiel, il nous semble que, si l'on devait chercher un critère pratique de la civilisation, on le trouverait... dans la courtoisie... La courtoisie n'est en somme que la manifestation extérieure de conventions anciennes destinées à lubrifier les surfaces de frottement entre les hommes, les rouages sociaux... La courtoisie est, dans la vie courante, l'équivalent du rite dans les cérémonies. Et le rite est l'expression de la tradition... Les sociétés les plus civilisées sont les plus courtoises. Celles où les formes de la politesse se perdent représentent des régressions indiscutables. »

Si nous songeons aux exagérations de Spengler, nous passons ici évidemment d'un extrême à l'autre ; la vérité devrait donc se situer entre les deux. Il n'est pas sans signification que *civiltà* soit la racine commune de civilisation et de civilité ou de l'anglais *civility*, ni que le français emploie le même verbe polir dans la formule être poli et avoir des manières polies. Il ne s'agit pas ici seulement de civilisation au sens méprisant de Spengler. L'instauration d'un rituel de la politesse n'est-elle pas l'un des premiers et des plus indubitables parmi les signes témoignant du passage des peuples « sauvages » à l'état de civilisation ? Ce rituel ne codifie nullement aujourd'hui encore, dans les relations avec les tribus primitives, des formes extérieures sans signification profonde, mais des engagements essentiels sans lesquels il n'y aurait point d'ordre social durable. C'est seulement ainsi que s'explique l'étonnement si fréquent des « civilisés » constatant chez les « sauvages » ou les « barbares » une sensibilité aux formes du savoir-vivre qui équivaut à un véritable tact. Il y a là un vrai rite, une vraie civilisation, et nullement un produit de dégénérescence de la *Zivilisation* au sens spenglérien du mot.

Ceci du reste n'est pas seulement valable pour les primitifs, mais également à l'autre extrémité de l'évolution humaine. On peut le constater aujourd'hui encore dans les régions de la France les plus pauvres, et les plus arriérées matériellement, particulièrement dans le

Midi : des gens qui, de leur vie, ne se sont servis d'une baignoire ou d'un water-closet et qui, pour tout le reste également, s'intéressent fort peu aux conquêtes matérielles de la civilisation, manifestent dans la conversation une délicatesse humaine pour ainsi dire classique qui fait songer à cette maxime française que la politesse est la petite monnaie de la fraternité. Quiconque connaît le passé de la civilisation dans ces provinces sait que nous ne sommes nullement là en présence d'un produit de dégénérescence, mais des bases spirituelles sur lesquelles on a construit pendant au moins plusieurs siècles.

Assurément ces biens de civilisation sont en péril : ils disparaissent dans la mesure où le garagiste remplace le maréchal-ferrant, l'hebdomadaire illustré l'almanach paysan, le jazz-radio la méditation du soir. Car c'est un phénomène général que la « modernisation », inaugurée par la révolution industrielle et qui depuis lors a atteint son apogée sous forme d'américanisation, conduit à la dissolution de la structure spirituelle qui fournit un fondement aux rapports de société.

Les impressions qui se rattachent à la pénétration de la civilisation urbaine et industrielle dans la vie parents habitaient alors une maison de campagne dans la Campine, qui faisait partie en ce temps-là des contrées les plus pauvres et les plus arriérées de Belgique. Comme gamin qu'aucune différence de classe ne tenait à l'écart de la jeunesse paysanne quand il s'agissait de vagabonder et de jouer, j'ai vu d'assez près la situation dans sa réalité même pour être immunisé contre le risque d'idéaliser la vie patriarcale d'un village. La structure sociale était encore à demi-féodale, l'horizon intellectuel des gens incroyablement borné et le ton des rapports nettement grossier. Bientôt l'industrialisation d'une région voisine et l'amélioration des moyens de transport attira dans les usines une minorité sans cesse croissante de la population. Il se forma au point de vue culturel une nouvelle couche inférieure. Les jeunes gens et les jeunes filles travaillant en usine gagnaient certes davantage, mais n'en étaient pas moins considérés avec mépris par la population paysanne dont ils étaient issus - et ils en avaient conscience. J'ai nettement senti étant enfant la différence entre la rusticité paysanne dans le ton des rapports et la vulgarité, le genre faubourien des gens des usines. Les manières rustres devinrent des manières effrontées, le patois se transforma peu à peu en argot, les voix se firent plus violentes et plus aigres, des rengaines prirent la place des simples chants populaires, des vêtements et des chapeaux prétentieux et sans goût remplacèrent le costume paysan moins voyant, mais solide et de bon aloi, des grivoiseries et des obscénités provocantes furent considérées comme des signes de l'émancipation de préjugés périmés.

Ce qui s'est passé là dans un microcosme n'est que l'image de l'évolution qui, en moins d'un siècle, avait transformé l'Europe entière. Partout l'industrie et la vie citadine avaient détruit de vieilles formes sans les remplacer par de nouvelles.

Jusque-là la population de notre village avait formé un petit groupe social hiérarchisé dans lequel chacun connaissait sa place. Celle-ci résultait sans discussion de sa naissance ou de son métier. Le châtelain, le curé, le maître d'école, l'aubergiste, les artisans, les paysans, les garçons de ferme, les journaliers, les pauvres - chacun avait son rang, reconnu de tous. Chacun savait par suite ce qui lui était dû, ce qu'il devait aux autres et de quel espace il disposait à l'intérieur de sa cellule sociale pour épanouir son individualité. Comme cette inégalité reposait sur des différences réelles elle était admise en règle générale comme allant de soi. Elle n'était contestée - et c'est un fait caractéristique - que quand un parvenu se donnait des airs qui ne correspondaient pas à la situation qu'il tenait de sa naissance ou de sa culture. C'était aussi presque le seul cas où l'on pût trouver en haut de l'arrogance et en bas une insolence plus ou moins sournoisement dissimulée. La supériorité sociale reconnue comme normale pouvait par contre se permettre de se montrer d'autant plus aimable et humaine que la distance sociale était plus grande.

De tous ces liens, de toutes ces traditions fortement enracinées, le travail en usine ne laissa rien subsister. Il attira les gens dans le cercle de la civilisation urbaine où ils ne représentèrent plus que des atomes d'une masse informe et indifférenciée. Leur travail ne fut plus réglé par le cycle naturel des saisons, des changements de temps et de la croissance des plantes et des animaux. Seule la sirène de la fabrique les appelait à leur besogne quotidienne qui se répétait tout au long de l'année et dont le rythme était établi par la machine. Économiquement et socialement, ils dépendaient de forces et d'initiatives qui prenaient naissance dans des villes lointaines et cette dépendance s'étendait aux domaines psychologique, spirituel et moral. Les vêtements qu'ils portaient, les chansons qu'ils chantaient, les nouvelles auxquelles ils devaient l'image qu'ils se faisaient du monde, et au bout du compte les opinions qu'ils faisaient le-tirs, n'avaient jamais connu une croissance organique dans la terre des campagnes, on les avait fabriquées dans les villes. Bref ils étaient tombés sous l'emprise de l'esprit de masse.

Cela n'implique pas seulement un mimétisme social généralisé, franchissant toutes les antiques barrières des états héréditaires, mais aussi une métamorphose de la couche supérieure qui sert de modèle. Ce n'est pas sans raison que le mot courtoisie dérive du mot cour. L'aristocratie, avec à son sommet la monarchie, l'a créé dans l'Occident, tout comme les chevaliers ont établi un code de la chevalerie d'où dérive la politesse moderne, en particulier sous la forme de la galanterie. Avec le temps les règles ainsi formulées ont étendu leur autorité sur un domaine dépassant largement les frontières de la couche sociale qui les pratiquait à l'origine. Plus tôt la civilisation bourgeoise s'est substituée dans un pays au régime féodal, plus a été long, plus a été profond le processus qui aboutit à une nouvelle synthèse des vertus qui constituent le comportement modèle. En Allemagne, on emploie encore le mot *féodal* quand on veut caractériser quelque chose de particulièrement distingué ; en France par contre, longtemps avant la Révolution, s'était déjà formé le concept de *l'honnête homme*, c'est-à-dire de l'individu dont la culture et les manières tout ensemble ont de la finesse - et en Angleterre plus tôt encore, celui du gentleman. Il y a de bonnes raisons pour que le mot gentleman exprime aujourd'hui dans le monde entier une façon de vivre qui, certes, n'a plus grand-chose de commun avec le *nobleman*, mais a étendu à toutes les relations de société les règles établies à l'origine pour la chevalerie, d'une conduite pleine de distinction. Non pas que l'on admette que toits les hommes sont des gentlemen et toutes les femmes des ladies. On sait trop bien que ce n'est pas le cas. Mais on laisse à chacun et à chacune le soin d'en faire ou de n'en pas faire la preuve par sa conduite, et les différences dans la vie matérielle jouent en cela un moindre rôle qu'une prononciation soignée, la délicatesse des sentiments, le respect des formes traditionnelles, le tact qui consiste avant tout à s'arrêter à temps devant la barrière de la vie privée. On l'a dit avec raison : l'Anglais, en présence d'un inconnu, n'a pas de plus grande curiosité que de découvrir s'il peut le traiter comme un gentleman.

Cette synthèse de vertus aristocratiques et bourgeoises (comme du reste la synthèse de la noblesse et de la bourgeoisie) avait déjà atteint avant le siècle dernier un développement organique si puissant et si avancé qu'elle a victorieusement résisté, même dans cette terre classique de la révolution industrielle, aux tendances au nivellement et à la prolétarisation qu'apporte avec lui un tel bouleversement social. Le prolétaire anglais lui aussi, si vigilante que soit sa conscience de classe, rend hommage à la valeur de cet idéal, car s'il veut se donner à lui-même un témoignage de la correction de ses manières, il aime à déclarer qu'il « reconnaît un gentleman au premier abord ». Le résultat c'est qu'il n'existe pas de type d'un comportement dans les relations de la vie courante dont la prétention à s'ériger en modèle soit plus généralement et plus légitimement admise dans toutes les parties du monde que celui du gentleman. Il n'en est pas non plus qui soit plus universellement imité - avec plus ou moins de succès - surtout dans ses manifestations extérieures.

C'est aux États-Unis par contre que l'on trouve le plus frappant exemple d'une forme de vie de société qui souffre de l'absence d'une tradition aristocratique exemplaire. L'histoire de ce pays constitue une immense expérience, splendide dans son audace, pour fonder un ordre social sur une entière égalité, et en même temps un État laissant une pleine liberté démocratique de disposer de soi-même. Ce qui décide de la valeur ou de la médiocrité des hommes, ce sont des buts fixés dans l'avenir et non leurs origines dans le passé. En cela, les différences raciales entre Blancs (car les Noirs et les Jaunes restent exclus du creuset) disqualifient aussi peu que les différences d'origine sociale. Les mêmes possibilités de culture sont en principe offertes à chacun et d'énormes dépenses pour l'école devaient faciliter la production d'un type synthétique de haute sociabilité.

Il est curieux que l'Amérique se soit trouvée plus près de la réalisation de cet idéal il y a un siècle qu'aujourd'hui. Tant qu'il exista une frontière intérieure de la colonisation sans cesse en progression vers l'ouest, ce fut une civilisation de pionniers qui domina. Certes la concurrence pour le sol, pour un foyer, pour le pain quotidien, pouvait prendre à l'occasion des formes fort brutales. En outre le dur combat contre la nature sauvage imposa à chacun des exigences si sévères qu'il était impossible que des manières de vivre raffinées se fissent jour. En échange il y avait un sens d'autant plus vif de l'hospitalité, de l'entraide, de la cordialité à l'égard de tous ceux chez qui on ne pouvait soupçonner de mauvaise intention. Le sentiment de la solidarité trouva un soutien dans l'idéologie des sectes et des confraternités protestantes qui avaient fui l'Europe devant la persécution ; il en est resté des traces jusqu'à nos jours dans la facilité, avec laquelle les Américains s'abordent en « frères ».

Il se trouva bien tout de même quelque chose pour tenir lieu de cette aristocratie qui faisait défaut. En Nouvelle-Angleterre, les descendants des premiers émigrants anglais jouèrent le rôle d'exemple. Dans le sud, ce furent les vieilles familles de planteurs, propriétaires d'esclaves. Il subsiste encore des traces de ces influences idéologiques, bien que les groupes d'où elles émanaient soient devenus à peu près insignifiants. Il se trouvait aussi çà et là des restes de vieux centres de civilisation, d'où se dégageait encore un certain rayonnement : des résidus français et espagnols dans la basse vallée du Mississipi, et dans le sud-ouest, des descendants isolés d'immigrants aristocratiques qui maintinrent pendant quelques générations certaines traditions ; enfin - *last not least* - les représentants de la véritable aristocratie autochtone, les Indiens, l'unique peuple de couleur auquel l'Américain soit fier d'être apparenté par les liens du sang - réels on hypothétiques. En ce qui concerne cette aristocratie, le mimétisme social semble (soit dit en passant) avoir joué au siècle dernier un rôle bien plus important que la descendance biologique. Dans les États agricoles en particulier, où les Indiens résistèrent le plus longtemps à l'extermination et à la dégénérescence, on constate assez souvent une frappante ressemblance dans la physionomie, et surtout dans ses expressions, entre les Indiens distingués et un certain type local de Blancs américains qui font encore songer aux temps héroïques des pionniers.

Sur ce sol a grandi, il n'y a guère que cent ans, la civilisation américaine originale dont les faiblesses et la force reprennent vie pour nous dans la poésie d'un Walt Whitman. Des hommes grossiers et rudes certes dans leurs manières, mais ayant du caractère, du courage, de la générosité, tout prêts à respecter la personne de leur prochain, pleins d'une confiance sans bornes dans l'avenir que chacun peut se forger à son gré et selon ses mérites.

Aujourd'hui, il ne subsiste plus de tout cela que des survivances idéologiques dont bien souvent on ne se sert plus crue pour déguiser la réalité et lui donner devant sa propre conscience un aspect flatteur. Mais, dans la pratique, il en va tout autrement. L'allure de cette transformation fut beaucoup plus rapide que celle de la révolution industrielle en Europe, où trop d'institutions venues du passé ralentirent l'évolution ou contraignirent à des compromis avec toutes sortes de résidus du moyen-âge. En Amérique au contraire, l'industrialisation s'accomplit sans entraves ainsi que le développement du capitalisme à l'état pur, la standardisation de la manière de vivre, le nivellement des esprits, et le peuple fut livré en proie à la masse comme un alliage dans un creuset à la température maxima.

Le produit synthétique ainsi obtenu prouve malheureusement de façon trop convaincante qu'un niveau de vie matérielle plus élevé, une plus libre concurrence dans tous les domaines ne suffisent pas à remplacer le type exemplaire du *gentleman,* de l'honnête homme ou tout autre type humain élaboré par une élite anoblie par le loisir, la culture et la bonne éducation.

De pays des pionniers, l'Amérique est devenue pays des nouveaux riches. En Europe, on a appris à la suite de chaque grande guerre, tout particulièrement après les deux guerres mondiales, combien la ploutocratie, représentée par une telle couche sociale, est loin de former une aristocratie. La sélection s'opère ici selon le principe que ceux-là l'emportent dans la lutte pour la vie qui sont le moins tourmentés par les égards dus à leurs semblables ou par des scrupules analogues. Aujourd'hui comme hier, le « succès » est l'idole suprême dans la religion pratique de la vie quotidienne américaine, et même la piété dominicale l'interprète comme l'expression terrestre de la grâce divine. Mais le contenu du concept de succès s'est bien modifié. Au temps des pionniers qui vivaient dans des cabanes, il était la récompense d'un dur labeur pour vaincre les forces hostiles de la nature. Au temps des businessmen assis au téléphone dans des gratte-ciel, il est la victoire de celui qui sait jouer vigoureusement des coudes, du *push and go* impitoyable, du « flair » qui découvre et exploite des possibilités de gains spéculatifs.

Il est sur ce point un fait d'importance décisive il y a séparation entre le travail et la richesse ; et la distance va sans cesse s'élargissant. Ce qui, il y a un siècle encore, aurait été inimaginable, est devenu réel : il a surgi en Amérique comme ailleurs une couche sociale supérieure oisive, ou s'appuyant tout au moins sur une fortune héréditaire. On n'est plus disqualifié comme on l'était naguère pour n'être pas sorti du rang et pour n'avoir pas forgé son succès de ses propres mains. Le luxe d'autre part, jadis honni comme un gaspillage criminel, a cessé d'être considéré comme le signe d'une moindre distinction. Cette circonstance a encore pris plus d'importance par suite du rôle éminent de la femme dans l'établissement d'un style de vie et dans la figuration du prestige social, d'autant plus qu'une grande partie des femmes américaines forment, dans la classe possédante, une couche supérieure à la fois oisive et privilégiée.

Une couche supérieure comme celle-là ne saurait à la longue se passer de luxe, d'un luxe sans cesse croissant, parce qu'une supériorité sociale qui ne repose que sur la richesse ne connaît pas d'autre moyen de s'imposer que l'arrogance. On est donc obligé de reconnaître comme fondé dans une certaine mesure le sévère jugement des Webb, Fi modérés d'ordinaire, formulé dans une étude sur la dégénérescence des mœurs à l'époque capitaliste parue après la première guerre mondiale :

« La grossièreté croissante des pauvres a son pendant dans la vulgarité croissante des riches. La classe oisive dans l'État industriel moderne n'a produit aucune échelle de valeurs pour les bonnes manières... Ce fut un douteux privilège du capitalisme de former une classe sociale importante dont les membres n'ont pas besoin de fournir un travail productif et dans laquelle une bonne part des hommes et la presque totalité des femmes n'ont pas de fonction spécifique et vont même jusqu'à se soustraire à tout service social. Ce sont justement les caractères doués de la plus grande énergie parmi ces gens qui ont, pour la plupart, les ambitions les plus vulgaires, des capacités vulgaires, un goût vulgaire pour les excitations violentes. Ils sont prêts à la compétition, non à la collaboration ; ils aiment le succès, c'est-à-dire pour eux, le gain pécuniaire ainsi que le pouvoir personnel, le prestige personnel qui en sont inséparables, et se sentent attirés par l'élément de jeu de hasard contenu dans le big business... Les riches, parce qu'ils ne peuvent se référer à aucune supériorité naturelle, sont forcés de faire valoir leur privilège artificiel avec impudence et de manifester leur puissance en gaspillant l'argent. Sans cette impudence, sans cette prodigalité, ils pourraient tout aussi bien tenir la place de leurs propres femmes de chambre et de leurs propres maîtres d'hôtel, lesquels d'ailleurs font fréquemment meilleure figure qu'eux et ont de meilleures manières et même seraient souvent dans l'impossibilité de trouver de bonnes places s'ils n'étaient sur ce point, supérieurs à leurs maîtres. »

Ce jugement ne serait trop sévère que si on voulait le généraliser au point d'oublier l'existence d'exceptions qui ne sont pas insignifiantes. Il y a de telles exceptions également en Amérique ; mais comme, en raison de leur petit nombre, elles frappent à peine en dehors de leur milieu, il est bien peu d'Européens qui les connaissent.

Fait caractéristique du rapport existant entre l'enrichissement rapide et l'évolution des mœurs vers la grossièreté : les sphères sociales dont les représentants se rapprochent le plus de l'idéal du gentleman, appartiennent presque exclusivement aux classes dont le revenu est modeste. Les conditions essentielles sont pour cela : assez de ressources et de sécurité dans l'existence pour être à l'abri des plus graves soucis pour le pain quotidien et disposer d'un minimum raisonnable de loisir ; une égalité pratique approximative des conditions de vie matérielles avec les membres de même tempérament du milieu que l'on fréquente ; un haut degré de culture et le choix d'un métier déterminé principalement par des intérêts spirituels. On trouve par exemple de tels groupes parmi les professeurs d'universités, les pasteurs, et, en général - bien que plus limités en nombre - dans les professions libérales, à l'exception des individus qu'un trop grand succès a rendus prétentieux. Quelques membres de la simple classe moyenne en font également partie, auxquels leur profession ou leur métier procure une certaine indépendance qui les garde plus ou moins de succomber à l'emprise de l'esprit de masse. C'est dans ces milieux ou dans ces petits cercles que l'on rencontre la noblesse des sentiments la plus manifeste, la plus grande délicatesse dans les relations de société, le plus grand respect des traditions venues du temps des pionniers américains et des exigences qui en résultent pour le caractère.

En somme, il s'agit ici d'une élite extrêmement faible en nombre, mais de très haute qualité. Elle est mieux représentée dans l'ouest que dans l'est du pays, en partie parce que le temps des pionniers y est encore tout proche, en partie aussi parce que la population y est moins entassée dans des villes gigantesques. Quiconque a eu par exemple le privilège de vivre pendant un certain temps dans de petites villes universitaires avec des membres de cette élite (qui ne comprend, à vrai dire, comme partout qu'une minorité du corps enseignant), en aura gardé l'impression que nulle part peut-être dans le monde on ne rencontre des formes plus parfaites de vie de société. Car tandis que le niveau intellectuel peut souvent se mesurer à celui des meilleures facultés européennes, on sent là-bas beaucoup moins cette mentalité de fonctionnaires pédants, mesquins, envieux, qui, en Europe, par suite des conditions de vie plus médiocres, règne dans beaucoup d'universités ; les rapports sociaux, eux non plus, ne sont pas moins *gentlemanlike,* c'est-à-dire moins empreints de l'esprit d'égalité, du respect de la personnalité d'autrui que dans les cercles correspondants d'Angleterre. Il s'y ajoute seulement en Amérique une aptitude à voir grand qui correspond aux vastes proportions de l'horizon et de l'espace et au courant plus rapide des conditions d'existence. L'impression d'ensemble est celle d'une fraîcheur de jeunesse, mêlée d'assez de savoir et de sagesse pour ne pas être puérile.

Si consolant que cela puisse être, on ne saurait hélas contester que ces positions - qui ne sont plus que des « hérissons » -grâce auxquelles le meilleur d'un héritage ancestral a été sauvé et transmis au présent, se trouvent, surtout depuis la première guerre mondiale, serrées de près et menacées de plus en plus par l'évolution générale. Parmi les Américains qui connaissent le mieux leur pays et l'aiment le plus passionnément, il en est un bon nombre qui ressentent cette évolution comme une dissolution de l'esprit américain. C'est là un étrange phénomène, si l'on songe qu'il s'agit au fond -à peu près de ce que nous considérons en Europe comme l'américanisation de la vie pratique et des mœurs. Paradoxe qui semble poser un problème délicat ; toutefois ce problème n'est pas difficile à résoudre, si on le transpose sur un plan où l'on pourra mettre en lumière avec assez de netteté ce qu'il a d'universel plutôt que ce qu'il a de national.

CHAPITRE VI

LE CERVEAU DE LA MASSE

P armi les nombreuses anecdotes plus ou moins arrangées que l'on raconte sur l'origine des fortunes géantes modernes, il en existe une dont l'authenticité est amplement attestée. La plus énorme spéculation boursière de tous les temps fut réalisée au lendemain de la bataille de Waterloo par le deuxième Rothschild - ce Nathan Mayer Rothschild qui, à Londres, finança les guerres contre Napoléon, comme plus tard Pierpont Morgan devait financer la Grande Guerre de 1914 et leurs successeurs à tous deux la seconde guerre mondiale. Les cours des fonds d'État anglais s'étaient effondrés à la suite de rumeurs pessimistes qui circulaient depuis la défaite de Blucher à Ligny. Rothschild acheta toute l'offre parce qu'il était informé avant le public de la victoire des Alliés. Il avait en effet pris des dispositions pour que la nouvelle lui parvînt à Londres avec quelques heures d'avance, grâce à un système soigneusement mis au point qui prévoyait des relais de poste ainsi qu'un voilier rapide pour franchir la Mer du Nord.

Cette histoire nous fait souvenir que les moyens de communication et la transmission des nouvelles n'étaient pas plus rapides en 1815 que des milliers d'années auparavant. S'il l'avait jugé bon, Jules César aurait pu faire parvenir aussi rapidement à Rome la nouvelle de ses victoires en Angleterre. On n'allait pas moins vite du temps des pharaons : la vitesse maximum était déterminée par le galop d'une monture et par la force du vent qui gonflait les voiles.

C'est en 1821 que la première locomotive à vapeur roula entre Stockton et Darlington. Son allure n'était assurément pas excessive, puisqu'elle permettait de la faire précéder d'un cavalier pour annoncer son passage. Cette vitesse ne fut surpassée qu'en 1829. Les premiers vapeurs furent mis en service entre l'Angleterre et l'Amérique en 1838 ; la première ligne télégraphique publique fut installée également en Angleterre en 1843 et c'est en 1851 que fut immergé le premier câble télégraphique sous-marin entre Douvres et Calais. Moins de 125 années se sont donc écoulées depuis le début de cette évolution qui a été ensuite couronnée par l'aviation, la radio, et la télévision. Bien courte période en vérité si on la compare aux millénaires de stagnation qui l'ont précédée. Pour me représenter combien proche est son point de départ, il me suffit de penser que mes grands-parents étaient alors déjà de ce monde et que ma propre date de naissance est comprise dans la première moitié de cette période.

La rapidité inouïe de cette évolution explique 'peut-être que nous distinguions si mal encore ses conséquences en matière de psychologie sociale. Sans doute pouvons- nous nous faire une idée approximative du bouleversement qu'elle entraîne, mais ce phénomène n'a pas encore été décrit et analysé scientifiquement jusqu'à ce jour. C'est qu'il n'est pas facile non plus de l'appréhender, car seules ses causes historiques sont quantitativement mesurables ; ses manifestations d'ordre psychologique sont de par leur nature même qualitatives et relèvent plutôt du domaine des sciences morales et « explicatives » que de celui des sciences exactes et « descriptives ».

À l'origine, il y a le fait que le milieu dont l'homme moderne reçoit ses impressions et ses excitations psychologiques de toute nature s'est prodigieusement étendu. Le temps et l'espace, en tant qu'ils limitent les événements susceptibles d'exercer sur nous une influence, ont été pratiquement annihilés - (chose curieuse, il est très difficile dans ces sortes de cas de ne pas choisir ses termes parmi ceux qui sont associés à la notion nietzschéenne de nihilisme !). Potentiellement, et d'une manière tout au moins indirecte, nous sommes témoins de tout ce qui se passe sur notre planète. La radio et la télévision nous permettent même d'entendre et de voir les événements dans l'instant même où ils se produisent et en quelque endroit qu'ils se déroulent.

On pourrait au premier abord supposer que, dans ces conditions, le monde doit logiquement être un et que l'homme doit tout savoir. Mais il n'est pas besoin de réfléchir longtemps pour s'apercevoir que c'est plutôt l'inverse qui se produit : le monde n'a jamais été aussi déchiré par la haine et par la guerre, et l'image concrète que l'individu moyen se fait du monde n'a jamais été plus confuse et plus fausse. Qu'est-il donc arrivé qui puisse expliquer ce paradoxe ?

Pour plus de clarté, on peut résumer comme suit l'essentiel des faits en une demi- douzaine de rubriques :

1. Le rythme accéléré de l'expérience vécue excède la capacité d'absorption de l'intelligence consciente.

2. L'excès des impressions aboutit pour les spécialistes à la compartimentation du savoir ; pour la masse, à une connaissance superficielle des choses.

3. La technique de la diffusion des informations interpose, entre l'événement et l'image qu'on en donne, des intermédiaires qui s'efforcent de donner à celle-ci un caractère conforme à leurs intérêts commerciaux.

4. La distance dans l'espace et le temps étant pratiquement annihilée, il en résulte la disparition des étalons et des points de repère fixés par la biologie et confirmés par l'histoire ; d'où pour l'homme l'impossibilité de s'orienter.

5. La diversité et l'intensité des impressions élève peu à peu le seuil d'excitation, d'où le besoin d'excitations toujours plus fortes.

6. Les mêmes causes aboutissent à un appauvrissement des sensations, à une surestimation du quantitatif pur et à une simplification des jugements, qui sont la marque de l'infantilisme intellectuel de la masse.

Qu'elle soit déterminée par la rapidité du déplacement de l'individu ou par la cadence plus rapide à laquelle les images lui sont transmises, l'allure à laquelle l'homme reçoit les impressions du monde extérieur ne peut être impunément accélérée au-delà d'une certaine limite. Tout comme les phénomènes physiologiques et sensoriels, les phénomènes psychologiques sont contenus dans les limites d'un certain rythme. Depuis la cadence régulière du pouls, de la respiration et de la circulation sanguine jusqu'au déroulement de la croissance et à la reproduction des cellules, toutes les manifestations de la vie sont si étroitement liées à la succession cyclique des phénomènes cosmiques, que la notion même de durée suppose nécessairement pour l'entendement humain l'existence d'une telle harmonie. Mais la vie psychique est, elle aussi, intimement liée à l'écoulement du temps.

Il convient à ce propos d'observer que les phénomènes psychiques conscients se déroulent plus lentement que la simple perception de sensations. L'aperception par le cerveau d'impressions sensorielles, leur enregistrement par la mémoire selon le procédé de l'association, leur élaboration sous forme de pensées, qui permet ensuite la formation de représentations et d'impulsions volontaires, toutes ces opérations exigent un minimum de temps. Le délai est beaucoup moins long, dans le cas des perceptions qui échappent à la conscience et se résolvent tout au plus en actes réflexes ou en répercussions sur le système végétatif. Si les perceptions inconscientes sont de beaucoup les plus nombreuses, c'est naturellement parce que leur déroulement est plus rapide. Chacun peut se convaincre du rythme extraordinairement vif auquel les impressions se précipitent dans notre subconscient en songeant à la rapidité de nos rêves. Un craquement léger qui vous tire de votre sommeil peut, comme chacun sait, correspondre à un coup de pistolet retentissant au terme du drame où il prend place, sans que l'ensemble des faits antérieurs ait occupé plus d'une fraction de seconde.

Les phénomènes conscients par contre, du fait même qu'ils exigent une certaine durée, sont en nombre beaucoup plus limité. Des impressions qui se déroulent trop rapidement peuvent difficilement accéder aux « étages supérieurs » du cerveau. Tout automobiliste qui traverse une région à la vitesse de quatre-vingts kilomètres à l'heure peut aisément s'en convaincre. Théoriquement, c'est-à-dire s'il en croit la carte, il a pu en une heure voir quatre-vingts kilomètres de paysage.

En fait, c'est-à-dire s'il ne tient compte que de ce qui a affectivement laissé une impression sur son entendement, sa sensibilité et sa mémoire, il n'a pour ainsi dire rien vu du paysage - beaucoup moins en tout cas que s'il avait marché cinq minutes à pied ou s'il s'était tout simplement assis dans l'herbe n'importe où sur le bord de la route.

La réduction des distances et la suppression complète de l'éloignement dans le temps ont pour effet commun d'accumuler en une succession rapide un si grand nombre d'impressions que la conscience n'a pas le temps de les enregistrer normalement. Il en résulte alors, comme chacun sait, que les impressions reçues deviennent plus superficielles et qu'elles n'ont plus cette clarté sans laquelle elles ne peuvent faire l'objet d'une pensée critique et se graver durablement dans la mémoire. La plupart d'entre elles demeurent pour ainsi dire au-dessous du seuil de la conscience, ce qui favorise une certaine tendance à la schizophrénie ; car ces impressions qui viennent s'accumuler ainsi dans les régions inférieures et « nocturnes » de notre être psychique et auxquelles correspondent un nombre égal de forces affectives latentes constituent une réserve sans cesse accrue qui échappe à tout contrôle et n'en est que plus dangereuse.

Il y a manifestement là une des raisons pour lesquelles le développement de la vie urbaine est assorti d'une augmentation du nombre des névroses et des psychoses ; les impressions qui n'ont pas été filtrées et clarifiées par la conscience, mais dont l'action sur la volonté, -notamment sous l'empire des passions - peut être déterminante, finissent à la longue par constituer un résidu si important qu'il leur arrive facilement de prendre le dessus dans certaines situations. De telles situations peuvent naturellement être provoquées par l'effondrement de la capacité de résistance intérieure de l'individu ; elles peuvent également résulter d'événements extérieurs qui entraînent une stimulation extraordinaire des forces passionnelles habituellement refoulées. On trouve les exemples les plus courants de ce phénomène dans le comportement des foules, que la panique, la fureur ou tout autre sentiment violent et communicatif suffisent à déchaîner. Tout le monde sait que les hommes se comportent alors tout autrement - et d'une manière beaucoup plus primitive - qu'ils ne le feraient sous l'influence des impulsions et des inhibitions qui s'exercent normalement dans le domaine de la conscience claire.

L'un des traits caractéristiques les plus connus de ce comportement, où l'aspect « nocturne » de l'âme l'emporte sur les parties « claires », est l'anéantissement de la faculté de discerner le vrai du faux. Dans une telle situation, non seulement l'homme peut être d'une bestialité et d'une cruauté incroyables, mais il fait toujours preuve d'un illogisme total. Il peut alors passer sans transition de « l'Hosannah » au « Crucifiez-le », car ses facultés conscientes, qui lui permettent de distinguer entre le vrai et le faux, se trouvent absolument hors d'état de remplir leur fonction. Sa mémoire elle aussi devient alors « complaisante ». Le danger d'en arriver là est naturellement d'autant plus grand que s'accroît la proportion des impressions superficielles, hâtives et mal assimilées qui se sont avec le temps accumulées au-dessous du seuil de la conscience.

La masse en tant qu'objet de l'expérience psychologique n'est d'ailleurs pas la seule victime de cette extension démesurée du monde extérieur qui excède la faculté d'absorption de la conscience. Le même sort est réservé au sujet de la connaissance, c'est-à-dire à l'individu qui, en qualité de savant ou d'expert dans un domaine quelconque, a pour tâche d'explorer et de connaître ce domaine.

On dirait que le monde veut se venger de ce que les hommes ont depuis trois ou quatre siècles ouvert à leur appétit de savoir des horizons de plus en plus vastes. À l'aide de verres taillés, ils ont repoussé vers l'infini les limites du macrocosme tout comme celles du microcosme. À partir du patrimoine philosophique et théologique transmis au moyen-âge par l'antiquité, les sciences se sont l'une après l'autre différenciées et développées. Le résultat de cette ère de découvertes et d'inventions, c'est que l'humanité dispose aujourd'hui d'une masse énorme de connaissances scientifiques - sans parler des théories qu'on en a tirées - mais qu'aucun homme ne peut plus se débrouiller seul dans ce chaos. Par un curieux paradoxe, l'époque du savoir encyclopédique, qui permettait à un homme cultivé d'étayer sa conception du monde sur un savoir personnel, rationnel et scientifique, a pris fin au moment précis où la science commençait à triompher.

À mesure que la science étendait son champ d'études à l'ensemble du « microcosme » et du « macrocosme », l'univers scientifique se fragmentait pour le savant. Il n'existe plus aujourd'hui que des spécialistes qui se cantonnent dans un minuscule compartiment de discipline scientifique dont ils font leur spécialité ; et la plupart d'entre eux peuvent s'estimer heureux lorsqu'ils réussissent à s'assimiler la matière proposée à leur étude et à se tenir au courant des progrès réalisés dans ce domaine. Aussi tous les hommes se trouvent-ils en présence d'un dilemme insoluble : ou bien savoir peu et bien, ou bien savoir beaucoup, mais seulement à moitié - pour ne pas dire moins encore.

C'est peut-être le problème scolaire qui permet le mieux de faire ressortir la signification pratique d'un tel état de choses. Tous les pédagogues s'accordent à reconnaître que cet esprit superficiel que l'on observe chez nos contemporains se manifeste déjà dans les classes. Il n'est pas difficile d'en deviner la raison : dès qu'il a pris place sur les bancs de l'école, l'enfant reçoit, en fait de nourriture intellectuelle, plus qu'il ne peut digérer avec profit et sans dommage grave pour son organisme. Dans tous les pays, les éducateurs se plaignent unanimement que les programmes soient trop chargés pour l'élève moyen ; leur unanimité n'est pas moins parfaite pour déplorer qu'en dépit de leurs avis, les autorités compétentes succombent toujours à la tentation d'inscrire au programme de nouvelles matières d'enseignement. De toute évidence, dans mat, notre société fondée sur la concurrence individuelle pour l'obtention d'un emploi, cette tendance l'emportera sur l'avis des éducateurs. Cette impression se trouve d'ailleurs confirmée par l'extension constante du régime des examens et des « diplômes ».

Je n'ai jamais, comme professeur d'université, rencontré un collègue qui ne fût d'avis que les résultats de ce système s'avèrent moins satisfaisants d'année en année, même si l'on ne tient pas compte de perturbations extraordinaires comme celles qu'ont entraînées les années de guerre. Ce jugement pessimiste est bien entendu déjà valable en ce qui concerne le bagage de connaissances des élèves. Mon expérience de l'enseignement supérieur dans différents pays m'a confirmé que depuis le début de ce siècle le niveau moyen du savoir des bacheliers et des étudiants diplômés baisse presque d'une année sur l'autre, étant bien entendu naturellement que la connaissance d'un sujet implique tout autre chose qu'une idée confuse de ce sujet. Quant au niveau de l'élite des écoliers et des étudiants, il est lui aussi dans l'ensemble beaucoup plus bas qu'autrefois. La situation, déjà grave dans les différentes spécialités, l'est encore davantage du point de vue de la culture générale, telle qu'elle se révèle par exemple dans la connaissance de la langue maternelle. Mais les ravages sont les plus graves du côté des facultés mentales qui concourent à la formation du jugement et de la personnalité intellectuelle en général. On ne saurait mieux caractériser le résultat global que Jan Huizinga ne l'a fait lorsqu'il a écrit : « Un savoir à la fois dispersé et superficiel, un horizon intellectuel trop vaste pour un œil auquel manque la faculté de discernement critique, ce sont là des conditions qui conduisent infailliblement à l'affaiblissement de la faculté de jugement... L'élément passif se développe donc aux dépens de l'élément actif. »

Cette prédominance de l'élément passif qui caractérise la psychologie de la masse est encore favorisée par une autre conséquence de l'extension du monde extérieur. Il s'agit du fait qu'une proportion sans cesse croissante des impressions que reçoit l'individu moyen ne se rattachent plus qu'indirectement à un événement vécu. La chose s'explique en partie si l'on observe que les impressions directes et concrètes se présentent à un rythme trop rapide et sont trop variées pour qu'elles n'échappent pas au mécanisme de l'aperception, laissant ainsi la place libre pour d'autres excitations qui cette fois ne reposent plus sur l'expérience personnelle, mais sur de simples représentations de l'expérience.

La psychologie sociale anglo-saxonne a, pour désigner ce phénomène, crée l'expression *vicarious experiences,* dont la meilleure traduction littérale pourrait être : « expériences par substitution ». Les concepts se prêtent eux aussi à ce rôle ; on en fait alors généralement des formules qui n'ont d'autre but que de symboliser un état affectif. Les mots étrangers, auxquels on a ajouté la terminaison « isme », sont ceux qui conviennent le mieux à ce genre d'exercice. Comme la plupart des gens qui les utilisent ou les entendent n'en connaissent même pas l'étymologie, il leur est d'autant plus facile d'y loger le sens correspondant à leur état affectif, c'est-à-dire à leur besoin d'images plaisantes ou effrayantes. Une grande partie de ce que l'on appelle les luttes idéologiques se ramène à un antagonisme de symboles, où les « Ismes » partent en guerre contre les « Anti-ismes ». Ces symboles n'ont au fond pas beaucoup plus de sens pour les masses que la couleur d'un drapeau par exemple, ou les associations affectives suscitées par le son d'un cri de guerre, la mélodie d'un chant guerrier ou le rythme d'une marche. « Car, comme le dit Goethe, là où les idées manquent, les mots viennent à point les remplacer ; il n'est rien de tel que les mots pour se quereller. »

Chose caractéristique, la force d'attraction de ces mots est la plus grande dans les couches sociales qui, en raison de leur genre de travail et de leur mode de vie, souffrent le plus du déracinement et de l'éloignement de la nature. Le paysan, qui reçoit presque toutes ses impressions d'un milieu restreint, mais concret et pauvre en événements, se laisse beaucoup moins que le citadin séduire par de telles formules abstraites. Mais parmi les citadins, ce sont les prolétaires et les classes moyennes prolétarisées qui y sont le plus sensibles. De longues années d'expérience dans le domaine de l'éducation ouvrière m'ont prouvé que la phraséologie dont s'accompagne l'emploi de ces mois étrangers constitue le plus grave danger de confusion intellectuelle pour les travailleurs. Ce n'est pas à dire que les couches prolétariennes dont il s'agit ici montrent moins d'intérêt en matière politique et moins de connaissance du sujet que les élites correspondantes des autres classes sociales (intellectuels y compris). C'est même plutôt l'inverse qui se produit ; mais dès qu'on quitte le domaine des faits concrets et que l'on commence à se servir des mots en « isme », il faut renoncer à tout d'espoir d'obtenir une compréhension claire et un jugement sain. Il est curieux que la pensée abstraite devienne impossible au moment précis où l'on commence à entrer dans l'abstraction ! En réalité, ces termes abstraits ne sont plus des outils scientifiques, mais des explosifs intellectuels bourrés d'une charge affective, qu'on lance comme des grenades.

À côté des concepts objectivés, les représentations imagées servent également d'expériences par substitution. Dans la vie de tous les jours, ce sont même celles qui jouent de loin le plus grand rôle. Bien longtemps avant le cinéma, la radio et la télévision, les progrès foudroyants réalisés depuis un siècle dans la production des ouvrages imprimés avaient considérablement élargi le domaine de la substitution psychologique. Dans certains domaines, le roman, qui constitue depuis le XVe siècle un genre à part et qui, depuis le XVIIIe siècle, étend son influence sur un vaste public, a créé un monde artificiel d'images idéales et de sentiments dont il est aisé de montrer l'action qu'ils exercent en retour sur l'état d'esprit de la masse des lecteurs. C'est ainsi que l'idéal féminin pour les lecteurs et l'idéal masculin pour les lectrices, les formes de la « quête d'amour », la nature des sentiments amoureux et, en un mot, la conception même de l'amour ont depuis deux siècles au moins connu auprès du public des transformations dont l'apparition et l'orientation étaient toujours déterminées par la littérature romanesque. La conception romantique ou sentimentale de l'amour et du mariage, qui aurait été à peine pensable même au XVIIe siècle, n'a pas d'autre origine ; on ne voit vraiment pas non plus pourquoi une « tendance » nouvelle, se faisant jour dans la littérature contemporaine, ne susciterait pas une nouvelle orientation totalement différente. On en découvre déjà de nombreux signes avant-coureurs.

Un autre exemple de l'importance croissante des expériences par substitution est la façon dont les hommes réagissent à l'idée de la guerre. À l'exception peut-être des régions où la masse de la population civile en a fait dans sa propre chair la rude et longue épreuve, l'idée de la guerre est pour la plupart des hommes un produit de la littérature, tout comme celle de l'amour romantique. Les images et les associations d'idées que le mot guerre évoque chez eux sont en effet toutes différentes de celles qu'il inspire aux anciens combattants, car ces derniers, tout en ayant moins là à ce sujet, ont en revanche mieux appris à connaître ce que le mot recouvre en réalité. Cela explique qu'immédiatement après la première guerre mondiale (et, en ce qui concerne les permissionnaires, pendant le cours même de la guerre) on ait pu constater en tous lieux que les combattants du front, une fois rentrés au foyer, ne parlaient en général qu'entre eux de leurs souvenirs de guerre. Ils avaient presque tous l'impression que les civils, réduits comme ils l'étaient à des images par substitution, ne pouvaient absolument pas savoir de quoi il s'agissait. On essayait bien parfois de le leur faire comprendre, mais l'échec était la plupart du temps si décourageant que l'on y renonçait bientôt et que l'on préférait à l'avenir se renfermer dans le silence.

C'est encore une « substitution » psychologique élargie que l'on trouve à la base de cette passion du sport qui s'est emparée notamment des deux dernières générations. Dans la plupart des cas, il ne s'agit en effet nullement de sport au sens propre et primitif du mot, qui signifie une activité physique exercée en vue du plaisir, telle que l'équitation, la natation, la pêche, la chasse, l'escrime, etc... Les Anglo-Saxons, qui ont inventé le mot en même temps que la chose, n'y incluent même pas jusqu'à ce jour les games, c'est-à-dire les jeux impliquant la compétition, comme le football, le cricket, le base-ball, etc... Inutile de préciser qu'ils en excluent les races, c'est-à-dire les courses de toutes espèces. Ce que le monde entier entend aujourd'hui par sport est essentiellement un ensemble d'entreprises commerciales ; l'objet en est la mise à profit, à des fins lucratives, de jeux et de courses organisés sous forme de compétition et du reste bien souvent pratiqués par des professionnels. Mais, même lorsque les rencontres sportives ne sont disputées que par des joueurs et des coureurs non professionnels, le rôle de l'immense majorité des « sportifs » consiste à regarder, à parier, à être supporters, à lire les journaux sportifs et à en discuter les compte rendus, etc... Les psychologues sociaux reconnaissent unanimement que ces gens cherchent à satisfaire, par le procédé de la substitution, des instincts dont la satisfaction est entravée par la banalité et la monotonie de la vie quotidienne. Il s'agit tout d'abord ici de l'instinct du jeu et de l'instinct combatif et, d'une manière plus générale, de l'ensemble des instincts dits « héroïques », qui sont normalement refoulés. Le « sportif » s'efforce en somme de satisfaire ces instincts en s'identifiant à l'une des équipes en présence - ce qui est un exemple de plus de la passivité qui est le propre de l'âme de la masse.

De toute évidence, ce phénomène est en relation étroite avec le caractère ergocratique de notre civilisation. Les Occidentaux travaillent beaucoup plus que les peuples appartenant à d'autres civilisations; les Occidentaux modernes travaillent à leur tour plus que leurs ancêtres du moyen-âge, et les représentants des avant-postes « de l'ouest » de la civilisation occidentale, comme par exemple les descendants anglo-saxons et germaniques des puritains et des réformateurs, travaillent plus que les peuples « attardés » des pays méditerranéens catholiques. Il existe une gradation analogue dans l'intensité des excitations par substitution recherchées, comme le sport en procure. Des individus surmenés - et nous autres Occidentaux le sommes presque tous - cherchent naturellement le genre de délassement qui, pour un minimum d'effort personnel, leur apporte le maximum d'émotion.

Remplir un vide - tel est l'objet des tentatives de toutes sortes faites par l'homme moderne en vue de se construire un monde artificiel de satisfactions factices. Il convient donc de se demander comment un tel vide a bien pu se creuser.

Si l'on veut véritablement aller au fond du problème, il faut remonter jusqu'aux principes que Spengler appelait non sans raison les symboles originels, et sur lesquels repose l'explication du inonde donnée par la science occidentale. Moins heureux dans d'autres domaines, Spengler a cependant brillamment réussi à démontrer que notre civilisation est depuis l'origine placée sous le signe d'une conception nouvelle et originale du temps et de l'espace, d'après laquelle ceux-ci constituent « la structure élémentaire de l'attitude de l'homme éveillé ». Son symbole originel est l'infini - un infini qui, soit dit en passant, se distingue foncièrement de la conception hindoue reposant sur la foi en une éternelle répétition. C'est à notre _ que doivent leur caractère propre non seulement nos sciences exactes (depuis le calcul infinitésimal jusqu'à ses dernières conséquences pratiques), mais encore la spéculation philosophique (et cela, dès sa phase théologique), l'architecture (depuis la naissance du style gothique), et la vie économique (symbolisée par la comptabilité en parties doubles, qui est la base théorique du système du crédit). Dès l'instant où l'image copernicienne du monde - celle de l'Occident - remplaça l'image ptoléméenne - celle de l'Antiquité -, l'homme cessa d'être la mesure de toutes choses, de la même manière que la terre cessa d'être le centre de l'univers.

En définitive, si notre époque a vaincu le temps et l'espace, c'est, comme l'a souligné Spengler, parce que « l'évolution des mathématiques modernes a pris la forme d'une lutte sourde, prolongée et finalement victorieuse contre la notion de grandeur ».

À l'opposé de l'infini, il y a le néant dont l'importance n'est pas moindre car c'est au néant que l'on aboutit quand on s'affranchit de la notion de grandeur. La découverte du néant en mathématiques correspond exactement au point de départ de l'évolution dont Nietzsche a prophétisé la fin sous le nom de nihilisme. Lorsque l'homme est entouré d'infini, dans le temps et dans l'espace, sa valeur se réduit à celle d'une fraction dont le dénominateur serait l'infini : elle est alors égale au néant, c'est-à-dire, en langage mathématique, à zéro.

L'expression sociologique de cette vérité est le sentiment de nullité qui s'empare de l'homme d'aujourd'hui lorsqu'il comprend quelle est sa solitude, son abandon, son impuissance en présence des forces anonymes qui poussent l'énorme machine sociale vers un but inconnu.

Déracinés, déshumanisés, dispersés, les hommes de notre époque se trouvent, comme la terre dans l'univers copernicien, arrachés à leur axe et, de ce fait, privés de leur équilibre. Ils ont perdu cette échelle de référence qu'ils portaient autrefois en eux. Depuis que le temps et l'espace ne sont plus des grandeurs directement sensibles, mais de simples relations, les différences entre avant et après, ici et ailleurs, proche et lointain, devant et derrière, au-dessus et au-dessous, ont perdu pour nos contemporains leur valeur de points de repère. Ils se trouvent en fin de compte dans la situation d'un homme égaré dans un désert sans borne : n'ayant plus aucune ligne de perspective, ils ne peuvent plus s'orienter. La dévalorisation des systèmes de référence et de valeurs ôte toute signification à leur vie, de la même manière que la dévaluation de la monnaie (qui, soit dit en passant, constitue l'un des phénomènes permanents de l'évolution économique en Occident, que ces derniers temps ont seulement vu se précipiter) ôte toute signification au labeur en vue de l'épargne. Pourquoi sacrifier le présent à l'avenir si celui-ci doit réduire à néant les résultats péniblement acquis aujourd'hui ?

Mais comme l'homme ne peut se passer d'un système de référence valable, non plus que de valeurs susceptibles de constituer un but, il se construit un monde artificiel lui offrant ce qu'il ne trouve pas dans la vie réelle. Ou plus exactement : il s'en fait construire un. Car les gens qui peuvent venir seuls à bout d'une telle construction intellectuelle ne sont même pas aussi nombreux que tous les philosophes, savants, poètes et artistes réunis. La masse des consommateurs de nourritures spirituelles accepte ce que lui offrent les producteurs et les intermédiaires ; et, dans ce cas comme dans celui des biens de consommation matériels, on voit s'exercer, aux dépens de la qualité, le mouvement de pendule de la loi de l'offre et de la demande.

Il y a seulement cent ans, le monde artificiel des impressions et des images livrées contre paiement était encore très restreint. Même pour le public aisé et cultivé, c'est-à-dire pour une faible fraction de la population, il se limitait pratiquement au roman, à la poésie, à l'opéra, à l'opérette, au spectacle, au journal et aux revues illustrées. Tout cela pris en bloc ne représentait rien de plus que les dimanches et jours fériés dans le cycle de la semaine de travail. Les impressions pouvaient être reçues, élaborées et discutées tout à loisir. Ainsi faisaient par exemple les bons bourgeois : dans un fauteuil confortable ou au café, ils lisaient pendant des heures les articles de fond des journaux que, l'on Se passait de main en main (en raison de leur prix), après quoi ils en méditaient et en discutaient le contenu.

L'homme de masse Moderne, tout au moins le citadin, n'a dans la plupart des cas même pas la possibilité de procéder à un choix conscient entre les impressions qui viennent frapper ses sens. En face du « monde artificiel », il est en grande partie condamné à la passivité ; ce monde agit sur lui, qu'il le veuille ou non, et il se heurte partout à lui. Il y a d'abord la réclame : au sortir de chez lui, elle fait de lui la victime éveillée d'une suggestion qui associe à -son insu le nom et l'idée d'une marchandise déterminée avec les réflexes affectifs voulus par le fabricant. Sans qu'il sache lui- même pourquoi, la prochaine fois qu'il achètera un savon à barbe, il donnera la préférence à la Marque dont le nom lui est le plus connu et qui est restée liée dans sa mémoire à l'image d'un homme élégant, de bonne humeur et affichant un bel optimisme à la face du monde.

Ce n'est pas par hasard que j'ai choisi comme exemple la réclame sous forme d'image ; elle possède au plus haut degré les caractères qui distinguent le monde artificiel contemporain de celui de nos grands-pères : l'appel à l'élément affectif, l'action directe et presque occulte sur notre subconscient, l'élimination ou du moins l'affaiblissement du contrôle exercé par l'esprit critique, un envahissement d'images qui deviendront des représentations de volition. Tout ceci vaut dans une plus ou moins large mesure pour tous les instruments spécifiquement contemporains utilisés pour la fabrication des expériences par substitution : la presse, le cinéma, la radio, la télévision.

Le fait capital, c'est naturellement, qu'en raison des moyens techniques et financiers qui doivent être mis en œuvre, il s'agit dans tout cela d'entreprises industrielles et commerciales considérables, et parfois même géantes, dont l'activité est, bien entendu, commandée par des motifs d'ordre commercial. Elles vendent une marchandise et elles adaptent cette marchandise an goût de la masse ; or il s'agit, en pratique, du goût de cette couche inférieure qui a le nombre pour elle et dont, nous l'avons vu, le niveau médiocre abaisse celui de l'ensemble de la production, et cela d'autant plus sûrement que cette production contribue elle-même davantage à former le goût de la masse en exploitant habilement ses besoins les plus primitifs.

Ce fléchissement du niveau général apparaît le plus nettement dans l'évolution de la presse qui, à la différence du cinéma et de la radio, couvre déjà plusieurs générations.

C'est Sir Norman Angell, l'un des journalistes européens, toujours plus rares, qui sont demeurés fidèles aux exigences d'un vieil idéalisme professionnel, qui a expliqué cette évolution par une « Loi de Gresham du journalisme », du nom de cette loi économique qui énonce qu'une monnaie forte sera toujours inévitablement refoulée par une monnaie inférieure. En matière de presse, il se produit entre les journaux une course dont sort vainqueur celui qui apporte le plus vite la nouveauté la plus récente et la plus sensationnelle. Nouveauté ne signifie bien entendu pas nécessairement vérité. Du point de vue commercial, il vaut beaucoup mieux publier le premier une fausse nouvelle que d'en publier une exacte, qui vient trop tard. Car en premier lieu, la plupart des lecteurs - comme d'ailleurs la plupart des journalistes - n'ont pas la possibilité de contrôler l'exactitude des informations qui leur sont fournies par les agences, les associations, les correspondants de presse, etc... Et, en, second lieu, la vente du journal ne se ressent guère du fait qu'il faut de temps à autre rectifier une fausse nouvelle ou la « laisser tomber » discrètement en en publiant une autre qui la contredit. La plupart des lecteurs ne s'arrêtent pas à ce genre d'informations moins voyantes, et, s'ils les remarquent, ils ont alors en général à peu près oublié de quoi il s'agissait et ils ont cessé de s'intéresser à la question, une fois épuisé le charme qui s'attache aux informations sensationnelles.

Sans doute existe-t-il encore dans tous les pays des journaux qui entendent demeurer fidèles à une tradition plus haute, et qui peuvent de ce fait conserver parmi l'élite une clientèle plus ou moins suffisante.

La commission gouvernementale britannique *(Royal Comittee)* qui, en 1946, fut investie de pouvoirs très étendus en vue de procéder à une enquête sur la situation de la presse, publia après trois ans d'études un rapport fortement documenté, mesuré et prudent, dans lequel elle distingue entre la « presse de qualité » et la « presse populaire ». Comme signe distinctif de la presse de qualité, elle retient le fait que, celle-ci ne se croit pas tenue comme l'autre de se guider exclusivement sur le goût du public. Le conflit entre les principes de l'offre et de la demande se trouve assez joliment illustré par le passage suivant, extrait du rapport de la commission : « Lord Northcliffe (qui était à l'époque le plus considérable des magnats de la presse anglaise) a dit : « Il est déjà dangereux de ne pas offrir au lecteur ce qu'il veut ; mais il est encore beaucoup plus dangereux de lui offrir ce dont il ne veut pas. » Un jour, eu 1905, après qu'il eut acheté le journal *l'Observer,* Northcliffe eut à défendre son principe contre le rédacteur en chef qu'il avait choisi, l'éminent journaliste J.-L. Garvin. Il lui demanda : « Êtes-vous pêcheur ? » - « Et comment ! » - « Alors, lorsque vous allez à la pêche, vous offrez bien au poisson l'appât qu'il aime et non pas celui que vous souhaiteriez le voir aimer ! » En réalité, Garvin avait l'ambition de ne pas donner au public ce qu'il « souhaitait », mais ce dont il « avait besoin », et de le lui offrir sous une forme qui « le lui ferait aimer ». Le succès de *l'Observer* après le départ de Lord Northcliffe prouva qu'il n'y avait là rien d'impossible. »

Ayant été moi-même à l'époque un lecteur de *l'Observer, je* peux témoigner que le succès et - plus encore que le succès -l'influence exercée par cet hebdomadaire ont durant plusieurs années confirmé le point de vue de Garvin. Et cependant les articles interminables et compacts de Garvin ne tenaient aucun compte du principe américain suivant lequel, en journalisme, la « densité » et la « longueur » sont les fautes les plus graves. Il convient toutefois de ne pas perdre de vue à ce propos que *l'Observer* paraissait le dimanche et qu'il pouvait de ce fait compter sur un public libre de se consacrer tout à loisir à sa lecture.

Le succès dura exactement aussi longtemps que Garvin fut là et que sa verve créatrice conserva sa fraîcheur.

Lorsqu'il prétendait, de son point de vue « moyenâgeux », que la production doit être au service de la qualité et que la profession est une vocation, Garvin n'était qu'une exception qui confirme la règle. Ce fut en définitive la tendance de Northcliffe qui l'emporta sur toute la ligne. Le rapport de la commission consigne le fait en une phrase toute sèche : « L'adoption par notre presse des méthodes américaines, inventées dans un pays neuf pour un public inculte, est une absurdité ; elle n'en est pas moins devenue une réalité. »

Depuis lors, dans ce domaine comme dans tous les autres, le produit courant n'a cessé, de gagner du terrain sur l'article de qualité. Sir Norman Angell, qui parle d'expérience, nous le confirme en ces termes : « J'ai pu voir depuis un demi-siècle comment de grosses fortunes ont été englouties par ceux qui ont vainement tenté de créer des journaux sérieux du genre du *Manchester* Guardian ou du *New-York Tintes* ; mais, pendant le même temps, j'ai vu des fortunes énormes raflées par les éditeurs de *tabloïds, qui* sont ces illustrés populaires américains spécialisés dans la futilité, le scandale, le sensationnel et la pornographie. »

Mais, même en dehors de ce cas extrême, la Loi de Gresham favorise toutes les publications « populaires », c'est-à-dire dépourvues d'esprit et de « niveau », aux dépens de la « presse de qualité ». En Amérique du Nord par exemple, ces revues populaires illustrées destinées à l'ensemble du continent et que l'on appelle les national *magazines* jouent dans la formation du goût des masses un rôle pour le moins aussi décisif que les journaux quotidiens. Les *tabloïds ne* s'adressent au fond qu'à une couche sociale inférieure ; tandis que les *national magazines*, qui sont lus dans presque toutes les classes de la société par la plupart des femmes et, dans une plus faible mesure, également par les hommes, constituent à proprement parler le magasin d'où sortent les normes idéales admises par toits en matière de beauté, de mode, de manières, de langage, de bienséance sentimentale, et, d'une manière générale, en tout ce qui concerne le bon ton et le conformisme. La standardisation est poussée si loin que les écrivains (pour la plupart très bien payés) qui collaborent à ces revues se voient prescrire en pourcentages la composition de leurs articles, comme s'il s'agissait de produits chimiques ; c'est ainsi que, suivant le genre du public auquel on s'adresse, des pourcentages différents sont affectés à : *western adventure, business ambition, money success, sentimental love interest, sex appeal, sport interest, patriotic feeling,* et ainsi de suite.

L'influence énorme que cette presse peut avoir sur le niveau culturel apparaît dans le rapport récent d'un expert américain, qui est à la fois professeur de pédagogie et conseiller de la plus importante société de radiodiffusion : « La plus grande partie du bois que l'on tire de nos forêts dévastées fournit le papier nécessaire aux textes et aux images des réclames. Si l'on ajoute les *sport gossips* (commentaires sportifs) et les comics (dessins comiques), il ne reste que bien peu de papier pour les usages plus sérieux... Une revue féminine publia récemment un numéro spécial de 285 pages qui fut tiré à plusieurs millions d'exemplaires. De son côté, la Columbia University Press, qui est la plus importante maison d'édition d'ouvrages scientifiques aux États-Unis, éprouve des difficultés à se procurer le papier dont elle a besoin, et elle aurait pu assurer sa production pendant dix-sept années en conservant son rythme moyen de publication si elle avait disposé du papier englouti pour ce seul et unique numéro. »

Il faut d'ailleurs rendre cette justice aux revues de ce genre qu'elles ont une présentation extrêmement soignée et luxueuse, et que le nivellement culturel qu'elles favorisent s'opère en fonction d'une honnête moyenne intellectuelle et morale plutôt qu'au profit d'un niveau social franchement inférieur. Dans le cas de la presse quotidienne, les choses sont déjà un peu différentes. Comme son rôle la destine moins à remplacer la littérature, elle doit en revanche fournir davantage de nouvelles sous une forme qui suscite l'intérêt et la curiosité tout en exigeant le moins possible de temps et de réflexion.

La masse des informations est telle que les journaux sont en règle générale aussi rapidement et aussi superficiellement lus qu'ils sont écrits. Seule une infime minorité de lecteurs se préoccupent des articles de fond, pour lesquels nos grands-pères se passionnaient encore. Les nouvelles sont la partie la plus intéressante pour le lecteur moyen tout comme les petites annonces sont la partie la plus importante (parce que la plus fructueuse) pour le journal. Il est vrai que les gens qui lisent les nouvelles de la même manière qu'on lisait autrefois les articles de fond sont d'ores et déjà devenus une minorité. Le plus grand nombre se contente de jeter un coup d'œil sur les titres ; et, de fait, ceux-ci ont en général l'avantage de reproduire brièvement le contenu essentiel et concret de la nouvelle, tandis que le lecteur, à tort ou à raison, soupçonne toujours derrière le texte des intentions plutôt tendancieuses. Il est vrai que, de toute manière, on n'a presque jamais le temps de lire le texte, et il est beaucoup plus commode d'écouter à la radio - au besoin tout en faisant quelque chose de plus important -

les mêmes informations transmises par les mêmes agences. Si l'on arrive trop tard, cela n'est généralement pas bien grave car, dans la masse des nouvelles - comme chacun sait, bien souvent douteuses ou présentées d'une manière tendancieuse - ce qu'il y a d'important et d'incontestablement vrai revient toujours sous des formes diverses plusieurs jours de suite.

Le mal ne serait pas si grave qu'il est en réalité si la transmission des nouvelles était une question de pure information. Mais le fait est que, dans un journal, les nouvelles ont maintenant pour objet de former l'opinion, jouant en cela le rôle qui autrefois était essentiellement celui des articles de fond. De nos jours, les choses sont ainsi faites que quiconque contrôle les sources d'information tient en mains l'opinion publique tout entière. Son influence est d'autant plus puissante et plus sûre que sa méthode est plus perfide. En apparence, ce ne sont pas des opinions que l'on offre au lecteur, mais des informations concernant des faits. Dans ces conditions, il n'est même pas nécessaire de falsifier les faits (ce qui arrive malgré tout bien souvent) pour orienter dans certaines directions les sympathies et les antipathies des lecteurs. Il suffit de procéder à un choix - d'ailleurs inévitable, - parmi les nouvelles, en faisant en sorte qu'il n'en apparaisse jamais qu'un seul et même aspect ; l'opération sera répétée en évitant toute contradiction et toute interruption jusqu'à ce qu'il se dégage pour le lecteur un système solide d'images et de sentiments dont la justesse ne fait plus aucun doute pour lui. Car, à l'inverse de ce qui se passe ordinairement lorsqu'on lit d'un œil critique un article de fond, la lecture des informations n'exige absolument aucune réflexion ; tout concorde du reste si bien que le sens critique n'a pas la moindre raison de s'éveiller et d'intervenir.

Aussi ne cesse-t-on de s'émerveiller du grand nombre de ces gens qui, par ailleurs cultivés et doués de jugement, émettent avec assurance et conviction, sur des événements lointains dont ils n'ont personnellement aucune connaissance, des jugements qui ne sont en réalité rien d'autre que l'écho de ce qu'ils ont lu dans leur journal. Inversement, on petit constater un fait dont j'ai peine à croire qu'il n'ait pas été également observé par beaucoup d'autres personnes ayant quelque peu circulé dans le monde. J'ai toujours trouvé que les « gens très simples » avec lesquels il nous arrive de nous entretenir et qui nous surprennent par la solidité de leur bon sens et leur justesse d'expression, appartiennent plus souvent à la catégorie des analphabètes qu'à celle des gens qui ont fréquenté l'école. On ne doit naturellement pas en tirer argument contre l'enseignement de la lecture et de l'écriture ; seul est mis en cause ici l'usage ou, plus exactement, le mauvais usage qui en est fait. À l'appui de cette thèse, on a souvent constaté qu'il existait parmi les non-illettrés deux catégories de gens capables de se mesurer avec les « pauvres en esprit », dont la pensée et le langage ne sont gâtés par aucune lecture. C'est d'une part la toute petite élite des individus possédant une culture réellement supérieure. L'autre catégorie est un peu plus nombreuse ; elle comprend surtout ces campagnards « d'un autre temps » qui ne lisent pratiquement que la Bible et dont la science du monde repose sur l'expérience, la réflexion et ce vieux trésor de proverbes ancestraux que les Français appellent à juste titre la « sagesse des nations ».

Pour l'écrasante majorité des autres, non seulement ils souffrent d'un manque croissant de profondeur, de sérieux et d'indépendance d'esprit, mais la recherche d'excitations toujours plus fortes aboutit chez eux à l'augmentation incessante du besoin de sensationnel - un besoin que l'on a ensuite tendance à sursaturer plutôt qu'à laisser inassouvi.

Au début du siècle, je collaborais à la *Leipziger Volkszeitung* ; c'était l'époque où son directeur Franz Mehring, qui, par parenthèse, était un des meilleurs linguistes et des meilleurs stylistes de son temps, essayait de lutter contre la tendance qui poussait déjà une partie toujours plus importante de la presse dans le sens de la « modernisation » et de « l'américanisation ». Ce journal, principalement lu par des ouvriers abonnés, n'avait pas à redouter la concurrence des feuilles « populaires », bien qu'on eût vainement cherché dans la L.V.Z. une manchette ou un titre s'étendant sur plus d'une colonne. Mehring allait jusqu'à nous interdire formellement de faire ressortir ne serait-ce qu'un moi en l'imprimant en caractères gras on en espaçant les lettres. Pour lui, c'était une « recherche du sensationnel à tout prix » qui ne pouvait que détourner le lecteur dit sens général de la phrase. L'art du journaliste consistait selon lui à écrire de telle sorte que le contenu et la forme d'une phrase suffisent à indiquer clairement ce qu'elle contient d'important.

Il y a tout juste quarante-cinq ans de cela. Depuis, il a bien fallu constater dans le monde entier qu'en rivalisant dans la recherche d'excitations toujours plus fortes, les journaux sont parvenus à un résultat que les psychologues appellent élévation du seuil d'excitation. La nature du phénomène est bien connue. Celui qui absorbe habituellement des excitants ou des stupéfiants doit s'attendre à avoir besoin de doses de plus en plus massives s'il veut obtenir un effet égal sur un organisme accoutumé. Or le caractère passif de la masse exige de celui qui veut agir sur elle qu'il commence par recourir à une excitation nerveuse quelconque intéressant soit la vue, soit l'ouïe. De tout temps, les charlatans et les guérisseurs sur les foires ont eu l'art d'attirer l'attention sur leurs démonstrations grâce à des roulements de tambour, des coups de cloche ou des fanfares. C'est le même résultat que l'on s'efforce d'atteindre de nos jours au moyen d'énormes manchettes, d'affiches aux couleurs voyantes, de haut- parleurs assourdissants, d'éclairages au néon aveuglants, d'images alléchantes d'inspiration érotique et de tous autres procédés technique dont on dispose pour violenter les sens.

Sans doute y-a-t-il des cas où un chatouillement discret a plus de chances de succès qu'un choc brutal, et un spécialiste avisé de la réclame et de la propagande sait très bien à quelle méthode il doit suivant le cas accorder la préférence. L'image en couleurs figurant dans les pages publicitaires d'une revue où elle propose un article de marque quelconque doit être faite pour plaire plutôt que pour surprendre, car le lecteur qui feuillette la revue y cherche des impressions agréables, et c'est pourquoi il sera plus facilement attrapé par ce procédé moins voyant. Mais il s'agit toujours de forcer l'accès de la conscience au moyen d'une impression sensorielle quelconque enregistrée tout d'abord au niveau du subconscient et qui produit un effet de « sensation ».

C'est ainsi que le goût effréné du « sensationnel » est devenu la caractéristique de la psychologie des masses modernes. Qu'il ait toujours été inhérent à la nature humaine, le fait est démontré par l'exemple cité plus haut du charlatan d'autrefois. Il n'est pas jusqu'au lecteur le plus cultivé, et par ailleurs extrêmement exigeant, qui ne se plaise à l'occasion, quand il se sent l'esprit fatigué et engourdi, à lire dans son journal les « Variétés », les « Faits-divers » ou les « comics » plutôt que les textes demandant un plus grand effort. Ce qu'il y a de nouveau dans la situation actuelle, c'est tout simplement qu'en raison de leur genre de vie, les hommes ont maintenant l'esprit beaucoup moins frais et ont besoin de beaucoup plus de distraction qu'autrefois ; que, d'autre part, des secteurs entiers de la production assurent leur prospérité en fournissant aux masses les excitations de jour en jour plus fortes qu'elles réclament et qu'ils ont de ce fait intérêt à favoriser une telle évolution.

Étant donné leur caractère technique, les plus importants de ces secteurs de production ont tendance à fournir des excitations fortes et grossières plutôt que discrètes et délicates. Le film par exemple doit, comme on le sait, au réalisme de sa technique de pouvoir agir beaucoup plus directement et plus intensément que le théâtre sur nos états affectifs. Par contre, il suffit de voir la transposition au cinéma d'un roman ou d'une pièce de théâtre pour comprendre pourquoi il ne reste généralement dans le film qu'un schéma grossier de la trame et des effets psychologiques. Quant à la puissance de suggestion que peut avoir une émission radiophonique, on a pu la mesurer il y a quelques années encore en Amérique le jour où une émission trop réaliste évoquant une future guerre planétaire déclencha une dangereuse panique parmi la population de plusieurs grandes villes.

L'exemple américain montre du reste que l'abaissement du niveau culturel est le plus marqué là où la radio est entre les mains d'entreprises privées concurrentes et a de ce fait pour unique souci d'atteindre le plus grand nombre possible d'auditeurs. De l'avis des experts américains, il semble à cet égard que la télévision, qui s'est déjà fortement implantée outre-Atlantique, obtienne l'effet maximum. Le réalisme technique de la représentation imagée, joint au nombre restreint des sujets propres à être télévisés, incite apparemment les producteurs à préférer l'aventure policière et l'érotisme dans ce qu'ils ont de plus brutal. Le résultat est assez proche de ce que l'on trouve ordinairement dans les catégories de films les plus vulgaires, celles que l'on destine principalement au marché colonial.

La réduction à un schéma primitif, combinant un maximum d'excitation affective avec un minimum d'effort intellectuel, est également dans d'autres domaines encore une caractéristique de la psychologie des masses modernes.

On peut aisément s'en rendre compte en observant la prédilection de notre époque pour le quantitatif. Plus la « destruction des valeurs » a privé les différences qualitatives de leur ancienne signification, plus la grandeur mesurable des choses et la rapidité des événements ont pris de l'importance. L'homme grégarisé, qui n'est plus lui-même qu'une unité statistique, accueille les statistiques avec la foi du charbonnier, comme s'il s'agissait de la « révélation » de l'époque moderne. Rien n'est plus naïf que la crédulité avec laquelle un chiffre, pourvu qu'il soit indiqué avec une précision suffisante, est considéré comme une expression de la vérité absolue, et cela sans que personne s'inquiète de savoir comment et par qui il a été établi et comment ont bien pu être résolus les centaines de problèmes d'interprétation qui se posent dès qu'il s'agit de traduire en chiffres un ensemble de faits concrets.

Dans ce domaine également, c'est l'Amérique qui fournit les exemples les plus typiques, l'Amérique où, de l'Atlantique au Pacifique, toutes les villes, toutes les maisons et tous les hommes (blancs) se ressemblent et ont exactement la même valeur - y compris leur « valeur » en dollars, qui est une question purement quantitative. Rien d'étonnant par conséquent à ce que l'expression *the biggest in the world* soit née dans ce pays et qu'il n'y ait là-bas pour ainsi dire pas d'activité humaine pour laquelle un record n'ait été établi. Or, entre la masse américaine et la masse européenne, il n'y a plus à proprement parler qu'une différence de degré. L'Européen se plaît assurément à railler l'Américain qui veut « faire l'Europe » en une semaine et en s'infligeant quelques centaines de kilomètres par jour. Mais l'Américain cultivé rit lui aussi de ces troupeaux humains (appelés là-bas rubbernecks, c'est-à-dire « cous de caoutchouc ») qu'on voit sillonner les villes en autocar au son d'un haut-parleur tonitruant qui leur indique la hauteur de tel ou tel gratte-ciel et le prix qu'a coûté tel ou tel pont. Cet Américain cultivé ne manquerait pas d'occasions de se divertir également en Europe s'il pouvait voir comment la plupart des Européens qui ont une auto l'utilisent pour aller chaque week-end « goûter les joies de la nature », et comment, dans l'ancien continent, les compteurs automatiques ont déjà remplacé l'estimation en valeurs humaines.

Le culte de la vitesse s'explique peut-être en partie par le fait que la rapidité des déplacements ne constitue pas seulement une victoire sur la force d'inertie naturelle, mais qu'elle est de plus un signe de supériorité sociale à l'intérieur de la communauté humaine. De tout temps les moyens de transport rapides ont été le privilège de l'aristocratie sociale. Déjà le chevalier (notons bien l'étymologie) pouvait non seulement, du haut de sa selle, « abaisser son regard » sur le simple « manant » debout à ses pieds, mais il pouvait encore le laisser loin « derrière » lui parce que son cheval allait trois ou quatre fois plus vite. Depuis lors, les méthodes et les ordres de grandeur se sont assurément profondément modifiés, mais les dispositions et les fonctions psychologiques sont demeurées les mêmes. Des causes nouvelles sont seulement venues renforcer la tendance à l'accélération. La possibilité de se déplacer à une vitesse qui ressemble plus à celle d'un obus qu'à celle d'un vertébré supérieur se traduit par un sentiment de plénitude vitale, qui n'est pas sans rapport avec l'effet d'une boisson enivrante ; à cette satisfaction, il n'y a d'autre part qu'une condition préalable d'ordre quantitatif : l'argent. De nos jours, tout peut en effet être acheté (à l'inverse de ce qui se passait au temps des chevaliers) : c'est là l'explication économique de cet état de choses auquel songeait Hermann Keyserling quand il parlait de la « civilisation de la facilité ». Il faut des années pour faire un bon cavalier, tandis qu'il suffit de quelques semaines d'apprentissage à n'importe quel nouveau riche et à n'importe quel jeune vaurien pour conduire une auto à cent kilomètres à l'heure. Évidemment, les plaisirs que ce genre de progrès quantitatif a mis à notre portée sont devenus plus faciles à atteindre. La vie y a-t-elle gagné en prix ? C'est là une autre question.

Voici déjà quatre-vingts ans, Jakob Burckardt, l'un de ces derniers savants dont la science était assez encyclopédique pour qu'ils ne fussent pas de simples spécialistes, mettait ses contemporains en garde contre les « terribles simplificateurs » dont il prévoyait la venue. On a peine à croire qu'il les ait imaginés aussi « terribles » qu'ils l'ont été effectivement depuis lors. Le principe de la ligne de moindre résistance a eu pour conséquence que l'esprit de la masse ne réagit plus maintenant qu'aux effets de noir et blanc les plus grossiers. Plus le monde s'est compliqué, plus on incline à ignorer les nuances et les détails et à s'en tenir à des images rudimentaires ne comportant qu'un aspect très clair et un aspect très sombre. Les notions opposées qu'on associe de la sorte, par exemple dans le couple thèse-antithèse, pour les mettre en valeur par contraste sont donc particulièrement propres à jouer le rôle de symboles d'un état d'excitation affective.

Sur le plan psychologique, il y a là tout ensemble la condition préalable et la conséquence d'une situation où les guerres froides et les guerres chaudes, les guerres entre nations et les guerres civiles, les épurations et les contre-épurations se succèdent sans que les passions déchaînées dans la masse puissent jamais s'apaiser. À une pareille époque, les idéologies elles-mêmes sont militarisées. Quand on prend parti, il faut le faire à cent pour cent, selon l'expression si répandue en Amérique au cours de la première guerre mondiale. Il n'y a plus que des amis et des ennemis, des héros et des traîtres. « Celui qui n'est pas avec nous est contre nous » et, dans ce cas, on « l'épure » ou on le « liquide ». Il est tout aussi impossible de ne pas prendre parti que de s'abstenir de parier sur une équipe de football ; la seule différence, c'est que les passions sur la scène internationale sont assez puissantes pour façonner pour des années les cerveaux de centaines de millions d'hommes selon un modèle donné. En dehors de ce modèle, toute vie morale et matérielle est impossible : il faut être pour ou contre la chose en « isme » qui gouverne les esprits au moment en question : entre ces deux partis, il n'y a pas de choix possible ; pas plus qu'au jugement dernier entre les justes et les damnés. Depuis des années, les hommes supportent journellement l'intolérance, le despotisme et la cruauté sans réagir autrement qu'en faisant preuve de la même intolérance, du même despotisme et de la même cruauté : tout cela serait inconcevable sans les terribles simplificateurs qui ont fabriqué le cerveau de la masse.

CHAPITRE VII

ART ET PSYCHOSE

Les historiens de la civilisation sont unanimes à le reconnaître : rien, mieux que l'art, ne saurait mesurer les courbes ascendantes et descendantes de l'évolution d'une civilisation. Les transformations du sentiment esthétique et des formes de la création artistique sont des aiguilles d'une extrême sensibilité parce que l'art est l'expression la plus immédiate, la plus intuitive et pour ainsi dire la plus naïve de ce qu'on appelle l'âme d'une, époque.

À vrai dire, c'est au début d'un cycle de civilisation que cela apparaît avec le plus de netteté. Alors, dans le déroulement du temps également, l'art fait l'impression d'une première manifestation, d'une toute première fleur épanouie sur une jeune plante. Lecomte du Noüy souligne avec raison, à l'occasion des peintures des cavernes du magdalénien, que « l'apparition du sentiment esthétique est la première preuve tangible de l'orientation nouvelle de l'évolution ayant son point de départ dans la condition animale. Les gestes inutiles - je prends le mot dans le sens : non absolument nécessaires à maintenir ou à défendre la vie – portent en eux le germe des idées spirituelles, des idées abstraites, le germe de l'idée de Dieu dégagée de la terreur pure, le germe de la morale, de la philosophie et de la science... Le sens esthétique est la source primitive de l'intelligence, du symbolisme, de l'écriture et de tous les moyens qui conditionnent le développement

futur. » Benedetto Croce a exprimé la même idée dans une image :
« L'art est la racine de toute notre vie théorique, non pas la fleur ni le
fruit, la racine. »

La psychologie en profondeur, en particulier dans ses applications
au subconscient collectif, nous a donné quelques aperçus nouveaux
sur la nature des opérations qui font dériver de certains symboles
primitifs que le sens esthétique est seul tout d'abord à pouvoir saisir et
exprimer, tout le contenu de notre pensée et de nos croyances. Le
règne de « l'imago » est antérieur à celui de la « ratio ».

Dans les phases de déclin, le rapport entre la civilisation et
l'évolution de l'art se manifeste avec moins de clarté. Comme il s'agit
de phénomènes de décomposition et de dissolution, il est dans la
nature des choses qu'ils présentent une image sans homogénéité et
sans netteté.

Il s'est écoulé environ un siècle et demi depuis la décomposition du
dernier des styles faisant autorité : le style néo-classique, dont le nom
trahit d'ailleurs qu'il n'est plus à vrai dire qu'un reflet lunaire d'une
lumière à peu près éteinte. Au cours de ce laps de temps, on a vu se
produire quelques phénomènes qui n'ont dans l'histoire aucun
précédent. C'est par exemple un fait absolument nouveau qu'une
civilisation en décadence soit restée pendant une si longue période
aussi totalement dépourvue de style que l'Occident depuis la fin de
l'époque du baroque ou du rococo et plus nettement encore depuis la
victoire du romantisme sur le classicisme. Que, pendant un vide aussi
prolongé, on ait sans cesse versé dans l'historisme et dans l'exotisme
en cherchant sans cesse et de propos délibéré une nouvelle inspiration

dans des styles plus anciens ou étrangers, voilà qui est également sans exemple. Enfin - phénomène tout nouveau - la production artistique de cette époque est entièrement dominée par le sentiment qu'il faut à tout prix exprimer quelque chose d'autre que le monde de ce qui existe : sentiment qui révèle déjà le caractère peu satisfaisant et critique de notre civilisation à son déclin et motive la recherche consciente du neuf et de l'inouï.

Il est donc difficile de découvrir une ligne directrice dans un tel chaos et - ce qui ne facilite nullement la tâche - on se heurte inévitablement dans le domaine de l'art à des jugements de valeur subjectifs sur lesquels on ne saurait établir des constatations objectives de validité générale.

Et pourtant il ne semble pas impossible de déterminer, par la méthode scientifique, un axe qui convienne à la courbe d'ensemble de l'évolution artistique depuis le début du siècle passé. On n'a pour cela qu'à se demander si, en observant historiquement les quatre ou cinq arts représentatifs : architecture, peinture, plastique, musique, poésie, des caractères quelconques se présentent en des séries traçant des courbes d'évolution parallèles, S'il en est ainsi, il y a lieu de rechercher ensuite si, dans les autres domaines, ceux des diverses institutions, on peut apercevoir de semblables courbes parallèles dans le développement de la civilisation.

On peut aussi procéder dans l'ordre inverse et commencer par se demander si les caractères de l'évolution établis dans le domaine des institutions ne fournissent pas une clé permettant la compréhension de courbes parallèles dans l'histoire de l'art. Les deux méthodes se valent, et si toutes les deux conduisaient au même résultat, alors la double preuve serait faite par l'exemple.

Partons donc des faits déjà démontrés par l'observation des phénomènes essentiels soit psychologiques, soit sociaux, soit ressortissant à la psychologie collective. Le résultat d'ensemble auquel on est parvenu, c'est l'élimination de l'ancien régime de production fondé sur une hiérarchie des devoirs, au profit d'un ordre nouveau résultant d'une concurrence illimitée et du déchaînement de l'instinct d'acquisition ; le passage d'une hiérarchie sociale établie sur l'autorité héréditaire à un État où il y a bien encore des classes, mais plus de différences de rang ; la disparition, par suite du déchaînement des intérêts égoïstes, de l'échelle des valeurs qui s'imposait autrefois. Il résulte de tout cela comme dénominateur commun, la rupture des liens qui, dans l'ordre ancien, organisaient en un ensemble cohérent les parties composantes, résultat que l'on pourrait peut-être désigner plus laconiquement encore sous le nom d'atomatisation de la communauté. Psychologiquement cela a conduit à une scission entre la vie spirituelle consciente et subconsciente, au cours de laquelle l'élément purement instinctif et émotionnel s'est de plus en plus soustrait à la direction exercée par le monde des représentations conscientes.

À cela correspond dans les arts la dissolution des anciennes formes du style ; bien plus, du style lui-même, au profit d'une évolution qui mit en avant de plus en plus les éléments subjectifs de l'âme de chaque artiste, aux dépens des éléments objectifs et sociaux.

Le caractère le plus frappant de l'époque nouvelle fut ainsi fourni par un mobile qui, avant les temps modernes, n'avait joué aucun rôle digne d'être signalé dans la création artistique : la recherche de l'originalité.

Les transformations de l'art s'expliquent en grande partie par les transformations de son statut économique et de sa fonction sociale. Au moyen-âge, l'artiste était, au point de vue social et pour autant qu'il lie fût pas un ecclésiastique, un artisan travaillant au service de la collectivité à une œuvre collective. Sa personnalité jouait en cela un rôle si insignifiant que les plus grands des maîtres de l'architecture et de la sculpture d'autrefois ont à peine laissé pour les identifier autre chose que leurs initiales ou leur marque d'artisans.

Mais même dans la période dite des Temps modernes, lorsque les artistes travaillaient déjà fréquemment pour des particuliers, et concevaient leur métier d'une façon de plus en plus individualiste, on ne connaissait pas encore ce besoin d'originalité. Il restait encore étranger même à ces créateurs de valeurs spirituelles qui s'étaient tout à fait détachés et libérés de l'Église, et dont la personnalité dominait de bien haut leur temps. Shakespeare empruntait littéralement et ouvertement des parties entières de ses drames historiques aux Chroniques. Goethe était encore persuadé « qu'au fond, nous sommes tous des êtres collectifs et que nous n'avons et ne représentons que bien peu de choses pouvant être considérées comme nous appartenant en propre, au sens vrai du mot ». L'essentiel, concluait-il, « c'était d'avoir une âme aimant le vrai et l'accueillant où qu'il se trouve ». Il reconnaissait sans ambages avoir pris à Beaumarchais et « traduit littéralement » la scène principale et l'intrigue même de son *Clavigo* et qualifiait le souci d'originalité chez l'écrivain « de tout à fait ridicule et pédantesque ».

Jean-Sébastien Bach ne se sentait en rien déchoir à ses propres yeux, pas plus qu'à ceux de ses contemporains en se soumettant, tout comme le plus humble de ses collègues, aux règles de son métier telles qu'il les trouvait établies ; et en conséquence il utilisait sans en faire mystère et à diverses reprises, non seulement des motifs et des phrases musicales déjà employés par lui ailleurs, mais aussi des œuvres d'autres compositeurs. Ce n'est pas assez de dire que le plus grand génie musical de tous les temps pouvait bien se le permettre. Cette pratique paraissait à tous ses contemporains absolument normale parce qu'elle était courante. On ne s'était pas encore habitué alors à confondre le génie, qui signifie avant tout la puissance créatrice, avec l'originalité qui se manifeste avant tout dans l'ambition de paraître à tout prix différent des autres et novateur.

Cette ambition ne pouvait prendre l'aspect d'un mobile typique qu'à une époque où chaque artiste s'est trouvé obligé de lutter avec ses confrères de métier pour conquérir sur le marché public les débouchés les plus favorables. C'est donc seulement au XIXe siècle qu'on a commencé à considérer comme une valeur esthétique le charme de l'inhabituel ou de l'inouï. Le pas décisif dans ce sens fut franchi par l'école romantique qui remporta entre 1830 et 1840 ses premières victoires dans tous les domaines de l'art. Cela fait pendant, dans l'esthétique, au triomphe final de la bourgeoisie démocratique sur les dernières survivances de l'ordre aristocratique ancien qui eut lieu à la même époque. Depuis lors l'évolution se trouve placée sous le signe d'un individualisme s'efforçant sans trêve à faire du nouveau et récusant par principe un style garanti par la continuité et la permanence de la tradition.

Dans cette concurrence pour les formes les plus nouvelles de l'art, le public en état d'acheter ne se demanda plus, pour mesurer la valeur d'un ouvrage, si celui-ci était « beau », mais s'il était « intéressant ». Qu'il demeurât énigmatique ou même incompréhensible au sens commun du vulgaire, cela ne gâtait rien. Quiconque savait l'apprécier malgré cela semblait par là même supérieur d'autant à ses contemporains terre à terre. Les artistes de leur côté ne tardèrent pas à apprendre à exploiter ce snobisme. Les meilleurs eux-mêmes (car il y a naturellement à toutes les époques des maîtres de valeur) ne se firent pas faute « d'épater le bourgeois » selon la formule consacrée. Celui qui ne se laissait pas épater courait le risque d'être tenu pour un imbécile ou un individu sans culture. Et c'était là naturellement tout ce qui pouvait arriver de pire à un « bourgeois », c'est-à-dire à un homme dont le prestige social ne peut avoir la prétention d'être fondé en qualité que si, en même temps que de fortune, il peut faire preuve de culture.

La production en vue de la vente sur le marché conduisit ainsi à la fois à une rupture entre l'art et le style et à une rupture entre l'art et la communauté. L'évolution de l'art, à dater de ce moment, ne fut plus soumise aux transformations d'un style, mais seulement aux changements de la mode. De là vient également l'allure si manifestement précipitée de cette évolution depuis le siècle dernier. Si les historiens de l'art avaient pu, pour les époques antérieures, faire porter sur plusieurs siècles un chapitre qui traitait d'un style, il leur fallait maintenant en consacrer au moins une douzaine au XIXe et au XXe siècle et faire figurer dans le titre de chacun d'eux un « isme » quelconque, car chaque nouvelle école considérait la précédente comme aussi périmée et aussi grotesque que paraissent à la fille les vêtements portés par sa mère dans sa jeunesse. À cela près que les

« écoles » se faisaient suite à des intervalles de quelques années et non chaque saison.

Une seconde différence consista en ce que les modes esthétiques ne rayonnèrent pas comme celles des vêtements sur les masses, mais seulement sur les sphères de la société qui fréquentent les concerts et les expositions d'art, ou qui lisent des volumes de vers. On sait que la plupart des auditeurs de la radio tournent le bouton dès que celle-ci diffuse de la musique contemporaine et dans les salles de concert bien des sièges se vident également quand la partie classique du programme est achevée. C'est pourquoi les organisateurs qui, pour une raison quelconque, tiennent malgré tout à l'exécution de musique contemporaine, en sont venus de plus en plus au cours des dernières années à placer ces numéros au milieu du programme ; ce qui en trouble bien quelque peu la structure, mais freine efficacement la liberté de s'en aller qu'avait le public. En dépit de cette éducation par la contrainte, le témoignage - indiscutablement compétent - de Wilhelm Furtwängler reste valable : « Quoique la musique atonale éveille bien dans les sentiments de l'homme moderne en face de la vie des résonances particulières, la plus grande partie du public n'en éprouve pas moins une aversion tenace et insurmontable pour ce genre de musique », constatait-il encore en 1950.

Cela ne s'applique certes pas à la seule musique atonale, mais de façon plus ou moins fortement marquée à la musique contemporaine tout entière. Les compositions moins excentriques pour ce qui est de la tonalité, semblent par contre à la plupart des auditeurs vraiment « fades » ou « insignifiantes ». Les compositeurs contemporains les plus heureusement doués ne réussissent pas eux-mêmes, semble-t-il, à convaincre le public qu'ils ont quelque chose à lui dire qui vaille la peine d'être écouté. À la longue la forme la plus recherchée n'arrive pas à dissimuler que le vice fondamental est dans la pauvreté du fond, et celle-ci est elle-même la conséquence de la disparition d'une fonction sociale.

L'unique forme moderne de musique qui ait éveillé un écho dans les masses est la musique de danse fondée sur le jazz et les formes apparentées. On atteint dans ce domaine un niveau tellement bas que rien ne pouvait mieux faire apparaître combien la décadence de la musique est la conséquence de la décadence de sa fonction. L'objet que l'on s'est ici fixé n'a plus rien de commun avec ce que se proposait la musique tant profane que religieuse des siècles antérieurs ; pas même avec les buts que s'était assignés Richard Wagner, génial entraîneur dans cette course à la décadence. On n'y découvrirait pas plus de signification esthétique qu'en un poison quelconque, fouettant dans l'ivresse les passions érotiques, pas plus de sens de ce qu'est un culte que dans quelque orgie des nègres de Haïti célébrant le Vaudoux.

Dans les arts plastiques les mêmes phénomènes essentiels frappent l'observateur bien que, souvent, ils se présentent, sous une forme moins extrême. Faute d'une réponse satisfaisante à la question : À quelles fins ? on se sent de plus en plus gêné pour répondre à la question : Qu'est-ce que cela vaut ? Ce malaise n'est pas moins grand chez le public que chez l'artiste et il resterait bien peu de choses sur le marché d'art moderne si l'ésotérisme de cette obscurité impénétrable ne favorisait une certaine prétention à faire partie de l'élite intellectuelle.

L'architecture représente, par rapport à quelques-uns de ces phénomènes, un cas à part. L'architecte ne travaille pas pour le marché, mais pour des clients déterminés ; il ne produit pas une marchandise de luxe, mais des œuvres pratiquement indispensables et il est obligé dans une très large mesure de tenir compte de la nature et du prix des matériaux. La conséquence en est que les architectes, et surtout les urbanistes travaillant pour des administrations, jouissent d'une indépendance un peu plus grande à l'égard du goût dominant des masses. Ainsi s'explique que l'architecture ait continué de s'adapter aux courbes d'évolution des techniques au moins autant qu'à celles de l'esthétique qui régissent les autres arts plus asservis à la mode.

Cette situation équivoque y a rendu possible la réaction fonctionnaliste contre le goût des masses pour une ornementation par laquelle chacun « manifeste son rang » et pour les autres excroissances de l'éclectisme puisant ses motifs dans l'histoire. Il y a là une exception réjouissante en elle-même certes, mais où l'on ne saurait voir une raison suffisante de croire que nous nous trouvons déjà au début d'une nouvelle époque, d'un nouveau style. Aux raisons déjà données ailleurs il y a lieu d'ajouter ici une considération fondamentale et décisive : la rébellion contre la laideur d'une époque sans style ne suffit pas à elle seule à créer le canon esthétique d'un style nouveau. Pour l'instant on a simplement atteint une zone de propreté qui reste vide.

Le mérite essentiel - et qu'il faut évidemment estimer très haut - de « l'ordre froid » et de la « forme pure » fonctionnelle consiste en une victoire toute négative : ils ont triomphé d'un mensonge. La vertu principale du fonctionnalisme est donc la sincérité avec laquelle il exprime ce qui donne à toute notre époque son contenu et sa direction ;

il n'apporte pas la nouvelle foi sans laquelle il n'est pas de nouvelle civilisation possible ; il est le règne de la technique.

Il est fort heureux pour des raisons pratiques qu'un surcroît de confort, plus d'hygiène, plus de lumière, un air plus pur, et un travail domestique moins éreintant en soient la conséquence. Il n'est pas moins réjouissant que l'on puisse jouir de tout cela - à condition de disposer des moyens financiers nécessaires - sans être obligé de l'acheter au prix du spectacle quotidien d'un musée d'horreurs prudhommesques. Pourtant un sens nouveau donné à la vie est tout de même autre chose qu'un mode de vie plus agréable et plus sain. Le plus honnête et le plus propre des fonctionnalismes, précisément parce qu'il est rivé à sa tâche technique, ne peut lui-même exprimer d'autres réalités et d'autres valeurs que celles faisant déjà autorité dans le monde social ambiant. L'habitation fonctionnelle idéale de notre époque devrait être souterraine comme au temps de l'homme des cavernes - avec seulement un revêtement de briques émaillées resplendissantes en guise de peintures pariétales et l'*air-conditioning* - comme dans le titre de la satire d'Henry Miller où la vie totalement américanisée est décrite comme un *air conditioned nightmare*. Un cauchemar qu'il suffit d'évoquer pour avoir la conviction que depuis le début de notre époque sans style, il existe bien entre l'évolution de l'architecture et celle des autres arts des différences d'espèce et de degré, mais pas de différences de nature. Car en fin de compte, il n'est point d'écrivain, de musicien, de peintre, de sculpteur digne de ce nom qui puisse se libérer tout à fait du rêve d'une renaissance du style ; seulement c'est un rêve irréalisable, tout simplement parce que la condition préalable : un sens nouveau donné à la vie et au monde par une nouvelle communauté entre les hommes, n'existe pas.

À l'exception de quelques rebelles qui doivent se contenter de succès partiels dans un domaine forcément limité, les artistes d'aujourd'hui sont condamnés à produire des œuvres sans objet pour la communauté dans son ensemble, et par suite dépourvues de sens. La recherche de l'originalité manifeste tout simplement que l'artiste n'a plus d'autre issue que de se mettre lui-même en vedette. L'art est ainsi devenu sans objet en un double sens : en perdant sa mission sociale il a perdu le respect des choses du, monde extérieur. L'artiste, dans la mesure où il est autre chose qu'un fabricant de bibelots offrant aux privilégiés de la fortune de vaines parures, n'a plus d'autre mission que de « s'exprimer lui-même ». Seul compte encore le « sujet » au détriment de « l'objet ».

Gœthe a fourni à l'interprétation de ce phénomène d'histoire de la civilisation, une formule en disant à Eckermann le 29 janvier 1826 : « Toutes les époques rétrogrades, toutes les époques de dissolution sont subjectives ; par contre toutes les époques de progrès ont une tendance objective. Toute la période présente est une période de recul, car elle est subjective. Vous ne le voyez pas seulement à la poésie, mais aussi à la peinture et à bien d'autres choses. »

La musique et l'art plastique faisaient partie et font toujours partie de « ces nombreuses autres choses ». Ici également un parallélisme étrangement suggestif se manifeste dans le développement progressif de la tendance subjective jusqu'à nos jours. Elle constitue une partie de ce même processus de dissolution qui n'est qu'un phénomène complémentaire aux symptômes de décomposition sociale et psychologique. Spengler a par exemple démontré de façon pertinente que la tonalité dans la musique correspond à la perspective dans les arts graphiques. Ce qui est né en même temps, quand l'homme a pris du monde une conscience toute neuve, périt en même temps ; la musique atonale va de pair avec la peinture et la plastique surréaliste et - soit dit en passant - avec la poésie sans syntaxe et sans ponctuation.

En peinture, après le sacrifice de l'objet à l'espace, vient le sacrifice de l'espace à la lumière et ainsi de suite, de degré en degré jusqu'au point où l'artiste ne s'intéresse plus qu'à ce qui se passe en lui-même. En cela aussi il existe toute une gamme dont on peut suivre les nuances dans l'évolution de, l'impressionnisme au surréalisme en passant par le symbolisme et l'expressionnisme, tout comme le médecin suit les progrès d'une névrose ou d'une psychose. D'abord on peint encore les impressions de la conscience à l'état de veille, à la fin ne comptent plus que les visions du moi subconscient, ou plus exactement du « ça » qui forme la couche inférieure de la personnalité.

Ce processus se développe avec une impitoyable logique : l'individu se trouve isolé par suite de la décomposition du style et de la tradition, égaré par l'élimination du temps et de l'espace, jeté hors de la perspective par la disparition de toute image objective du monde. Il est impuissant à remplacer par d'autres les valeurs et les formes éliminées ; il lui faut donc, s'il veut représenter ce qui se passe en lui, se contenter de poursuivre ce travail d'analyse jusqu'à ce qu'il se résolve lui-même dans les éléments qui le composent. À la fin il ne demeure plus qu'un résidu auquel puisse s'appliquer cet effort pour s'exprimer soi-même. C'est la couche inconsciente de l'âme à l'état infantile, la couche des rêves et de la schizophrénie. Rien d'étonnant donc à ce que la peinture contemporaine présente une si frappante analogie avec les productions des enfants, des peintres de rêves, et des aliénés.

Dans une analyse de la peinture de Picasso et de l'Ulysse de Joyce, C. G. Jung a prouvé de façon convaincante que ces deux œuvres relèvent d'une méthode de pensée tournée vers le dedans, qui ne rend plus que des sensations et des automatismes, sans se soucier de distinguer entre le beau et le laid, le réel et l'imaginaire, les causes et les effets, le sensé et l'absurde ; et pourtant il se peut que l'artiste lui-même ne soit pas atteint de schizophrénie, car il ne fait que suivre la pente d'un courant schizophrène dans le subconscient collectif, courant que seule une enquête de psychologie sociale peut diagnostiquer.

En d'autres termes la démence de l'œuvre d'art ne fait rien d'autre que refléter la démence de l'époque en général. Il y a une tragique ironie dans le fait que, tandis qu'aujourd'hui des artistes sains d'esprit créent des œuvres de folie, le premier philosophe de la civilisation qui a décelé la nature de cette folie, Nietzsche, a fini par sombrer lui-même dans la démence. Il n'en a pas moins fait preuve d'une sinistre pénétration en diagnostiquant le, mal fondamental dans la « destruction des valeurs ». Et aujourd'hui, au seuil de l'âge de la bombe atomique, la constatation faite par lui il y a soixante ans que « l'anarchie de l'atome » était le symptôme de la décadence ne produit pas un moins sinistre effet. En tous cas c'est une image tout à fait adéquate qui donne le nom d'atomatisation à la décomposition de l'âme en ses éléments par l'art contemporain. L'expression s'applique d'une façon générale à toutes les manifestations extrêmes de dissolution et de désagrégation de la communauté contemporaine.

D'un autre point de vue encore, cet abandon conscient de tous les caractères intellectuels dépassant la « pensée symbolique » de l'homme primitif ou infantile apparaît comme l'aboutissement logique d'une courbe d'évolution dont l'origine remonte presque deux siècles en arrière. La substitution décrite par Goethe du subjectif à l'objectif n'indique en somme qu'une tendance générale, un axe, autour duquel s'enlacent toutes sortes de courbes secondaires. Les vagues ainsi formées correspondent pour une part aux phases que traverse en son progrès le processus général de décomposition, pour une autre part aux caprices plus ou moins déconcertants de la mode. Toutes cependant ont en commun une impulsion fondamentale : l'évasion de « l'ici » vers « l'ailleurs », hors du présent dans une autre époque.

Cette évasion peut s'engager dans les directions les plus diverses et chacune a connu son heure de vogue. Rappelons simplement que la première expression de ce que Freud a nommé « le sentiment de malaise dans la civilisation » : la philosophie de J.-J. Rousseau, était liée à un engouement pour l'exotique et le primitif qui marqua de son empreinte toute l'époque, et, pendant des dizaines d'années, détermina la mode dans toutes sortes de domaines.

Il y a toutefois un grand pas de l'idéalisation romantique du Huron aux mœurs pures de Rousseau, du Persan naïf de Montesquieu à l'imitation d'une musique nègre qui, au lieu d'agir sur le cerveau, agit sur la moelle épinière. Les contemporains de Rousseau dansaient tout de même des menuets et ils se seraient enfuis devant un jazz. Une telle distance n'en a pas moins été franchie par étapes ; des étapes qui coïncidaient avec les progrès de la recherche ethnographique pour établir l'image réaliste que l'on se fait aujourd'hui de l'homme primitif.

Et ce n'est pas non plus par hasard qu'il fut réservé à l'Amérique, comme au pays de la civilisation pratique la plus avancée, d'inscrire, en dépit de tous les préjugés de race, précisément la musique nègre - et encore une musique nègre déracinée et dégénérée dans l'émigration - à l'extrémité inférieure d'une courbe qui, jadis, s'élevait jusqu'à Bach et jusqu'à Mozart.

L'évasion dans d'autres directions tendait, sous la forme de l'historisme et de l'archaïsme vers un passé idéalisé ; et, sous celle du futurisme, vers un avenir conçu comme une technocratie totalement privée d'âme. La génération des deux guerres mondiales, assurément, s'est déjà sensiblement moins laissé entraîner dans ce sens ; car elle a appris à connaître sous un jour moins agréable la technocratie déchaînée. Un drame historique en notre milieu de siècle a un relent de décor de théâtre moisi et des créneaux gothiques ou des portails Renaissance n'arrivent pas à s'accorder avec nos constructions de béton. Après une période où « la bestialité humaine s'est manifestée avec tant de splendeur » et a mis à nu, dans le fracas des bombes et les hurlements d'angoisse, les couches les plus élémentaires de l'âme, le goût du primitif est devenu d'autant plus violent - un primitif qui n'a plus rien de romantique, mais ne fait plus qu'assurer la descente dans les régions inférieures de l'âme où le renoncement à toute haute civilisation est le prix qu'il faut payer pour se libérer des limitations qu'une telle civilisation implique. Si l'on veut mesurer le chemin parcouru sur ce terrain depuis un demi-siècle, on n'a qu'à songer que, vers 1900, l'élite des snobs, pour se donner une allure décadente, affectait un affinement qui ne se pouvait acquérir que par un effort continu de sélection. Cela était alors interprété par les pessimistes comme le symptôme capital de décadence de la civilisation. Aujourd'hui l'art tend au primitif, donc au contraire du raffinement, et le phénomène ne se limite pas à une petite clique de poseurs, mais il est étroitement lié à une déchéance générale dans la masse et enraciné dans « le subconscient collectif » de toute l'humanité de l'Occident.

Il est des théoriciens de la sociologie qui accueillent le primitif sous toutes ses formes - musique de jazz négroïde, peinture surréaliste, poésie en rupture de grammaire - comme un renouveau de la civilisation. Ils s'appuient sur le fait qu'une nouvelle civilisation ne peut jamais surgir que d'un sentiment nouveau du monde. Celui-ci doit être spontané, instinctif, vide de tout intellectualisme, - et le primitif serait tout cela.

Il y a quelques années seulement le professeur américain Northrop provoquait quelque sensation avec un livre préconisant une synthèse entre la civilisation orientale et l'occidentale. En voici la thèse essentielle : l'intellectualisme de la civilisation occidentale a détruit la faculté de créer des valeurs esthétiques en abolissant la spontanéité et la naïveté dans l'expression des données subconscientes de l'âme ; une nouvelle civilisation postule donc le retour au primitif.

La vérité, c'est que « l'intellectualisme », ou plus exactement le déchaînement du besoin de connaître - a joué un rôle décisif dans l'évolution de la civilisation occidentale et jusque dans sa phase de décadence. Mais ceci est loin de justifier le primitivisme de l'art contemporain. Car d'abord le primitivisme est tout autre chose que le primitif. La spontanéité et la naïveté qui prouveraient son aptitude à une mission de renouvellement de la civilisation sont précisément les qualités qui lui manquent le plus. Il est l'aboutissement d'une longue évolution, accomplie en pleine conscience sous le signe d'une déception et d'un scepticisme croissants. Jamais on n'a tant philosophé sur l'art, bâti tant de théories qu'au cours de cette évolution, et jamais orientation artistique ne fut prise avec plus de lucidité que cette descente dans le subconscient.

Mais même s'il en était autrement, la supposition sur laquelle on se fonde, à savoir qu'un art nouveau plus vrai, qu'une nouvelle civilisation plus haute, puissent naître de la libération totale et du déchaînement des forces du subconscient est, en soi, foncièrement fausse. Elle repose sur une conception erronée du primitif en ce qu'il a d'authentique et de fécond. L'art des peuples primitifs, qu'il s'agisse de nos ancêtres de l'époque magdalénienne ou des tribus nègres d'Afrique ou de Polynésie, est bien loin d'être spontané au sens du subjectivisme schizophrène. Il est soumis à des règles découvertes et admises par la raison. Ces règles reposent, entre autres choses, sur de sévères préceptes religieux, sur des traditions non moins sévères d'habileté dans le métier, sur la destination fonctionnelle des objets ou des œuvres produits et enfin sur l'adaptation rationnelle des outils au matériau.

Ainsi il est inconcevable par exemple que, chez de vrais primitifs, quelqu'un puisse se donner pour un artiste sans même être maître de son métier - comme c'est le cas si fréquemment chez les primitivistes de notre époque. Il est également inconcevable chez eux qu'on puisse s'imaginer n'avoir qu'à se reporter à ce qui se passe au fond de soi-même, sans le moindre respect du « Dieu des choses telles qu'elles sont ». Seule l'inspiration peut être spontanée, mais l'exécution exige un effort vigilant, conscient, où le cerveau dirige la main.

En fait et en vérité, toute l'histoire de l'art prouve que celui-ci ne commence que là où cesse la spontanéité et que son perfectionnement graduel est en rapport direct avec le développement de buts, de règles, de scrupules, de limitations ancrés dans la conscience. La preuve en est fournie par la vie de tous les grands poètes, musiciens, peintres et sculpteurs. Il en va de l'art comme de l'éducation, de la culture, de la civilisation en général : les inhibitions déterminent la direction et la puissance, de même qu'un marécage ne devient fleuve que quand il est limité par des rives.

Il va de soi que « la tendance schizophrène », signalée par C. G. Jung « dans le subconscient collectif » ne peut être considérée comme une psychose qu'au sens figuré. L'image n'en est pas moins, en soi, aussi juste et aussi admissible que par exemple celle du corps social, de l'organisme social, de la conscience collective, etc. Il y a, dans la société humaine elle aussi, une répartition des fonctions entre les organes de direction et les organes d'exécution qui se peut fort bien comparer à la différenciation biologique entre le cerveau et le corps. Sous cet angle on peut dire que la même démence collective qui se révèle dans l'art se manifeste dans la vie collective pratique exactement comme chez les individus, sous la forme de troubles fonctionnels de l'appareil de direction. Ces troubles apparaissent en ce que les événements - interprétés comme le comportement de la collectivité - ne sont plus sous le contrôle de la conscience. Peut-être n'y a-t-il pas de définition qui rende plus exactement compte de l'essence de la psychose que la formule si nettement pragmatique du droit anglais : « Insanity is inability to manage one's affairs with ordinary prudence » - ce qui signifie : « Celui-là est fou qui n'est pas capable de gérer ses propres affaires avec la prudence ordinaire. » Ce qui est en cause, c'est le fait de gérer, de diriger, de guider : manage.

Les psychoses ne sont pas, on le sait, des troubles de la faculté de penser en soi, mais des troubles de l'appareil de direction qui doit normalement soumettre la vie affective et la volonté à la faculté de penser. Les formes les plus fréquentes de maladies mentales consistent en ce que certains états affectifs et certaines volitions habituelles se libèrent de cette emprise et mettent tout au contraire le cerveau à leurs ordres, de telle sorte qu'il est capable d'aller jusqu'à construire une image irréelle, mais appropriée à ses fins et logiquement agencée, du monde extérieur et de l'ordre universel dans son ensemble.

Il en va de même des phénomènes collectifs de décadence dans le domaine de l'esprit. Par exemple ce qui frappe le plus à notre époque, c'est l'impuissance des appareils au moyen desquels les hommes dirigent les choses quand il s'agit de la destinée collective. C'est pourquoi la comparaison avec le navire sans gouvernail ne cesse de se présenter à l'esprit.

Cette absence du gouvernail n'exprime pas seulement l'impuissance et l'angoisse cosmiques de l'individu qui se sent broyé par une force écrasante, celle du mécanisme social, et s'en trouve désemparé ; elle est également au sens propre la résultante du milieu, puisque le mécanisme lui-même a atteint des dimensions qui le font échapper à notre contrôle.

La dévalorisation des plus hautes valeurs, diagnostiquée par Nietzsche, a cessé d'être un problème théorique auquel s'applique seulement la méditation des philosophes ou des théologiens. Sur presque tous les hommes pèse aujourd'hui de façon plus ou moins sensible le vague sentiment d'un doute, mais d'un doute grave et qui va croissant, sur le sens de ce que la vie exige d'eux. Il ne leur est pas imposé par leur raison. La plupart d'entre eux ne sont même pas capables d'exprimer des sentiments de ce genre, moins encore de les soumettre au raisonnement. Ils naissent de leur expérience concrète de chaque jour, du moins dès que l'horizon s'élargit au-delà de ce qui est à portée de la main. « Ils accomplissent leur tâche quotidienne », dit Hans Freyer en une formule frappante, « avec le zèle, le sérieux de fous accomplis ; chaque détail a une extrême importance, mais l'ensemble n'a aucun sens et ils ont au fond du cœur une angoisse qui ne leur permet pas de l'ignorer. »

L'ouvrier ou l'employé dont le travail a perdu de plus en plus la signification d'un acte créateur au service de la communauté doit éprouver un sentiment de ce genre. Son activité est par trop concentrée sur d'infimes rouages d'un mécanisme que sa grandeur et sa complexité même ne permettent plus à l'œil de saisir. Le marché est devenu un concept bien trop large, presque abstrait, et trop d'intermédiaires étrangers et anonymes s'y sont interposés pour qu'on puisse en suivre dans leur ensemble le développement des opérations, et pour qu'elles prennent ainsi un sens.

Après deux guerres dont le résultat réel est en contradiction flagrante avec leurs buts déclarés, le commun des mortels a peine à se défendre de l'impression qu'il n'y a pas beaucoup mieux à attendre de la troisième et même qu'on peut prévoir bien pis encore. Ce sentiment que quelque chose ne va pas droit dans la direction du navire résulte aussi, sans qu'il soit besoin de longues réflexions, de la constatation que ce même monde qui proclame le droit des peuples à se gouverner démocratiquement eux-mêmes et où les gouvernements affirment d'une seule voix leur volonté de paix, est en train de courir irrémédiablement à la catastrophe redoutée. Une défiance instinctive, allant parfois jusqu'à la déraison, à l'égard de tout ce qui touche à l'État et à sa bureaucratie, renforcée encore par l'expérience répétée de la guerre et de l'inflation, se fait jour de plus en plus. Elle est inséparable de ce sentiment que le transfert de la volonté des électeurs aux élus et aux autorités fonctionne de travers, tout au moins dans les grandes nations.

Cette impression que les commandes de direction sont en désarroi tourmente aussi les hommes de science et les inventeurs qui se désespèrent en voyant leurs efforts pour étendre l'empire de l'homme sur la nature aboutir à créer des moyens plus séduisants et plus dangereux pour que l'humanité puisse se détruire elle-même.

Il n'en va pas autrement de celui qui a l'occasion d'observer de tout près, on même de l'intérieur, le plus puissant des mécanismes sociaux mis jusqu'ici en mouvement par les hommes : la machine de guerre, c'est-à-dire l'ensemble des techniques administratives et des moyens économiques et militaires dont se sert un État moderne quand il fait la guerre. Rien ne peut dépasser le sentiment de l'impuissance de la volonté humaine suggéré par le contact avec une telle machine ; et cette impression est d'autant plus forte que l'on se rapproche des parties centrales du mécanisme qui renferment le ressort. On découvre alors avec stupeur que la machine, indépendamment de la volonté des individus pour ainsi dire, et de son propre mouvement, poursuit sa marche dans une direction déterminée, en fin de compte par son impulsion première et sa propre masse. Voilà qui peut paraître étrange : la subordination à une volonté supérieure ne constitue-t-elle pas précisément l'essence de la hiérarchie militaire ? Mais l'armée elle-même n'est plus qu'un rouage, et des moindres, de la machine de guerre moderne. En outre, d'outil qu'elle était, elle s'est de plus en plus transformée en machine.

De tout cela, le militaire qui prend part aux opérations de campagne n'a pas toujours un sentiment aussi vif. D'une part il peut arriver en effet que des individualités puissent ici jouer un certain rôle par les ordres qu'elles donnent ; d'autre part celui qui commande aussi bien que celui qui exécute sont généralement hors d'état de percevoir la différence qui sépare le plan de l'État-Major de son exécution sur le terrain - et c'est quelquefois un abîme. Ces réserves ne valent pas toutefois pour la machine de guerre telle qu'elle fonctionne dans la routine militaire quotidienne et dont pourtant dépend en fin de compte la décision. Car à l'époque de la guerre totale il ne faut pas faire trop de cas des plans du général d'armée ni des ordres du lieutenant. Quelle est celle des machines de guerre qui pourra être maintenue le plus longtemps en état de fonctionner ? Voilà, on le sait bien, ce qui décidera de l'issue d'une guerre totale. Quand on voit ce qui se passe jour après jour dans des milliers de bureaux, les illusions que se font le général d'armée et le lieutenant sur leur propre importance ne tardent pas à se dissiper. Quiconque a des rapports avec ces bureaux le reconnaîtra tôt ou tard : la machine est trop grande et trop lourde pour qu'une volonté consciente et rationnelle puisse s'imposer à elle et la diriger. Elle va son chemin, sans égards pour les personnes, selon ses lois à elle et vers les buts qui lui sont propres, lesquels se situent au-delà de la sphère des connaissances et des volontés humaines.

La situation ainsi décrite, chacun de nous peut évidemment prendre contact avec elle, à une échelle moins gigantesque, chaque fois qu'il a affaire à une grande organisation, à une grande entreprise ; donc à une bureaucratie. La différence entre les administrations publiques et les exploitations privées est de ce point de vue, beaucoup moindre en réalité que l'on ne serait tenté de le supposer d'après les discussions courantes sur les avantages et les inconvénients de la nationalisation.

Le problème de la direction et de la gestion est ici plus important que celui de la propriété. Sous cet angle toutes les Organisations gigantesques, qu'elles soient de droit public ou non, souffrent du vice fondamental résultant du seul fait de leur démesure. Au-delà d'une certaine dimension les choses et les hommes qu'une volonté veut diriger d'en haut deviennent plus ou moins ingouvernables : il en résulte que ce qui fait pencher la balance, c'est cette mystérieuse force collective pour laquelle il n'est pas de meilleure comparaison que l'inertie d'un corps solide.

Ce qui vaut pour les parties vaut à plus forte raison pour l'ensemble plus gigantesque encore de la société. Notre temps fait songer à l'image que les paléontologues nous présentent de la disparition des grands sauriens vers la fin du tertiaire : des corps gigantesques avec de petits cerveaux qui finalement se sont trouvés impuissants à adapter ces animaux aux conditions de vie nouvelle.

Le gigantisme dont souffre notre époque a pris, au lieu de formes biologiques, des formes sociales qui sont bien plus compliquées et plus subtiles mais au fond c'est du même mal qu'il s'agit l'appareil de direction est en défaut. Ainsi s'explique en dernière analyse que l'humanité s'en aille à la dérive vers un destin que pas un être humain ne veut - et ne peut vouloir, ne fût-ce que parce qu'il n'est pas même capable de se le représenter. Ce qu'il en soupçonne possible le pénètre d'angoisse, et cette angoisse le précipite plus vite encore à l'abîme.

Des contemporains à la sensibilité particulièrement fine, à qui la conscience de cette situation donne le vertige, l'interprètent souvent comme si nous avions pénétré dans une époque qui n'appartient déjà plus à l'histoire. Autant que je sache, c'est le Français Bertrand de Jouvenel qui le premier a exprimé cette pensée. Il n'entendait sans doute pas par-là la même chose que ce qu'un autre Français, le mathématicien A.-A. Cournot, envisageait en forgeant, il y a environ un siècle, l'expression de *post- histoire* : car Cournot voulait caractériser ainsi la situation qui se produit quand quelque invention ou quelque organisation humaine a été tellement perfectionnée que toute évolution morphologique ultérieure paraît exclue. La théorie très pénétrante de Cournot (qui a établi entre autres les concepts de la stabilisation morphologique et de l'archétype) à laquelle on s'est depuis lors trop peu intéressé, pourrait, appliquée à la situation présente, justifier cette conclusion que notre civilisation est maintenant accomplie, devenue « archétype », et se trouve ainsi entrée dans une phase où elle n'a plus aucun sens. Il n'y aurait alors d'autre alternative, si l'on voit les choses biologiquement, que la mort ou la mutation.

Ce que Spengler entend par une existence « en marge de l'histoire » diffère essentiellement de ce qu'envisageaient de Jouvenel et Cournot. On ne saurait entendre par post-histoire la léthargie d'une civilisation dont la force vitale est éteinte, mais l'entrée dans une phase du destin du monde qui ne s'insère plus dans le cadre de l'histoire, parce que les rapports que l'on peut ailleurs historiquement établir entre les causes et les effets font défaut. Il est de l'essence même de la science historique de considérer et de présenter les événements qui forment le destin de l'humanité dans un rapport cohérent. Quand les événements eux-mêmes apparaissent dépourvus de sens, l'histoire a atteint ses limites. L'histoire est un produit de l'esprit humain élaboré pour que les événements puissent être mesurés à l'échelle des buts et des forces humaines. À des événements comme ceux que nous vivons aujourd'hui il semble que cela ne s'applique plus ; et ce sentiment est à la base de l'impression que nous avons que « les temps sont révolus », que nous sommes entrés dans une époque en marge de l'histoire. Ce monde en marge de l'histoire qu'un instant Hamlet a entrevu dans le miroir de son âme égarée : un monde disloqué.

CHAPITRE VIII

RENVERSEMENT DIALECTIQUE DANS LE DOMAINE DE LA RELIGION ET DE LA SCIENCE

L'analyse sociologique du déclin actuel de notre civilisation confirme donc qu'il n'est pas question d'un affaiblissement ou d'un épuisement de ses forces vives, mais d'un changement d'orientation desdites forces, toujours davantage détournées des buts primitifs.

On peut en pratique distinguer dans l'histoire de la civilisation trois lignes d'évolution dont chacune correspond à un genre d'action particulier : l'action cumulative, l'action cyclique et l'action dialectique.

Le phénomène cumulatif est très exactement symbolisé par l'homme de Pascal « qui apprend continuellement » ; -étant toujours bien entendu à ce propos qu'il ne s'agit pas seulement ici des progrès de la technique ou de la science, mais également du développement organique d'un patrimoine psychologique inclus dans la civilisation et comprenant entre autres la mémoire de l'espèce, le mythe et la langue.

Le phénomène cyclique doit son nom au fait que chacune des civilisations - (ou la civilisation, si on l'entend au sens pluraliste) représente un cycle. Cela ne signifie pourtant pas qu'elle revient à son point de départ, comme le mot semble l'indiquer, mais plutôt que son orientation finale est l'inverse de son orientation initiale.

C'est le phénomène dialectique, dont il n'a pas encore été question jusqu'à présent, qui explique comment se produit ce changement d'orientation.

Il n'est que d'observer de plus près le processus cumulatif pour s'apercevoir que le fait « d'apprendre continuellement », considéré dans son domaine le plus authentique el le plus important, qui est celui de la science, signifie plus qu'une simple accumulation de connaissances. Sans doute une grande partie -de notre culture actuelle est-elle l'héritage de civilisations éteintes depuis des milliers d'années. Il en est ainsi par exemple des fondements de nos mathématiques et de notre astronomie, dont l'origine remonte à plusieurs civilisations archaïques du monde méditerranéen. Quant aux concepts de base -de notre pensée philosophique, nous les tenons des Grecs. Mais il ne s'agit pas seulement d'héritage et d'accumulation ; certains éléments ont été rejetés ; il y a eu contradiction, réfutation et synthèse. Sans Euclide, notre géométrie n'existerait vraisemblablement pas ; il n'en est pas moins vrai qu'elle est devenue en grande partie non-euclidienne. Sans les données astronomiques amassées par Ptolémée et ses successeurs, Copernic ne se serait pas tiré d'affaire ; son système bouleversait cependant l'univers ptoléméen. Nous continuons à utiliser les concepts de base des philosophes grecs ; cela ne nous a pas empêchés de mettre au point des conceptions du monde profondément différentes des leurs.

Car le progrès de la science ne consiste pas seulement à ajouter de nouvelles connaissances ou de nouvelles « données » à celles que l'on possède déjà. Tous les progrès véritablement décisifs sont moins le produit d'une addition que d'une contradiction. Cela se produit chaque fois que des données nouvelles viennent contredire des théories anciennes et que les théories en question doivent alors être révisées pour que les données nouvelles puissent prendre place dans un ensemble cohérent. C'est alors que le processus cumulatif se transforme en un processus dialectique, le mot dialectique étant pris dans son sens philosophique et désignant un développement par termes opposés - c'est-à-dire par action et réaction ou, selon l'expression hégélienne, par thèse et antithèse. À la fin, - et pour parler encore le langage de Hegel - la quantité devient qualité : la température d'un liquide s'élève jusqu'à un degré où il se vaporise ; une vague s'élève toujours plus haut jusqu'à ce que sa crête s'écroule et qu'un phénomène nouveau en résulte.

Il en est de même des idées religieuses que les civilisations déclinantes laissent en héritage aux civilisations naissantes, ainsi qu'on se passe un flambeau de main en main, selon l'image employée par Platon. Le Nouveau Testament suppose sans doute l'ancien, mais il le dépasse cependant ; l'Ancien Testament doit manifestement à d'anciennes religions orientales beaucoup plus encore que la science ne sera jamais en mesure de l'établir. Enfin, le christianisme apparaît à plus d'un égard comme la négation des religions patriarcales primitives dont il est issu.

Si l'on examine de plus près l'aspect d'ensemble de l'activité intellectuelle, on voit clairement que la simple accumulation de données devient d'autant moins importante que l'on se rapproche davantage du domaine des idées créatrices où les civilisations nouvelles prennent naissance. Corrélativement, on constate une extension de l'influence du processus dialectique reposant sur l'antithèse et la synthèse. Les données nous apparaissent alors comme ce qu'elles sont : des matériaux dont on se sert pour édifier une construction, mais qui, par eux-mêmes, n'en déterminent ni le plan, ni le style. Une telle détermination suppose des impulsions créatrices nées d'une anticipation de la pensée. Car aucune maison n'a jamais été construite sans que son image n'ait auparavant hanté l'esprit de ses constructeurs - et cela, même si l'édifice se présente en fin de compte sous une forme toute différente de l'idée première.

Plus d'un contemporain accueillera avec un sourire sceptique la thèse suivant laquelle les civilisations naissent d'une idée. Le mot idée rappelle trop le mot idéal, auquel un emploi abusif a fait perdre une grande partie de sa valeur. Chacun sait qu'il ne reste plus, pour prendre les idéaux au sérieux, que les hommes particulièrement naïfs et inexpérimentés ou les adolescents. Pour la très grande majorité des hommes, les idéaux sont tout au plus bons à ranger dans la catégorie des images édifiantes « que l'on suspend au-dessus du sofa de peluche », comme a dit Erich Kästner. Sans doute leur témoigne-t-on en public le minimum de respect extérieur prescrit par les règles de la bienséance et les rites du conformisme social. Mais au fond chacun sait qu'il est dangereux d'accorder aux idéaux plus de signification pratique qu'à n'importe quelle futilité dont le seul but est d'embellir l'aspect extérieur des choses. Aussi les « idéalistes » passent-ils à tout le moins pour des gens dépourvus de sens pratique, à qui aucun père ne voudrait donner sa fille et aucun chef ne voudrait confier un poste de responsabilité.

Mais les idées sont tout autre chose que des idéaux. Elles n'ont nul besoin du suffixe décoratif « al », car leur rôle dans la vie n'est nullement décoratif : il est beaucoup plus sérieux que cela. C'est tenir compte à la fois de l'étymologie et de l'usage normal de la langue que de voir dans les idées des représentations chargées d'affectivité et d'énergie. En raison des sentiments auxquels elles sont associées, elles agissent comme des « idées-forces » - c'est-à-dire, dans une certaine mesure, comme des pensées qui portent en elles-mêmes le principe moteur de leur propre réalisation.

C'est ce principe moteur qui distingue l'idée de l'idéal. Si je professe l'idéal de la fraternité, cela peut vouloir dire que je trouverais très beau que tous les hommes s'aiment comme des frères ; mais cela n'implique pas que je croie que cet idéal puisse être réalisé dans la pratique, ni que je fasse quoi que ce soit pour le réaliser. Mais supposons par exemple qu'un Chinois ait été influencé par une mission catholique ou par une propagande politique, et qu'il croie que jaunes et blancs aient des droits égaux et, doivent être traités sur un pied d'égalité : il s'agit alors d'une idée ; car la représentation s'accompagne de sentiments qui pousseront cet homme à en poursuivre la réalisation. L'intellectuel étaiera sur cette idée ses convictions et son activité publique ; l'ouvrier s'en autorisera pour -formuler des revendications de salaire ; la domestique jaune y conformera son attitude vis-à-vis de ses maîtres blancs, et ainsi de suite. L'exemple serait aussi concluant si la même idée égalitaire s'était emparée d'un blanc - à supposer naturellement qu'il s'agisse vraiment d'une idée, et non d'un idéal que l'on ne sert que des lèvres.

C'est à dessein que j'ai choisi l'exemple d'une idée liée à des objets bien concrets et, dans une certaine mesure, matériels. Trop d'historiens ont en effet jusqu'à présent sous-estimé l'influence positive de ce genre d'idées sur la civilisation, comme si elles leur semblaient être trop humaines et, de ce fait, manquer de noblesse. Mais ces idées ne sont pas celles qui ont à l'origine le moins contribué à orienter notre civilisation occidentale dans une direction nouvelle qui lui est propre. Les dogmes chrétiens, qui ont par exemple donné naissance à l'idée de l'égalité morale du maître et de l'esclave, ou encore à l'idée de l'obligation du travail pour chacun de nous, ne constituent nullement de simples idéaux. Ces idées - en même temps que beaucoup d'autres, d'origine partiellement chrétienne et partiellement païenne - ont libéré des forces extrêmement actives dont l'effet, dans certaines situations, a parfois même été presque explosif. Elles ont été ce qu'on s'est habitué à appeler en français des *idées-forces*.

On peut reconnaître aux idées une efficacité pratique sans pour cela commettre l'erreur de les considérer comme les causes fondamentales des événements historiques - à l'inverse des marxistes qui croient qu'« en dernière analyse » les causes économiques sont les seules agissantes. Je ne crois pour ma part ni l'un ni l'autre ; je doute même, d'une manière générale, qu'un seul et unique système de relations causales permette de mettre à nu l'enchevêtrement des rapports existant entre deux séries de faits. Jusqu'à ce jour, personne n'a réussi à expliquer scientifiquement le cours de l'histoire grâce à une espèce déterminée de causes. Il ne manque assurément pas d'explications où l'histoire prend un sens en fonction des buts et des objectifs qu'on lui assigne ; mais, dans ce cas, ce n'est plus de science, mais de prophétie qu'il s'agit.

L'observation s'applique également à cette période, inaugurée par Karl Marx et Herbert Spencer et illustrée plus récemment par Spengler et Toynbee, où l'interprétation de l'histoire s'est trouvée placée sous le signe de la méthode scientifique. L'explication théorique par un système déterminé de causes résulte ici d'une croyance a priori à un système téléologique. On se fixe un objectif avant d'élaborer la théorie causale et l'image de l'avenir, tel qu'on se le dépeint, déteint sur celle du passé dont on veut prouver qu'il a cet avenir pour aboutissement. C'est ainsi que chaque penseur représentatif de l'esprit d'une époque, ou d'un courant de pensée qui s'y manifeste, conçoit l'histoire conformément à cet esprit. Sa théorie causale ressemble à un filtre qui ne laisse passer que les rayons lumineux correspondant à son propre spectre. Marx mettait au premier plan les causes économiques et sociales parce qu'il se préoccupait de « l'émancipation économique et sociale du prolétariat ».

Spencer croyait à l'efficacité bienfaisante du progrès économique et technique car ce dernier représentait la préoccupation et la mission de sa classe sociale. Spengler rendait grâces au destin qui devait amener le déclin de l'occident et un nouveau césarisme, parce que son pays était brisé et exténué à la suite d'une guerre perdue. En homme qui appartient à un peuple épuisé par la guerre et déchu de son rang de grande puissance, Toynbee met son espoir dans les doctrines chrétiennes, qui garantissent l'avènement d'une communion des saints parce qu'il n'aperçoit aucune autre solution temporelle.

S'il est vrai que ces théories successives augmentent peu à peu notre intelligence des phénomènes historiques, le fait est dû à ce que le caractère unilatéral de chaque système est éliminé et contrebalancé par le même défaut agissant en sens inverse dans le système suivant. Aussi chacun d'eux n'exprime-t-il qu'une vérité relative. Dans ce cas, c'est un progrès, du point de vue méthodologique, de donner à cette relativité même une valeur relative et de considérer les théories elles-mêmes comme des faits historiques qui, en vertu de la loi dialectique de la thèse et de l'antithèse, se complètent en s'opposant.

Dans la pratique, on aboutit ainsi à une vision globale qui n'isole a priori aucune espèce de faits pour les élever au rang de « causes », mais qui au contraire envisage chaque phénomène sous les aspects les plus différents et les met en relation avec le plus grand nombre possible d'autres phénomènes. Ce qui importe alors, c'est moins de choisir quel fil on saisira d'abord dans le tissu de la réalité que de rechercher soigneusement d'où il vient et où il va. De la sorte, on fera également entrer dans le champ de vision les autres fils qui lui sont parallèles ou perpendiculaires. Il importe peu en l'occurrence qu'on découvre à l'origine des lignes d'évolution un fait d'ordre technologique, économique, intellectuel ou de quelque autre nature que ce soit ; si nous isolons dans notre esprit de telles lignes d'évolution et de tels faits, cela prouve tout au plus que c'est là pour nous le meilleur moyen de dégager un ensemble intelligible. Il ne convient pas d'en tirer prématurément des conclusions d'ordre général sur la philosophie de l'histoire, et surtout pas des conclusions métaphysiques. Il ne s'agit pas pour l'historien de vérifier une théorie, mais seulement de comprendre et de décrire des phénomènes. L'image la plus fidèle est en fin de compte celle qui a été obtenue par un procédé analogue à celui de l'impression en couleurs, pour lequel on utilise simultanément trois ou quatre plaques dont chacune ne reproduit qu'une seule couleur spécialement filtrée au négatif : chaque négatif n'est qu'un schéma, l'ensemble seul est vrai.

Si donc nous recherchons d'abord les tendances intellectuelles dont notre civilisation occidentale est issue, nous le faisons pour des raisons purement empiriques, résultant directement des caractères propres du sujet étudié. Les plus importantes de ces tendances préexistaient en effet, et cela sous forme de « contenus de conscience ». Or, pour suivre une évolution se déroulant par opposition, la méthode la plus claire consiste à partir des thèses, c'est-à-dire des pensées conscientes dont l'influence historique peut être démontrée. Tout ce qui peut se cacher à l'arrière-plan - causes matérielles ou motifs inconscients par exemple - ne doit pas pour autant nous échapper dans la suite de notre enquête. Il s'agit d'ailleurs moins ici de développer une théorie exhaustive sur les origines de notre civilisation que de trouver une explication au phénomène qui donne sa physionomie propre à la phase récente de cette civilisation : je veux dire la courbe qui s'infléchit pour prendre enfin une direction opposée.

De tout temps les historiens ont signalé des phénomènes de ce genre et les ont expliqués de diverses manières. Toutes ces explications reposent sur l'idée qu'à une période historique correspondant à une ligne d'évolution donnée succède toujours une période d'évolution inverse. Les noms, scientifiques on imagés, que l'on a donnés à ces phénomènes sont innombrables : il y a eu l'alternance des périodes yin et yang du néo-confucianisme, l'unité et le partage chez Empédocle, les phases organiques et critiques chez Saint-Simon, l'intégration et la différenciation chez Spencer, le resserrement et le relâchement chez Karl Lamprecht, le recueillement et l'expansion chez Gerald Heard, l'édification et la désagrégation chez Eduard Meyer, l'intégration et la désintégration chez Toynbee, etc...

Toutes ces explications ont un trait commun les oppositions qui déterminent ce rythme alternant y sont exprimées abstraitement sous forme d'oppositions d'idées. Cela tient à la nature du sujet. Karl Marx lui-même, en dépit de tous ses efforts pour rabaisser les idées au rang de simples reflets de la réalité matérielle, n'a pas pu en éviter l'emploi, tirant en cela un parti fort utile de sa formation hégélienne. Cette circonstance n'est pas négligeable pour qui veut expliquer le paradoxe de cet adversaire des idéologies suscitant l'un des courants idéologiques les plus puissants de la période moderne. La vérité, c'est que les choses ne s'opposent pas les unes aux autres comme le font les idées : elles sont simplement différentes. L'économie européenne du moyen-âge était à bien des égards profondément différente de celle du XIXe siècle, mais on ne peut pas dire que l'une est le contraire de l'autre ; seule l'idée du capitalisme est en contradiction avec l'idée d'un ordre féodal. Le mouvement socialiste ouvrier fait partie intégrante de l'image d'ensemble de notre époque ; mais ses parlementaires, ses ministres, ses représentants syndicaux, etc... remplissent des fonctions dans un ordre qu'ils appellent « capitaliste ». Seule l'idée du socialisme est l'antithèse de l'idée capitaliste.

C'est pourquoi les phases de l'évolution des idées constituent les points les plus visibles permettant de reconnaître la courbe de cette évolution. Or cette courbe symbolise le type de déroulement suivant : une idée (ou un système d'idées qui déterminent la conduite des hommes sous forme de mobiles) est d'abord orientée dans une certaine direction qui représente quelque chose de nouveau et de différent par rapport à ce qui existait déjà. Après quoi, les impulsions créatrices ainsi suscitées prennent peu à peu la forme d'institutions nouvelles et de faits concrets nouveaux. Mais, au cours de ce processus, les nouvelles conditions du monde extérieur transformé agissent en retour sur les idées, de telle manière qu'il en résulte une métamorphose progressive de ces dernières. Le rythme de cette métamorphose s'accélère jusqu'au point où le conflit éclate entre l'idée originelle et la réalité actuelle. Sous une forme modifiée par l'expérience acquise entre temps, les idées exercent à leur tour -une fonction créatrice orientée vers des objectifs nouveaux ; et cette fonction renferme en soi le terme opposé à l'état de choses existant.

De là cette constatation qu'Edouard Meyer a sans doute formulée avec le plus de concision et de clarté : « Toute idée, dès qu'elle se réalise, se transforme en son contraire. » De là aussi ce fait noté par Nietzsche : « Les positions extrêmes ne font pas place à des positions modérées, mais à de nouveaux extrêmes, inverses des premiers » ; car « les valeurs, affranchies de tout lien, et idéalistes, loin de commander et d'orienter l'action, se retournent en justicières contre l'action. »

Cette conception se trouve confirmée par le rôle que le christianisme a joué dans l'évolution de notre civilisation.

Toynbee expose qu'entre les civilisations finissantes et les civilisations naissantes, les religions - il dit même : les Églises - remplissent une mission de médiatrices qu'il décrit sous le nom de « chrysalides sociales ». Selon lui, les civilisations déclinantes laissent après elles des systèmes de valeurs intellectuelles qui, devenus chrysalides, vivent d'une vie ralentie jusqu'au jour où une nouvelle civilisation leur permet de s'épanouir à nouveau, tel l'insecte parfait. Toynbee donne de ce phénomène les exemples suivants : « La souffrance consécutive à l'effondrement de la civilisation gréco-romaine a créé le climat spirituel dont le christianisme est issu. Si nous recherchons les origines spirituelles du christianisme en remontant jusqu'aux antécédents pré-chrétiens, nous voyons le judaïsme et le zoroastrisme naître de l'épreuve cruelle des peuples broyés sous l'étreinte du militarisme assyrien. Les formes plus anciennes encore de la révélation religieuse, symbolisée par les personnages de Moïse et d'Abraham, sont en corrélation avec le déclin et la chute de la civilisation égyptienne ou même sumérienne. Il semble presque que des civilisations doivent disparaître pour que des religions plus hautes puissent voir le jour... »

On pourra sans doute se demander s'il y a lieu d'en tirer une loi valable pour toutes les civilisations. Pour ce qui est de la naissance de la nôtre, l'image de Toynbee s'applique en tout cas exactement. Durant la période de transition qui a précédé cette naissance, l'Église catholique formait une « société larvaire » enfermant comme dans un cocon certains systèmes de valeurs qui constituaient le résultat d'une civilisation précédente, laquelle avait elle-même modifié des forces plus anciennes. Lorsque la larve sortit du cocon, ce fut le début de la nouvelle civilisation. La préfiguration sous forme larvaire a même pris une allure plus concrète encore que Toynbee ne l'affirme ; il aurait en effet pu renforcer sa thèse en signalant que le stade larvaire a été, dans les monastères de la période de transition et du début du moyen-âge, un phénomène parfaitement réel. C'est là en effet que furent pour la première fois mises en branle et éprouvées les plus importantes des forces qui donnèrent naissance à notre civilisation, aussi bien dans les domaines de la recherche intellectuelle et du gouvernement démocratique que dans ceux de l'architecture, de l'artisanat, de la technique agricole et de la colonisation intérieure.

L'insecte parfait commença à déployer ses ailes aux environs de l'an mille et, dans les grands pays européens, il atteignit son plein épanouissement au XIIIe siècle - le siècle des grandes cathédrales gothiques, des premières républiques municipales, de l'expansion victorieuse des ordres monastiques, de la théologie scolastique triomphante et de l'apogée du pouvoir des papes.

Toutefois, dans la mesure où la religion prenait corps dans les institutions - et naturellement, avant toute autre, dans la papauté elle-même - des différences se manifestaient de plus en plus entre les buts poursuivis et les résultats atteints. Il y a là la cause des premières hérésies qui devaient culminer dans la grande révolte intellectuelle du XVIe siècle. On vit alors la conscience religieuse, réveillée par le contact d'un nombre toujours plus grand de fidèles avec les textes originaux, « protester » contre la profanation de l'Église par les influences et les intérêts du siècle. Une telle situation n'avait rien d'accidentel ; elle était inévitable du moment que la religion prenait la forme d'institutions humaines.

Les répercussions de cet état de choses ne se limitèrent pas à la scission de l'Église. Elles placèrent la religion tout entière dans une situation nouvelle qui, à partir du XVIe siècle, se traduisit par l'abandon à peu près complet du système de gouvernement théocratique, par la prépondérance du pouvoir temporel et par une liberté de pensée suffisante pour que la science profane pût se rendre indépendante de la théologie.

Jusqu'à la fin du moyen-âge, la théologie avait en effet marqué de son empreinte non seulement la philosophie, mais encore toute espèce de science, y compris les sciences naturelles. Les temps modernes commencèrent avec Copernic, Galilée et Newton et marquèrent le début de la recherche libre pratiquée sur la base de méthodes rationnelles et expérimentales, sans égard pour les opinions soutenues par l'Église.

Seulement, cette rébellion n'aurait pas été possible si elle n'avait été la conséquence logique d'une attitude favorisée par l'Église elle-même. C'était le prix que celle-ci avait à payer pour les efforts suprêmes tentés par elle pendant le moyen- âge en vue de soumettre les vérités religieuses au verdict de la raison. Il n'est pas impossible non plus que ce mouvement ait eu pour origine des forces plus anciennes contenues dans les enseignements du Christ et dans le christianisme primitif lui-même. Il n'est pas jusqu'à un esprit critique comme Nietzsche qui n'ait reconnu que le besoin de vérité était une valeur chrétienne sans équivalent dans d'autres religions, de telle sorte qu'à son avis le nihilisme moderne lui-même doit être considéré comme la conséquence extrême de la recherche chrétienne de la vérité.

En proclamant qu'avec l'aide de la Bible l'individu pouvait trouver le chemin de la vérité, la Réforme a sans aucun doute revivifié un des anciens mobiles évangéliques.

Il n'est pas moins certain qu'elle a contribué à élargir la brèche ouverte à l'assaut de la science et de la philosophie profanes.

Cet assaut a, en moins de trois siècles, conduit à la victoire complète de la pensée laïque. La théologie est pratiquement tombée au rang d'un enseignement professionnel nécessaire à la formation des prêtres et des prédicateurs ; quant à l'apologétique, elle s'est donné presque exclusivement pour tâche d'interpréter les anciens articles de foi, de telle manière qu'ils soient compatibles avec les découvertes de la science.

On s'accoutuma en même temps à admettre deux ordres de vérité différents. De nos jours, très peu de théologiens tiennent la Bible pour aussi strictement vraie que la loi de la gravitation, la prévision d'une éclipse de lune on la défaite de Napoléon à Waterloo, et c'est à la vérité scientifique que la plupart d'entre eux reconnaissent, au moins tacitement, le caractère le plus rigoureux. Au moyen-âge au contraire, l'Écriture Sainte s'imposait avec plus de force qu'aucune sagesse humaine. À cette époque, les sciences naturelles par exemple s'accommodaient fort bien de larges envolées de l'imagination et de l'usage de formes symboliques ; quant à l'histoire, elle ne prétendait guère être plus qu'une collection de récits merveilleux, distrayants ou édifiants.

Il y eut assurément - et il en existe encore aujourd'hui - des théologiens qui, de la prééminence de la science, ne concluaient pas à la nécessité de concevoir leur foi dans un esprit également « large » et « moderne ». Mais l'exemple des protestants dits « positifs » montre que ces gens ont dû en revanche se résigner à reléguer le royaume de Dieu dans une sphère qui demeure étrangère, pour ne pas dire hostile, à toutes les préoccupations et institutions laïques.

Après les guerres de religion, le christianisme était trop divisé et trop affaibli pour pouvoir encore opposer des obstacles sérieux à la liberté religieuse ainsi qu'à la tolérance entre les différentes religions. Ainsi se trouva définitivement assurée la suprématie de la pensée laïque. Désormais l'État et la grande majorité de l'opinion publique placèrent pratiquement la philosophie profane et la morale laïque sur le même plan que les enseignements des Églises. Peu à peu et tacitement, on s'accorda d'une manière à peu près unanime pour penser que certaines règles de conduite inspirées de l'honneur, des convenances et de la morale s'imposaient à tous les 'bons citoyens, et que la loi, une bonne éducation et une bonne culture générale suffisaient à en assurer le respect, indépendamment de toute appartenance à une confession particulière et de toute conviction d'ordre métaphysique. Au XIXe siècle, quand la philosophie et les sciences de l'esprit tombèrent sans cesse davantage sous l'influence de l'historisme, cette idée gagna encore du terrain, d'autant plus que la diversité et la mobilité des différentes fois religieuses pouvaient désormais être expliquées par des causes géographiques et historiques.

Ce qui frappe le plus dans l'action que le nouveau monde sécularisé exerça à son tour sur les Églises, ce fut l'adaptation de ces dernières à une société que divisait toujours plus profondément le nationalisme. Au moyen-âge, l'Église catholique avait favorisé l'unité européenne, notamment par la « Paix de Cluny » et par les Croisades. À partir de la Renaissance et de la Réforme, la diversité des Églises et leur dépendance croissante vis-à-vis de l'autorité de l'État commencèrent à avoir un effet inverse. La sécularisation grandissante du pouvoir papal, les tendances centrifuges représentées par le gallicanisme et l'anglicanisme, l'institution des églises nationales protestantes, etc... amenèrent une véritable nationalisation des Églises. Toynbee, dont le témoignage est peu suspect, décrit ainsi le résultat de cette évolution : « À notre époque, la véritable religion de la grande majorité des hommes et des femmes, en Occident et dans les pays sous influence occidentale, c'est le culte de leur nation, même s'ils n'ont pas la franchise de le reconnaître comme le faisaient les Grecs et les Romains quand ils invoquaient publiquement Athéna Polias ou la Dea Roma. »

En dépit de son universalité, l'Église catholique ne se trouvait, avec ses fidèles, que très imparfaitement à l'abri de la force d'attraction exercée par ce dangereux tourbillon. Sans doute les papes défendirent-ils à plusieurs reprises le point de vue de la conscience universelle, lorsqu'ils prirent position sur des problèmes soulevant la question de la guerre et de la paix, et lorsqu'ils stigmatisèrent la folie d'un nationalisme déchaîné. Mais le souci de l'unité de l'Église les retint toujours d'en tirer des conclusions pratiques qui les auraient engagés trop loin. D'ailleurs, le retentissement des déclarations de la papauté n'a jamais atteint les sphères où se préparent, se prennent, et s'exécutent les dérisions relatives à un règlement militaire ou pacifique des conflits internationaux. Quand il s'agit de situations de fait, les hommes d'État catholiques qui gouvernent un pays, ou les diplomates catholiques qui sont les instruments d'une politique nationale, ont à faire face aux mêmes nécessités temporelles que ceux de leurs collègues qui appartiennent à d'autres confessions ou n'ont aucune religion. Leur position et les devoirs de leur charge n'ont que trop souvent pour objet de les obliger à être, dans la lutte des États ou des coalitions d'États pour la suprématie, les représentants d'une volonté de puissance nationale qui est en contradiction flagrante avec les enseignements du

Christ.

Les chefs de l'Église s'accordent avec ses ennemis pour reconnaître que des conflits moraux de ce genre ne font que traduire la réalité du divorce entre le monde et la religion. Sur ce point, et bien qu'il estimât que l'« Église consacre, au même titre que l'État et le nationalisme modernes, le triomphe de l'anti-christianisme », Nietzsche est d'accord avec le Pape Léon XIII qui déclarait à peu près à la même époque que « la funeste et regrettable passion de la nouveauté, qui fit son apparition au XVIe siècle », avait engendré -un ordre social dont « le goût effréné pour la liberté était inconciliable... non seulement avec la loi chrétienne, mais encore avec les lois naturelles ».

De l'influence que l'Église exerçait autrefois sur le comportement social et civique des hommes, il n'est resté que très peu de choses. En dehors de petites minorités trop éloignées du monde pour avoir sur lui une action considérable, le christianisme est devenu, selon la formule nietzschéenne, « une question de cérémonies et d'états d'âme » à laquelle bien souvent on ne s'intéresse tant soit peu que les dimanches et jours de fête. La vie de tous les jours n'en est pour ainsi dire pas affectée.

Il n'est pas besoin d'en chercher bien loin la raison. La vie quotidienne est commandée par les nécessités de la lutte pour l'existence matérielle, et cette lutte est soumise à des lois et à des impératifs qu'il est difficile de mettre en harmonie avec la morale chrétienne.

Cette contradiction est caractéristique de l'époque moderne. Elle ne doit pas être confondue avec la tension entre l'idéal moral et la conduite humaine, qui était inscrite dans la nature même du christianisme et qui se manifesta de ce fait dès l'antiquité et le moyen-âge. Une telle tension est fatalement le propre de toute religion qui définit des normes éthiques ; et dans le cas du christianisme elle a pris d'emblée une intensité particulière. Cependant, c'est précisément cette circonstance qui explique pourquoi la foi chrétienne a en son temps été l'âme d'une civilisation nouvelle possédant un potentiel d'énergie inouï. Cette énergie était en relation directe avec la tension existant entre les deux pôles celui de l'idéal et celui de la nature humaine c'est-à-dire qu'elle était d'autant plus grande que les deux pôles étaient plus éloignés. Le contrôle, la maîtrise et la sublimation des instincts - et notamment de l'instinct sexuel -furent alors poussés jusqu'à un point qui permit des décharges d'énergie auparavant sans exemple.

Il est vrai qu'il y a également le revers de la médaille. Le christianisme exige des hommes telles victoires sur eux-mêmes que, très souvent, ils ne parviennent pas à mettre si peu que ce soit leurs actions en harmonie avec leurs idées.

C'est la raison pour laquelle les chrétiens ont auprès des adeptes d'autres croyances la réputation d'être à la fois intolérants et hypocrites. Ces deux reproches sont, par parenthèse, étroitement liés : car on considère naturellement comme une preuve d'hypocrisie qu'en dépit du précepte de la charité chrétienne, la civilisation occidentale soit de loin celle qui a à son actif les guerres les plus longues et les plus cruelles - guerres de religion comprises. Quand des bouddhistes, des confucianistes, ou même des mahométans cultivés (ces derniers étant d'ailleurs les plus proches du christianisme) s'expriment librement, leur opinion sur ce point est unanime. Le motif en est simple : d'une part, les autres religions supérieures, qui se préoccupent moins de sauver les âmes des infidèles, font preuve d'un prosélytisme moins agressif et d'une plus grande tolérance ; d'autre part, elles imposent à leurs adeptes des règles morales moins sévères, si bien que bouddhistes, confucianistes et mahométans ont beaucoup moins de difficulté que les chrétiens à mettre leurs actions en accord avec leurs paroles.

Aussi longtemps que notre civilisation poursuivit sa marche ascendante et reçut ses impulsions spirituelles de la pensée chrétienne, cette tension fut une source de force essentiellement créatrice. La distance entre ses deux pôles correspondait à la différence, constatée une fois pour toutes, entre la morale chrétienne et la nature humaine - c'était trop pour éliminer complètement le danger d'hypocrisie, mais c'était assez pour créer un climat qui n'interdisait pas aux hommes de réduire à un minimum raisonnable, parce que déterminé par la nature, l'écart entre leurs paroles et leurs actions.

Il va de soi qu'on ne peut considérer ni la féodalité, ni la civilisation communale du moyen-âge comme la mise en pratique de la morale du Christ ; et cela d'autant moins que cette doctrine morale elle-même ne reconnaît son image dans aucune institution de ce monde. Cependant, enseignée du haut de la chaire et admise dans la vie quotidienne comme règle de conduite, l'éthique chrétienne constituait la norme selon laquelle on s'efforçait de façonner les institutions et le ciment moral qui assurait la cohésion de l'ordre social.

Celui-ci ne reposait pas en effet comme de nos jours sur la compétition à outrance et sur une recherche effrénée du profit, mais sur la foi jurée et sur un dévouement loyal envers la communauté. Les choses ont bien changé depuis. La tension entre l'idéal et la réalité provient maintenant non plus seulement de la résistance de la nature humaine aux exigences de la religion, mais en outre de l'opposition qui existe entre ces exigences et celles de la vie en société, telles qu'elles résultent des formes actuelles de la lutte pour la vie.

Il y a dans le Sermon sur la Montagne des commandements que tous les hommes ont de tout temps dû avoir de la peine à observer. Il en est ainsi par exemple du commandement : « Je vous dis de ne pas résister au mal. » (St. Matthieu 5, 39) et de cet autre : « Ne vous mettez pas en peine pour votre vie. » (St. Matthieu 6, 25). Celui qui en cette matière se montre par trop indocile peut compromettre son salut ou par exemple n'avoir pas sa place dans une communauté religieuse ; mais il n'y a pas pour autant dans son cas une faute susceptible de menacer l'ordre social ou de nuire aux intérêts d'autrui. Tandis qu'il en serait tout autrement d'un banquier qui essaierait sérieusement de mettre en pratique le précepte : « Donne à qui te demande... » (St. Matthieu 5, 42) ou cet autre : « Vous n'amasserez pas pour vous des richesses... » (St. Matthieu 6, 19). Il aurait tôt fait de dissiper le capital qui lui a été confié, d'abuser ainsi de la confiance de ses clients, de violer les règles de la morale commerciale et de la morale tout court, et d'enfreindre la loi pénale. Il en est de même, mutatis mutandis, des agents d'assurances, des soldats, ou des diplomates qui chercheraient à s'inspirer dans leurs actions, les uns du chapitre 6, 34, les autres du chapitre 5, 21 et les derniers du chapitre a, 25 de St. Matthieu. Ces problèmes ne se posaient pas au moyen-âge : juifs ou lombards, les banquiers étaient en dehors de l'Église ; il n'y avait pas encore de compagnies d'assurances, ni de service militaire obligatoire, ni de

Raison d'État. Mais il ne s'agit au fond pas du cas particulier de telle ou telle profession ; si l'on met à part les ordres religieux, l'Occident tout entier n'offre sans doute actuellement pas d'exemple d'un homme qui ne consommerait à bref délai sa ruine matérielle en plaçant les commandements du Sermon sur la Montagne au- dessus des lois, de la morale des affaires et de l'usage admis par tous. La réalité sociale fait de l'acquisition de l'argent, des biens et des richesses le moteur de l'activité économique, la mesure du succès temporel, le but des efforts de tous. Tout l'édifice économique et social actuel s'écroulerait si les hommes croyaient, selon l'Évangile, que la richesse est un péché et qu'elle ne mérite par conséquent pas nos efforts pour l'atteindre.

C'est ainsi que la tension entre la règle et son application dans la vie pratique est devenue une opposition entre morale religieuse et normes terrestres, entre religion et société. On ne peut désormais plus servir deux maîtres : c'est la société qui a tort on c'est la religion. Si l'on se range du côté de la société, il n'y a plus qu'une seule conclusion philosophique logique : l'existentialisme athée. Dans le cas contraire, il me semble que la seule attitude tout à fait conséquente est celle de ces théologiens qui pensent que seule la venue du royaume de Dieu, qui doit être la négation absolue du monde actuel, pourra mettre un terme à la contradiction entre ce qui est et ce qui devrait être.

Peu importe que l'on admette ou non ces conclusions (et leur acceptation implique une attitude prophétique, un pari sur l'avenir que l'événement seul et l'accomplissement du devoir personnel pourront justifier). Ce qu'il y a de sûr, c'est que plus les chrétiens prennent leur foi au sérieux, plus celle-ci doit leur apparaître comme une accusation constante contre la civilisation actuelle, son culte de l'argent, son encouragement à l'égoïsme, à la lutte de tous contre tous et à la criminelle guerre des peuples.

Il reste à savoir si l'on peut attendre de la science et de la philosophie profane d'inspiration scientifique, dont les efforts conjugués ont détrôné la religion, qu'elles apportent une solution à ce conflit.

En observant les choses de plus près, on découvre également ici un renversement dialectique qui est venu doubler le processus d'accumulation des données.

L'accroissement de nos connaissances est lié au développement simultané des formes générales du savoir, qui caractérisent un cycle de civilisation donné. Même les sciences que l'on nomme exactes ou positives, parce qu'elles reposent sur une induction purement expérimentale ou rationnelle, supposent certains postulats idéologiques ou métaphysiques. Dès qu'un savant commence à interpréter les données qu'il a accumulées - et c'est là que la science entre véritablement en jeu -, il doit faire intervenir les formes générales de la connaissance qu'Albert Einstein a appelées le soubassement axiomatique de la science. Car, selon Michel Polanyi, autre représentant éminent de la science exacte moderne, celle-ci repose sur « l'expérience filtrée et interprétée à la lumière de certaines croyances traditionnelles d'ordre intuitif et moral ».

Ces croyances ne sont rien d'autre que les idées générales formant la base de toute civilisation ; elles peuvent demeurer constantes tout au long de son évolution cyclique (comme notre notion mathématique d'infini), ou bien se transformer au fur et à mesure de cette évolution (comme notre concept de la matière).

Il faut juger bien superficiellement, on avoir une foi superstitieuse dans le progrès pour pouvoir supposer que les civilisations s'édifient pierre par pierre jusqu'à ce qu'une ligne générale se dégage peu à peu et que la foi naisse progressivement des œuvres. C'est le contraire qui est vrai : la foi préexiste et les œuvres viennent ensuite.

Les idées directrices de notre civilisation se sont développées en allant de l'abstrait au concret, de l'image générale à la vision fragmentaire obtenue par l'analyse. La spéculation philosophique a précédé la recherche scientifique. Une image nouvelle de l'univers avait pris forme bien avant que l'on se fût penché sur la cellule ou sur l'atome. L'astrologie, l'astronomie et la mécanique céleste étaient depuis longtemps émancipées lorsque la technologie a vu le jour.

On peut dire en gros que notre image du monde a été placée au moyen-âge sous le signe de la théologie, au XVIe siècle sous celui de la cosmologie, au XVIIe sous celui des mathématiques, au XVIIIe sous celui des sciences naturelles, au XIXe sous celui de la biologie et de l'économie politique, au XXe sous celui de la sociologie et de la psychologie. Le développement des arts les plus caractéristiques d'une civilisation particulière a suivi une courbe analogue, c'est-à-dire du général au particulier. On trouve au début l'architecture (qui est de la mathématique appliquée et qui est de ce fait le plus proche des racines abstraites) ; vinrent ensuite la sculpture et la peinture décorative, puis, successivement, l'art plus ésotérique de la musique pure, celui du roman, de la poésie et de la musique au service du théâtre, jusqu'à ce que l'on se consacrât finalement à l'expression d'états d'âmes subjectifs, indépendants du monde extérieur.

Toute l'histoire de la pensée occidentale dans sa phase ascendante du moyen-âge constitue en fait une préfiguration de siècles d'efforts humains.

Rien d'étonnant dans ces conditions si la représentation la plus suggestive de la pensée créatrice est l'œuvre d'un sculpteur du moyen-âge. Au-dessus du portail nord de la cathédrale de Chartres, on voit une rangée de statues figurant la création du monde. À chaque jour de la semaine sont consacrées deux statues : à droite on voit l'œuvre de Dieu, à gauche Dieu lui-même qui la conçoit. Son attitude est celle d'un penseur et la nature de ses pensées ressort dans chaque cas d'un geste très simple ou d'un objet symbolique placé auprès de lui. Il apparaît ainsi clairement aux yeux du visiteur que tous les événements représentés dans la rangée de droite, depuis la séparation de la lumière et des ténèbres jusqu'à la création d'Adam et Ève, sont le fruit de la pensée du créateur. Ce symbole de ce que Bergson appelait « l'imagination créatrice » est bien conforme à l'esprit d'une époque où le, travail lui-même était encore une activité de création. On peut même dire qu'il est valable pour tous les produits d'une civilisation dans sa phase créatrice.

La phase critique, succédant à la phase créatrice, provoqua une sorte de scission de la science, qui se développa dès lors dans deux directions différentes. La simultanéité de cette double évolution entraîna évidemment toutes sortes d'interférences entre les deux courbes, mais celles-ci tendirent néanmoins à s'écarter sans cesse davantage l'une de l'autre. L'un des deux processus, principalement cumulatif, a conduit au progrès technologique, qui a trouvé son couronnement dans l'industrialisme moderne ; l'autre, essentiellement dialectique, s'est déroulé sur le plan de la pensée abstraite et a abouti à un revirement de son orientation primitive. L'aspiration faustienne à la domination intellectuelle de la nature a subi un renversement, à mesure que la décomposition des objets par l'analyse se poursuivait et aboutissait finalement à l'impossibilité de saisir le « lien intellectuel » qui importait à Faust. La rébellion de l'objet contre les tentatives pour le diriger, symptôme de la crise sociale actuelle, a ici son pendant, pour ne pas dire son origine spirituelle.

Il suffit de jeter un regard sur notre époque pour découvrir que, dans l'ensemble, cette double évolution se traduit par une contradiction entre l'objectif initial et l'état final. Cette contradiction se manifeste dans le domaine matériel : par exemple, dans le fait que la productivité, en atteignant un niveau prodigieux, est apparue comme la cause de crises économiques chroniques ; de sorte que, pour vaincre le chômage des masses, notre seule ressource est de nous armer en vue de préparer des guerres mondiales. Autres symptômes du même mal : l'aviation, au lieu de rapprocher les peuples, leur permet avant tout de s'anéantir réciproquement ; les savants ont, en même temps que la pénicilline, découvert des gaz asphyxiants dont aucune pénicilline ne saurait guérir l'effet ; les physiciens nous ont offert la bombe atomique avant le moteur atomique, et ainsi de suite.

L'autre branche de la science, purement théorique celle-là, connaissait pendant ce temps un renversement encore plus net de son orientation primitive et reniait encore plus ouvertement les hypothèses de base dont elle était partie.

Les hommes de ma génération sont nés assez tôt pour avoir assisté à ce renversement dont l'influence fut décisive. Quand j'allais à l'école, on m'apprenait que l'univers était infini et continu, qu'il avait trois dimensions, que la matière et l'énergie étaient choses différentes, que la plus petite quantité de matière était l'atome, que l'atome ne pouvait pas être décomposé, que tout ce qui arrive était déterminé par des causes et qu'il n'y a pas de vérité en dehors de la science.

Maintenant, cinquante ans plus tard, je lis dans tous les manuels que l'univers est fini et discontinu, que le temps est lui aussi une dimension, que la matière et l'énergie sont au fond une seule et même chose, que chaque atome constitue un petit système solaire, que la matière est destructible, qu'il n'existe pas de détermination causale universellement valable et que la science suppose des postulats irrationnels.

Il n'y aurait que demi-mal s'il nous suffisait de retourner à l'école pour nous rapprocher tant soit peu de cette explication homogène et cohérente du monde que la science nous laissait espérer il y a déjà un demi-siècle. On nous disait alors que tous les événements naturels, y compris ceux de la vie humaine, étaient soumis aux mêmes lois, de sorte qu'on pouvait à la longue parvenir à une compréhension satisfaisante de l'ensemble ; il suffisait pour cela que l'on pût ramener une somme toujours plus importante de connaissances à des formules toujours plus simples, ainsi que les sciences exactes l'avaient fait avec succès depuis quelques générations. Malheureusement, il fallut renoncer à tout espoir lorsque s'écroulèrent les fondements du système : les trois dimensions, l'indivisibilité de l'atome, le déterminisme causal, etc... Nous nous éloignons chaque jour davantage de cette image cohérente du monde dont rêvaient nos grands-pères. Outre qu'il n'y a aucun savant contemporain qui soit capable d'embrasser du regard le domaine entier de la science, il s'avère que ceux-là précisément qui en savent le plus aperçoivent le plus nettement et reconnaissent le plus volontiers le caractère limité et incertain de l'image d'ensemble à laquelle ils aboutissent.

Parmi les chercheurs, les plus infortunés ont été ceux qui avaient toujours été d'avis que le signe de la véritable connaissance scientifique était la simplification croissante des formules qui l'expriment. Plus ils pénétraient profondément dans la nature des choses en s'efforçant de réduire le nombre des formules correspondantes, plus ces formules s'éloignaient de la simplicité et de la clarté recherchées. En définitive, il n'y eut plus qu'une poignée de savants qui fussent capables de les comprendre - ce qui ne signifiait d'ailleurs pas qu'ils s'accordassent sur leur valeur. On imagine difficilement une plus complète destruction des valeurs, une modification plus radicale du sens de l'évolution. Et ce retournement atteint jusqu'aux concepts de base, jusqu'à Cette infinité du temps et de l'espace, qui depuis des siècles avait été l'hypothèse initiale de toute la science occidentale.

Sans doute est-il tout à fait possible que les découvertes qui ont entraîné la révision de notre image du monde s'avèrent un jour comme un pas exceptionnellement important sur la voie de la vérité. Rien ne prouve qu'on ne les saluera pas dans l'avenir comme l'aube d'une nouvelle ère de science et de compréhension, et même comme le fondement d'une civilisation nouvelle - de même que la destruction de l'atome, aujourd'hui cause de l'angoisse universelle, apparaîtra peut-être à une génération future comme le fondement technique d'un ordre universel nouveau et supérieur. Mais nous n'en sommes malheureusement pas encore là, il s'en faut ; et, pour le moment, il semble bien que notre chemin conduise dans la direction opposée. En attendant que naisse l'hypothétique ordre nouveau (ou qu'il resurgisse des ruines du chaos actuel), les esprits conjurés par l'apprenti sorcier se manifestent comme des forces de décomposition et de destruction.

Dans tout cela, les phénomènes constatés dans le domaine de l'interprétation scientifique du monde sont inséparables de ceux qui se déroulent sur le plan de la vie sociale. Chacune de ces deux évolutions détermine et favorise l'autre. C'est ainsi que le progrès scientifique n'a pas peu contribue à ruiner le postulat fondamental de l'éthique occidentale et chrétienne : celui de la responsabilité de la personne. Ce postulat n'a plus guère de sens au regard d'une conception de l'homme qui fait de ce dernier un système de glandes dont les sécrétions conditionnent le comportement - c'est-à-dire une simple unité statistique soumise comme un objet aux lois de la physiologie et de la sociologie.

La suite logique de tout cela a été que, de la Croyance à des buts de vie prédéterminés et connaissables - croyance qui était à l'origine inséparable de la croyance à des causes elles-mêmes prédéterminées et connaissables - il n'est rien resté. Il est parfaitement conforme à cette logique qu'après avoir pendant deux ou trois générations assisté impuissants à la dépréciation croissante des valeurs qui orientent notre action, la philosophie ait enfin trouvé son expression moderne dans la négation totale de ces valeurs, c'est-à-dire dans l'existentialisme.

Nos ancêtres, qui avaient moins de science et plus de sagesse, étaient mieux partagés que nous. Fragmentaire, incohérente, incertaine, notre image du monde n'est qu'une expression de l'impuissance de l'homme en face d'un monde qui se dérobe chaque jour davantage aussi bien à son entendement qu'à sa direction.

La civilisation occidentale était axée sur l'asservissement de la nature grâce à la science. Et voici que, provisoirement, nous en sommes sur cette voie à la bombe atomique. Les savants eux-mêmes, dont les travaux ont rendu possible ce résultat, en éprouvent des remords de conscience. Depuis 1945, Albert Einstein en tête, ils réitèrent leurs appels à l'opinion publique du monde entier pour l'éclairer sur les dangers incalculables que présenterait l'emploi dans l'avenir de ce moyen de destruction. Pendant longtemps, l'homme faustien a pu manifester en vainqueur sa volonté de régner sur la nature : aujourd'hui, il tremble de peur devant les forces naturelles qu'il est capable de déchaîner. En vérité, on peut difficilement imaginer un renversement plus radical que celui qui a été inconsciemment déclenché par Copernic le jour où, selon le mot de Nietzsche, il a « chassé l'homme du centre du monde pour le rejeter dans l'inconnu ».

CHAPITRE IX

Renversement dans le domaine économique

On comprendra mieux l'évolution de notre civilisation si on la rattache à l'histoire d'une classe sociale et du système économique qu'elle a créé et qui s'est développé en même temps qu'elle. La classe sociale que l'on peut considérer comme le support de la civilisation occidentale est la bourgeoisie. Ce nom, elle le porte depuis un millier d'années et, si son sens s'est peu à peu teinté de quelques nuances nouvelles, celles-ci reflètent exactement les transformations que le phénomène a lui-même subies au cours des temps.

Quant au système économique qui est l'œuvre de la bourgeoisie, on ne saurait aussi aisément lui trouver un nom convenant à tous les stades de son évolution. Le terme de capitalisme, par lequel on le désigne couramment depuis le siècle dernier, ne s'applique qu'à une phase relativement récente. Celle-ci n'a de commun avec les phases précédentes que le système des prix et des salaires, lequel repose sur l'emploi de la monnaie comme moyen d'échange universel, de sorte que le ternie le plus approprié pour désigner l'ensemble du système serait sans doute celui d'économie monétaire.

L'histoire de la bourgeoisie présente les mêmes phénomènes de scission et de renversement que l'histoire intellectuelle de notre civilisation en général.

Le bourgeois type du moyen-âge était à la fois artisan et commerçant et son toit abritait tout ensemble un atelier, un bureau et un comptoir de vente. Il représentait en même temps la propriété et le travail et il supportait la quadruple charge consistant à diriger la production, à fournir le travail, à assumer les risques financiers et à assurer la direction commerciale.

Si l'on ne tient pas compte de quelques épisodes sporadiques et sans lendemain qui se situent pendant le haut moyen-âge, on peut dire que c'est au XVIe siècle que cette unité de fonction commença à se scinder. C'est alors que se manifestèrent les premiers commencements durables d'un ordre économique capitaliste. Les conditions qui en permirent l'apparition résultaient d'une série de faits nouveaux, découlant d'ailleurs tous d'un système de causes communes. Il convient de signaler surtout dans cet ordre d'idées : les grandes découvertes géographiques, l'introduction de grandes quantités d'or et d'argent, le déclin du système féodal, les progrès des monarchies nationales et, *last, but not least*, la Réforme. Cette dernière eut pour effet - direct et indirect - de balayer les obstacles extérieurs et les entraves intérieures qui, au moyen-âge, avaient empêché que l'argent ne fût utilisé comme moyen de gagner de l'argent. Dès qu'il fat permis d'exiger un intérêt pour de l'argent prêté, le capitalisme financier cessa d'être le monopole des Juifs et des excommuniés. La voie était désormais libre, qui devait trois siècles plus tard conduire à la révolution industrielle.

Jusque-là, le secteur capitaliste se limitait essentiellement au commerce avec les pays d'outre-mer, au trafic colonial, à l'activité bancaire ainsi qu'aux opérations apparentées, telles que l'affermage des terres ou la ferme des impôts. Pour que le capitalisme pût également s'étendre à la production industrielle, il fallait que des conditions fussent remplies, dont la réalisation allait demander deux ou trois siècles : d'une part, les inventions techniques de l'époque du mécanisme, et d'autre part la suppression des corporations, des monopoles monarchiques et de toutes les restrictions légales imposées à la libre entreprise. Aussi, jusqu'à la fin du XVIIIe siècle, la classe capitaliste ne représenta-t-elle qu'une faible minorité de la bourgeoisie. Mais il y avait désormais en tout bourgeois un capitaliste en puissance, dans la mesure où son attitude morale -était commandée par le *spiritus capitalisticus*, et la possibilité était offerte à tous de s'enrichir en faisant fructifier un capital.

Le dernier stade commença avec la révolution industrielle. Il fut favorisé en premier lieu par le développement des sociétés par actions, et en second lieu par la concentration de la puissance financière, qui plaça un vaste secteur de l'activité industrielle sous le contrôle des banques détentrices de capitaux à investir.

Ce fut le dernier tournant, le tournant décisif, dans le processus de fractionnement des fonctions économiques. La scission se trouva consommée entre la propriété des moyens de production et leur mise en exploitation, entre le travail intellectuel et le travail manuel, entre l'indépendance gage d'oisiveté et l'asservissement du travailleur salarié. Ce que James Burnham a appelé la révolution des managers, c'est-à-dire des chefs d'entreprises, des directeurs commerciaux, des administrateurs, des directeurs, etc... n'est que la toute dernière étape d'un processus de scission auquel finit par succomber également ce patronat capitaliste qui, il y a encore un siècle, pouvait être considéré comme le résultat terminal de la scission entre le capital et le travail.

Du point de vue de la psychologie sociale, cette suite de scissions aboutit à un renversement complet de l'échelle de valeurs traditionnellement admise en Occident en ce qui concerne les fonctions économiques. La bourgeoisie avait autrefois revendiqué l'indépendance sociale et l'autonomie politique en invoquant Son rôle de classe laborieuse et productrice. Elle s'en prévalait fièrement pour faire ressortir sa supériorité morale vis-à-vis de la noblesse, tout juste capable à présent de consommer des valeurs, et vis-à-vis des autres groupes sociaux vivant dans l'oisiveté du produit de leur patrimoine. Mais, pour finir, le travail d'exécution devint le lot d'une classe de prolétaires asservis, tandis que la direction technique passait entre les mains d'une classe nouvelle d'appointés qui sans doute étaient des bourgeois, mais non des capitalistes. La propriété, qui avait été à l'origine à la fois la condition préalable et la rétribution de l'activité individuelle, permettait finalement à une petite minorité de « propriétaires absents » de mener une existence de frelons. Il en résulta pour l'élite dirigeante un renversement de l'échelle « ergocratique » des valeurs. Ce n'était plus le travail, mais la propriété que l'on plaçait maintenant au sommet de l'échelle.

Il ne faudrait toutefois pas en conclure que l'élite dirigeante se compose exclusivement d'hommes qui ne travaillent pas. C'est là une de ces images excessivement simplifiées chères à une propagande sans nuances et qui ne rendent pas un compte exact de la réalité. Parmi les capitalistes qui ont amassé les plus grosses fortunes et cherchent encore à les augmenter, nombreux sont ceux qui mènent une vie sans joie parce qu'ils sont non seulement accablés de soucis et de craintes, mais encore dévorés par leur inépuisable ardeur au travail. Les hommes de ce genre ne s'abandonnent guère à une confortable oisiveté, mais ils se livrent au contraire à une incessante activité économique dont il faut toutefois reconnaître qu'elle est en général orientée vers le profit spéculatif et l'exercice de la puissance plutôt que vers une véritable direction de la production. Seules leurs épouses et leurs filles font ordinairement preuve d'un goût prononcé pour ce que Thorstein Veblen a appelé « l'oisiveté démonstrative » et la « prodigalité ostentatoire ». Il en est souvent de même des fils ou tout au moins des petits-fils, conformément à cette vérité d'expérience exprimée dans une foule de proverbes et selon laquelle (en dehors des familles juives) une grosse fortune se conserve rarement au-delà de trois générations.

L'opinion amplement répandue dans les milieux populaires selon laquelle tous les capitalistes mènent une existence de parasites, se fonde ainsi plutôt sur la façon dont, dans la plupart des cas, ils dépensent leur fortune que sur la façon dont ils l'acquièrent. En dernière analyse, deux faits décisifs sont à retenir : 1° la possession d'un gros capital permet de mener une vie oisive (même si les riches ne profitent pas tous de cette faculté) ; 2° celui qui le détient peut consommer plus de biens qu'il n'est capable d'en produire ; ce qui, le plus souvent, a pour conséquence que son train de vie en tant que consommateur impose un travail à un certain nombre d'individus dépendants de lui.

À cela s'ajoute que, depuis au moins une génération, les fonctions parasitaires occupent, dans la vie économique, une place de plus en plus grande. Un système économique qui n'est pas orienté vers la satisfaction de besoins socialement nécessaires, mais vers l'organisation de la concurrence en vue du gain, doit, de par sa nature, satisfaire des besoins artificiellement provoqués, de préférence à d'autres qui, quel qu'indispensables qu'ils soient à la vie, procurent moins de profit. Même dans les pays les plus avancés de la zone de civilisation occidentale, seule une minorité de la population a par exemple la chance de pouvoir se soigner les dents dans la mesure qui, pour les classes fortunées, constitue une nécessité élémentaire ; et l'on ne peut faire profiter qu'une fraction des tuberculeux du traitement qui s'imposerait dans l'état actuel de la science. Par contre, dans toutes les classes de la population on dépense pour de prétendus soins de beauté plusieurs fois ce que nos grands-parents y consacraient comme à un superflu ; et cela sans que l'on ait constaté jusqu'ici dans l'un et l'autre sexe que le charme de la beauté se soit accru en conséquence ; bien au contraire, car là où elle existe, on risque de la faire disparaître sous les artifices et de la gâter par des retouches.

Et voici une autre constatation qui trouve place sous cette même rubrique du gaspillage organisé. Le pourcentage que représente dans l'ensemble des charges de la production, le coût de la fabrication proprement dite ne cesse de diminuer au profit des dépenses improductives pour toutes sortes de frais généraux accessoires de publicité, etc... Il y a déjà une série de produits dont les acheteurs doivent payer pour la réclame, l'emballage de luxe, les rapports avec la clientèle et les faux frais de toute espèce, sensiblement plus que le total de ce que représentent la matière et le coût de la fabrication, et la liste de ces articles s'allonge d'année en année.

Depuis que nous sommes entrés dans l'ère des guerres mondiales, les couches supérieures de la classe possédante ont connu un nouvel afflux d'éléments parasitaires qui a eu pour conséquence d'y pratiquer un brassage profond et constant. Déjà un phénomène du même genre s'était produit à l'époque des guerres napoléoniennes. Elles laissèrent derrière elles, comme une vase dans la société, une couche de nouveaux riches, qui avaient ramassé leur fortune comme fournisseurs aux armées ou dans des manipulations plus ou moins suspectes, effectuées dans de hautes fonctions publiques. Mais ce n'était là qu'un jeu d'enfants en comparaison de ce qui s'est passé depuis 1914. Tandis que les crises d'inflation réduisaient à néant une grande partie des vieilles fortunes et faisaient en même temps de l'épargne une institution dépourvue de sens pour de longues années, de nouvelles fortunes poussaient comme des champignons dans le sol marécageux du marché noir.

Plus la puissance de l'État national se développa et plus les États en guerre intervinrent dans la vie de leurs citoyens, plus la tentation de s'assurer un avantage personnel en tournant les lois devint générale et irrésistible. Au cours de la seconde guerre mondiale la population de l'Europe se trouva plongée si profondément dans une atmosphère d'illégalité qu'une partie de la jeune génération apprit à préférer an travail honnête pour le pain quotidien les profits faciles et rapides réalisés dans des trafics irréguliers. En Amérique même, où pourtant on ne connut point une telle détresse, il se produisit une évolution analogue. Engagée dès la loi de prohibition de 1919, elle atteignit, après la seconde guerre mondiale, de telles proportions que des observateurs américains bien informés déclarent que plus de la moitié de leurs compatriotes se livrent aujourd'hui à un racket quelconque, c'est-à-dire à des spéculations plus ou moins lucratives. D'autre part, au début de ce siècle, l'économiste Stuart Chase avait déjà calculé en se fondant sur des analyses poussées très loin que la moitié environ du travail accompli par les citoyens des U.S.A. pour gagner leur vie servait à des fins qui, du point de vue des intérêts de l'économie nationale, devaient être considérées comme du gaspillage. On peut donc à peu près imaginer quel doit être aujourd'hui la part des fonctions parasitaires, même au pays de la plus haute productivité et du plus haut standard de vie. Ainsi s'explique une tendance au luxe qui ne cesse de gagner du terrain, alors qu'au siècle précédent, resté puritain, elle eût encore été considérée comme trahissant que l'on n'appartenait pas à la bonne société.

Cette prédominance de l'intérêt porté à la consommation sur celui donné à la production n'est pas seulement caractéristique d'une couche supérieure formée on ne sait trop par quels hasards, mais elle l'est, par son intermédiaire, de la société tout entière. Quiconque considère le travail comme une nécessité imposée par la crainte de manquer d'argent cherche à jouir de la liberté dans la façon dont il le dépense. Voilà l'arrière-plan psychologique profond d'un état de choses qui demeure inexplicable à la plupart des observateurs étrangers à la classe ouvrière : à savoir que les masses prolétariennes renoncent plutôt à des choses qui, selon la conception, bourgeoise, sont nécessaires qu'à un certain nombre de dépenses qui doivent être tenues pour dépenses de luxe.

Déjà, au temps de la révolution industrielle, ce même trait psychologique avait distingué de la paysannerie et des autres classes sociales non déracinées les ouvriers nouvellement venus à l'industrie.

Il se manifeste de plus en plus nettement depuis que se développent la prolétarisation du travail industriel, la civilisation urbaine et la grégarisation, un processus qui se trouve encore accéléré par le mimétisme social, inséparable de l'esprit de masses, qui fait déteindre sur les couches inférieures les besoins et les habitudes des gens qui tiennent le haut du pavé.

Un ordre social dans lequel les classes supérieures ont laissé les fonctions de consommation prendre le pas sur celles de direction effective de la production est manifestement en décadence. Le principe ergocratique, auquel notre civilisation est, à l'origine, redevable de son activité sans exemple et de sa force d'expansion, connaît ici un renversement qui se manifeste en ce que finalement il n'y a plus que les idéologies révolutionnaires auxquelles il prête quelque vigueur. Quand Karl Marx partit en campagne contre le système capitaliste, il n'eut pas besoin d'aller chercher ses armes ailleurs que dans l'arsenal des théories économiques classiques : la doctrine de la valeur-travail, au moyen de laquelle le banquier Ricardo avait jadis cherché à justifier le système capitaliste fournit à la critique marxiste son fondement logique.

Un renversement analogue se produisit en ce qui concerne l'idée de la concurrence individuelle entre égaux, qui inspira l'ordre économique bourgeois dans sa phase ascendante. Cette phase s'étendit sur une période d'environ trois à quatre siècles. L'activité économique de la bourgeoisie des villes fut alors placée sous le signe de la concurrence, point de départ de tout système fondé sur la monnaie et les échanges ; l'organisation corporative n'apportait à cette concurrence que les restrictions jugées nécessaires pour qu'aucun individu ne pût priver un autre de ses moyens d'existence. Cette manière de voir, qui caractérise le moyen-âge, reposait sur la conviction que tout homme doit être en mesure d'assurer honnêtement son existence par son travail. C'était la raison essentielle pour laquelle, dans des professions où des entreprises plus importantes auraient normalement pu se développer, on limitait le nombre des compagnons et des apprentis, celui des instruments de production, etc... La réglementation administrative des prix, des salaires et des conditions de travail répondait au même souci, tandis que l'interdiction de prêter à intérêt avait pour effet de réduire les possibilités d'investissements industriels.

Ce n'était assurément que le cocon dans lequel se cachait la chrysalide du système capitaliste. Il allait encore falloir quatre siècles à cette dernière pour se libérer progressivement de son enveloppe. C'est au début du XIXe siècle que l'insecte parfait prit son vol. Ce fut l'époque où triompha la liberté économique : liberté du commerce, liberté d'entreprise, liberté des investissements, de la navigation, etc... Aucune loi ne devait faire obstacle à la loi « naturelle » de l'offre et de la demande. D'un tel système, on n'attendait pas l'anarchie, mais l'harmonie, comme si (selon l'image d'Adam Smith) une main invisible devait nécessairement contenir les appétits et discipliner l'esprit d'entreprise en les utilisant pour le plus grand bien de la communauté. La grande famille des nations n'aurait elle-même que bénéfice à retirer d'un tel état de choses car la liberté du commerce pratiquée à l'échelle mondiale renforcerait l'unité du genre humain tout en augmentant son bien-être.

En réalité, ce but ne fut jamais plus près d'être atteint qu'entre 1815 et la fin du XIXe siècle, lorsque régna la Pax Britannica. Incontestée, s'imposant pratiquement à tous avec la rigueur d'un quasi-monopole, la suprématie de l'Empire britannique sur le marché mondial permit alors une expansion économique dont le développement fut dans l'ensemble pacifique. Il n'y eut de sang versé que dans quelques conflits coloniaux de portée uniquement locale ; mais les heurts violents entre grandes puissances concurrentes purent être évités. Pendant toute cette période, le marin, le négociant, le missionnaire et le fonctionnaire colonial jouèrent un rôle plus important que le soldat.

Cette ère prit fin avec le siècle. L'entrée en scène de deux nouveaux concurrents, l'Allemagne et les U.S.A. (qui devaient être bientôt suivis par un troisième, le Japon) sonna le glas du cosmopolitisme pacifique. La guerre hispano-américaine, la guerre des Boers et la guerre des Boxers ne tardèrent pas à faire comprendre aux trois continents qu'une époque nouvelle de conflits impérialistes venait de s'ouvrir. Désormais, la lutte pour l'expansion économique allait se dérouler sur les champs de bataille.

Le mot impérialisme implique beaucoup plus que le simple effort en vue de conquérir de nouveaux domaines. C'est dans les langues latines que s'est le mieux conservé son sens primitif - et toujours actuel - celui d'*imperium*, c'est-à-dire de puissance. Aussi existe-t-il un impérialisme intérieur et un impérialisme extérieur, qui d'ailleurs se conditionnent et s'entretiennent l'un l'autre. Quand des États s'efforcent d'étendre leur empire extérieur, c'est toujours parce qu'il existe à l'intérieur des forces qui aspirent à exercer l'imperium sur le plan national.

La volonté de puissance joue dans la vie économique un rôle

beaucoup plus considérable que la plupart des économistes n'ont bien voulu le reconnaître. Parallèlement au goût du profit (et parfois même le surpassant), on observe, précisément dans les classes qui dominent l'activité économique, une ardeur à conquérir la puissance et surtout à l'exercer, dont le rôle est de toute première importance. Une société qui ne serait qu'un marché, avec la liberté du commerce comme base de toutes les libertés individuelles et l'État-veilleur de nuit comme gardien -ce fut le rêve de théoriciens enthousiastes à l'aube de l'âge capitaliste. Ce rêve n'a jamais pu être réalisé en ce monde. Cela n'aurait été possible que dans une société où les producteurs auraient joui chacun d'une indépendance et d'une influence égales, et où les unités économiques auraient été contenues dans des limites telles que jamais aucune d'elles ne puisse prendre le pas sur l'autre. Or, en fait, le nouveau système économique se développa dans le cadre d'une société où le rapport des forces sociales était depuis des siècles solidement établi et leur conservation garantie par des institutions traditionnelles.

Loin de disparaître avec l'absolutisme monarchique, l'État, qui est la plus importante de ces institutions, connut un regain de puissance inouï lorsqu'entra en vigueur le régime du suffrage universel qui est, dans le domaine politique, l'équivalent de la libre concurrence économique. Qu'en dépit de toutes les illusions des théoriciens on dût un jour en arriver là, on n'aura au fond guère de peine à le comprendre. La classe bourgeoise récemment parvenue au pouvoir trouva dans l'État l'instrument docile qu'elle souhaitait pour favoriser et défendre ses intérêts. La concurrence ne jouait qu'entre ses membres pris individuellement ; mais vis-à-vis des autres classes sociales et de l'étranger, tous étaient unis par des intérêts communs qui résultaient avant tout de la lutte pour la conservation et l'expansion de leur puissance. Ce qui manquait, c'étaient précisément les deux conditions qui servaient d'hypothèses de base à l'utopie libérale : je veux dire l'égalité sociale à l'intérieur et la paix perpétuelle entre les États.

L'espoir que l'universalité des intérêts économiques permettrait de résoudre les oppositions nationales s'avéra comme l'illusion la plus grossière de toutes. La fin de la Pax Britannica signifia le début d'une époque placée sous le signe du déclin progressif de la liberté du commerce et de l'aggravation des contrastes nationaux. Il s'ensuivit bientôt une série de guerres en comparaison desquelles les conflits entre les monarchies d'autrefois nous semblent presque des jeux d'enfants. Le contre-coup fut - un nouveau renforcement de l'État et, par voie de conséquence, une nouvelle extension des luttes pour la conquête du pouvoir intérieur.

Le résultat est bien connu : c'est un système économique qui semble être la caricature des visions idylliques d'un Adam Smith. Il n'y a plus aujourd'hui une seule branche de l'activité économique qui ne soit sous l'influence de l'impérialisme intérieur et extérieur. Partout, les salaires et les prix sont liés à des décisions politiques soit directement, soit indirectement par l'effet des tarifs douaniers, des réglementations et des contingentements en matière d'importation et d'exportation, des subventions, de la réglementation administrative des tarifs de transport, des taxes fiscales, de l'arbitrage des conflits en matière de salaires, ou de toute autre forme d'intervention des pouvoirs publics. La monnaie, que les théoriciens classiques de l'étalon-or avaient considérée comme l'unité de mesure naturelle, universelle et constante de tous les moyens d'échange, devint un jouet de la politique. La bureaucratie s'imposa partout, et cela même dans les domaines dont on trouvait autrefois naturel qu'ils ne fussent soumis qu'aux lois dites naturelles de la libre initiative et de la libre concurrence.

Ce serait d'ailleurs une erreur de vouloir expliquer cette situation par une immixtion de l'État dans les affaires économiques qui serait due à de quelconques préoccupations idéologiques, Dès le début du capitalisme, une telle interprétation se trouve contredite par les faits. Les formes les plus anciennes du système capitaliste, comme l'activité bancaire, le commerce avec les pays d'outre-mer et le commerce avec les colonies, n'ont pu s'épanouir que grâce à un vaste système d'intervention des princes, de subventions politiques et de privilèges conférés par l'État. Même à l'époque classique de l'orthodoxie libérale, à l'époque des chemins de fer, on a assisté à un véritable déchaînement de l'interventionnisme d'État, et l'initiative n'en revenait nullement au seul État, mais, pour la plus grande part, aux entreprises qui imploraient sa protection et son assistance. Les chemins de fer eux-mêmes ne furent le plus souvent construits qu'à partir du moment où l'État leur eut accordé toutes sortes de prérogatives et d'appuis. La plupart des banques privilégiées doivent leur statut à la bienveillance que leur témoignèrent les pouvoirs publics à une époque où - grâce entre autres au suffrage restreint - tous les leviers de commande se sont trouvés, par un phénomène sans précédent et qui restera sans lendemain, rassemblés entre les mains de la bourgeoisie capitaliste. Il était alors déjà d'usage de condamner l'interventionnisme dont bénéficiaient les autres, tout en fermant pudiquement les yeux sur les desiderata et les exigences dont on tourmentait soi-même l'État. La vérité sans fard, c'est que, dans toutes les classes sociales et à toutes les époques, on a toujours su utiliser au maximum pour les intérêts de son propre groupe le poids dont on pouvait peser dans la balance politique.

Les causes profondes du déclin du libéralisme économique doivent en fin de compte être recherchées dans l'économie elle-même plutôt que du côté de l'État. La concentration grandissante de la puissance économique correspond à la dialectique propre du développement économique. Plus au début la concurrence s'exerce librement, plus elle doit favoriser à la longue le triomphe des plus forts. À la suite de quoi ces derniers se servent de la puissance qu'ils ont fraîchement acquise pour restreindre le plus possible la liberté d'action de leurs concurrents.

Les économistes classiques tout comme leur adversaire Karl Marx supposaient encore que la lutte pour la vie entre des entreprises d'importance inégale se jouait sur le plan horizontal, de sorte que, de toutes les entreprises concurrentes, la plus rentable - c'est-à-dire, selon Marx : la plus importante - devait nécessairement éliminer les autres. Ce phénomène n'a toutefois été valable que pour une période bien déterminée, qui se situe au début du capitalisme industriel, et pour un secteur bien délimité. La concentration capitaliste s'est depuis lors réalisée beaucoup moins sous la forme d'une concentration des entreprises que sous celle d'une concentration de puissance dans le sens vertical.

La chose fut rendue possible par les progrès d'une spécialisation des fonctions qui n'en était encore qu'à ses débuts à l'époque où les premières usines engageaient la lutte contre les ateliers artisanaux. Le rôle principal revint en la circonstance aux banques, qui assurèrent au capital financier une influence sans cesse accrue sur la production, les communications, l'expansion coloniale et la vie, économique en général. Ajoutons à cela que l'emploi croissant de l'énergie mécanique mit la production du charbon, de l'électricité, du pétrole et des autres sources d'énergie entre les mains de ce qu'on a appelé les industries-clés. Le progrès technique assura une position-clé analogue au transport des marchandises, à la production de l'acier et à l'industrie chimique. Dans les industries-clés, notamment, la concurrence entre les entreprises cessa bientôt de provoquer une concentration de ces dernières, telle qu'elle résulte normalement de la sélection opérée par la lutte pour la conquête des marchés. Les cartels et autres groupements du genre trust S'appliquèrent au contraire à restreindre la concurrence, de manière que tout le poids de la puissance économique organisée pût retomber sur les fournisseurs et (de préférence) sur les consommateurs. Il résulta de tout cela de nouveaux rapports de force et de nouveaux liens de dépendance, qui renforcèrent considérablement les tendances « impérialistes » et monopolisatrices des groupes auxquels leur fonction donnait une situation privilégiée.

Cette évolution se trouva couronnée par la prépondérance que le capital financier sut finalement s'assurer. Aussi le centre nerveux du monde industriel n'est-il plus là où mugissent les sirènes des usines, mais là où résonne le téléphone des banquiers et des magnats de la finance.

Sans doute, il existe encore de très vastes domaines de l'activité économique ou la petite et la moyenne entreprise oui pu et peuvent encore conserver leur indépendance pour des motifs d'ordre technique (comme c'est souvent le cas dans l'agriculture, l'artisanat et le petit commerce), opposant ainsi une résistance plus ou moins efficace à la concentration capitaliste. Les agriculteurs et les artisans qui ont des banques pour créanciers, les détaillants qui sont liés à des organismes d'achats en gros, les cafetiers qui dépendent de brasseries savent assurément que leurs moyens de défense se sont déjà bien amenuisés ; cependant il existe toujours un noyau sain et solide qui est loin d'avoir perdu toute chance de résister aux attaques. Mais dans l'ensemble, ce domaine est moins vaste et surtout il dispose d'une puissance moindre que les secteurs économiques où l'on trouve les positions-clés et les postes de commande. À les voir contraints de livrer pour leur défense une lutte aussi rude, on se convainc du peu de latitude qui es ! maintenant laissé à l'initiative personnelle et à la concurrence individuelle des producteurs indépendants.

Partout ailleurs, ce sont d'autres lois qui gouvernent l'évolution. Celle-ci se déroule sous le signe d'une tendance à la concentration dont l'ampleur et le succès vont croissant, et qui aboutit, partout où la chose est possible, à la constitution de monopoles ou de systèmes analogues. Cette tendance rappelle la lutte engagée à l'origine par le libéralisme économique contre les monopoles et les privilèges de l'époque monarchique, mais les termes sont cette fois inversés.

CHAPITRE X

L'ÂGE ET LA PEUR

L a civilisation occidentale a reçu d'une religion universelle qui considère louis les hommes comme des frères, ses impulsions idéologiques premières. La bourgeoisie, sur laquelle repose cette civilisation, avait de la vie économique une conception qui, faisant table rase de toutes les barrières d'un monde féodal étroitement morcelé, s'efforçait d'établir entre les peuples des liens commerciaux et financiers. Aussi les premiers siècles de la civilisation occidentale furent-ils placés sous le signe d'une tendance à une plus grande unité géopolitique et à une solidarité des peuples européens.

Les résidus que l'Empire romain avait laissés derrière lui en se désagrégeant et en devenant barbare furent soudés sous l'égide d'une Église unique, d'une civilisation unique, animée par elle, d'une langue unique - le latin - qui propagea cette civilisation. Il est vrai que toutes les tentatives pour créer une unité politique avaient échoué, et parmi les groupements de territoires qui s'étaient agglomérés, les plus grands étaient ces monarchies d'où devaient naître Un jour les États nationaux. Toutefois ce fut plutôt une action centripète qu'une action centrifuge qui fut exercée par ces monarchies jusqu'à la fin du moyen-âge, puisqu'elles devaient surtout lutter contre les tendances particularistes de la noblesse féodale. En cela elles furent soutenues par la bourgeoisie, intéressée comme les rois à posséder de vastes marchés, des voies de communication utilisables, un haut revenu national, une sécurité généralisée sous la protection d'un État solide et de lois s'imposant à tous.

La bourgeoisie avait encore d'autres motifs de promouvoir un esprit universaliste ; et ces motifs ne dérivaient pas de la seule religion chrétienne. Cet esprit subsista longtemps *encore après* que la science eût commencé à se substituer à la religion pour fournir à la civilisation son fondement spirituel. L'humanisme profane de la Renaissance était, de sa nature, tout aussi orienté vers le cosmopolitisme que l'humanisme chrétien l'avait été au plus beau temps du moyen-âge. Rien d'étonnant à cela, il se fondait sur l'héritage gréco-romain dévolu à l'Europe tout *entière. Cette* tendance continua d'agir pendant l'époque des « lumières » et des encyclopédistes, alors que le français avait déjà en grande partie supplanté le latin comme langue universelle des esprits cultivés.

Les révolutions démocratiques de la fin du XVIIIe siècle, particulièrement en Amérique et en France, s'appuyaient sur une idéologie présentée comme un message à l'humanité, et qui par ailleurs avait fait maints emprunts à la franc-maçonnerie partout répandue. Des noms comme ceux de Thomas Paine, Anacharsis Clootz, Helvetius, Benjamin Franklin, La Fayette, pour n'en pas citer d'autres, nous rappellent que les grandes révolutions bourgeoises s'étaient fixé des objectifs supra-nationaux ; tout comme déjà, à la fin du moyen-âge, les bourgeois des cités républicaines de Gand et de Florence s'étaient rencontrés dans une commune idéologie dirigée contre l'ordre féodal.

Néanmoins ce furent justement les révolutions dans lesquelles l'esprit des « lumières » s'était fait chair qui, par cela même, réalisèrent la condition préalable nécessaire au développement du nationalisme moderne : l'État démocratique. En faisant de la politique la chose de tous, la démocratie ne tarda pas à provoquer une identification pratique de l'État et de la nation ; exactement, comme, elle avait proclamé l'identité théorique du bien public et de la volonté, populaire. Les États nationaux devinrent ainsi les supports du nationalisme, c'est-à-dire de la volonté de puissance nationale qui libéra des énergies incomparablement plus violentes que ne l'avaient jamais pu faire les monarchies.

La première forme de ce nationalisme en Europe fut le patriotisme dont furent animées les guerres de la République française. Mais les guerres d'indépendance ne tardèrent pas à se transformer en guerres de conquête. La dialectique de l'histoire se manifesta ici encore dans une série de transmutations imprévues. Napoléon, le tyran aux mains duquel les excès de la liberté avaient livré le pouvoir, mit fin à la révolution en France, tout en contraignant tout le reste de l'Europe à suivre la voie de cette révolution. En moins de vingt ans, le service militaire obligatoire fut introduit sur tout le continent. Lorsque, en 1812, le patriotisme russe et, en 1813, le patriotisme allemand, donnèrent la réplique au français, l'ère des guerres des peuples fut ouverte.

Sous l'ancien régime (depuis l'écroulement des armées féodales pendant la Guerre de Cent Ans) il y eut des guerres monarchiques, Mais pas de guerres nationales. Elles étaient menées par des armées relativement petites, composées de soldats de métier. Des populations civiles, on n'attendait pas plus d'enthousiasme pour la guerre qu'on ne leur imposait une participation aux hostilités. Ces guerres laissaient également indemnes les rapports de peuple à peuple en ce qui concerne la vie commerciale, les voyages, les échanges intellectuels.

En Angleterre, la propagande contre Napoléon elle-même, pourtant d'une violence sans exemple, - premier échantillon de ce que devait nous offrir le XXe siècle - ne put venir à bout de cet esprit de tolérance. Lit-on par exemple les discours au Parlement du leader de l'opposition, le futur premier ministre Fox, contre la politique de guerre de son pays et en faveur du point de vue français, on a peine à croire qu'une telle attitude ait été possible il n'y a pas plus d'un siècle et demi. Et quand on songe que les ancêtres révolutionnaires des démocraties européennes se plaisaient à reprocher aux monarques d'entraîner les peuples dans des guerres fratricides, on a de nouveau l'impression d'être séparés de cette époque par un abîme. Si justifié qu'ait pu être parfois ce reproche, les États nationaux de l'ère démocratique nous ont depuis lors fait la mesure autrement large, et les rois du moins savaient jadis conclure la paix (comme en témoigne encore et pour la dernière fois le Congrès de Vienne ; c'est un art où leurs successeurs s'entendirent moins bien.

Depuis que nous sommes entrés dans l'âge des guerres mondiales les mots accouplés de guerre et de paix ont pris un sens tout nouveau. Les situations que, par suite d'une vieille habitude et faute de termes Mieux appropriées nous continuons à appeler la guerre et la paix sont si différentes de ce qui était ainsi qualifié avant 1914 que cette absence d'expressions nouvelles gêne considérablement la compréhension des phénomènes actuels. La 'guerre ne signifie plus aujourd'hui comme autrefois un règlement de compte entre puissances ennemies s'appliquant à des objets précis, limités et consciemment formulés ; elle est moins lutte que destruction et s'apparente en cela à ces catastrophes naturelles où l'on croit voir des coups du destin ou des fléaux de Dieu. Ce qui fut autrefois *l'ultima ratio* des princes est devenu *l'ultima rabies* des peuples.

La paix de son côté n'est plus, comme jadis, un état considéré comme normal par les nations civilisées, - quitte à l'interrompre de temps en temps par un débat guerrier qui formait comme une parenthèse. Pour qui l'applique à lui-même et à ses concitoyens dans le présent le mot constate uniquement que, pour le moment, dans la région qu'il habite, il n'y a pas d'opérations de guerre.

Avant 1914 les Européens vivaient comme au pied d'un volcan dont on savait qu'il n'entrait en activité qu'à de longs intervalles et dont beaucoup même espéraient qu'il était définitivement éteint. Aujourd'hui tous les Occidentaux vivent dans l'ombre d'un volcan en éruption constante, dont on ne sait même pas dans quelle direction ni à quelle distance il va projeter à un moment donné sa pluie de feu et son fleuve de lave. Ce que nous vivons, ce n'est rien d'autre en effet que la guerre en permanence. C'est la guerre qui ne peut plus prendre fin parce qu'elle s'engendre sans cesse à nouveau elle- même, comme une flamme dans un bûcher qui, selon la direction du vent, maintenant couve ici, et jaillira là tout à l'heure, mais ne peut pas s'éteindre avant que tout ce qui est susceptible de l'alimenter soit dévoré.

La dénomination de guerre totale, courante depuis quelques dizaines d'années, a cessé d'être exacte elle aussi ; elle évoque simplement l'idée d'une étendue portée au suprême degré. Mais aujourd'hui il s'agit d'un phénomène d'une tout autre nature qualitative.

Il a encore en commun avec la guerre totale, telle que ses théoriciens la concevaient avant le dernier conflit mondial, les traits suivants :

1° La mise en jeu totale de toutes les forces matérielles et morales et de tous les moyens auxiliaires dont disposent les États belligérants, car ce ne sont plus des armées, mais des peuples qui sont aux prises.

2° L'emploi total de toutes les armes utilisables, sans autres limitations que celles qui peuvent résulter de l'opportunité (par exemple la peur de mesures de représailles plus efficaces encore).

3° L'emploi total de toutes les possibilités stratégiques en application du principe : « nécessité ne connaît pas de loi », et sans égard au droit des gens qui protège par exemple les États neutres et les populations civiles.

4° La militarisation totale et la mobilisation de la population pour les objectifs de l'économie de guerre et les services auxiliaires de toute nature.

5° L'extension totale de l'activité de guerre an domaine économique, en particulier par le blocus de parties du monde tout entières ; la destruction des marines de commerce, etc...

6° L'emploi sans restrictions de tous les moyens de propagande pour enflammer l'esprit guerrier dans la population entre l'entrée en guerre et la fin des hostilités.

À quoi sont venues s'ajouter, depuis la seconde guerre mondiale, les données caractéristiques nouvelles qui vont suivre :

7° La combinaison des ressorts nationaux avec des mobiles idéologiques d'origine sociale ou de politique intérieure.

Cette combinaison résulte tout naturellement du fait que les guerres mondiales ne sont plus menées entre nations, mais entre des empires en lutte pour la domination universelle. Les mobiles fondés sur le sentiment national des peuples alliés doivent par suite être couronnés par une superstructure de raisons d'agir valables pour tous les membres du groupe impérialiste. Il en résulte comme une forme modernisée des guerres de religion ; à cette différence près que, au lieu d'articles de foi et d'hérésies, ce sont des « ismes » politiques et leurs contraires qui interviennent (associés à vrai dire à de prétendues philosophies). Le rôle des idéologies fasciste et antifasciste avant et pendant la deuxième guerre mondiale et des idéologies communiste et anticommuniste dans la préparation de la troisième suffira ici comme illustration. Il trahit que les passions qui mènent aux conflits entre les peuples et entre les empires ne prennent pas naissance uniquement dans le sentiment national. Ils proviennent pour une grande part d'un mécontentement matériel transformé en agressivité nationale par « l'alchimie des sentiments », ou bien d'un malaise de psychologie collective, ou encore de complexes d'infériorité sociale.

C'est là la raison essentielle pour laquelle l'insécurité économique et le désordre social, avec les oppositions de classes qui en résultent, constituent des mobiles matériels de guerre, indirects certes, mais extrêmement actifs. Ils jouent un rôle infiniment plus important que les causes matérielles de guerre (ordinairement surestimées) dérivant du conflit des intérêts économiques. S'il ne s'agissait que de ces dernières, il n'y aurait au contraire, jamais de conflits ; car les avantages économiques de la paix ont, pour la plupart des branches de l'économie, beaucoup plus de poids que ne peuvent en avoir les résultats d'une guerre, si avantageux qu'on puisse les imaginer.

De toutes les guerres entre les peuples, l'expérience le prouve, ce sont les guerres de religion qui sont les plus acharnées et les plus atroces. En cela, il n'est que les guerres civiles pour faire mieux. Depuis la deuxième guerre mondiale nous avons affaire à un mélange de guerre nationale, de guerre de religion et de guerre civile (à quoi, manifestement, on devrait encore par-dessus le marché, ajouter les oppositions de races). Nous sommes donc à la veille de conflagrations qui rejetteront dans l'ombre toutes celles du passé, comme la bombe atomique a rejeté, dans l'ombre les obus explosifs. C'est ce qui apparaît en détail aux caractères suivants :

8° La disparition de toute différence entre militaires et populations civiles considérées comme objet des opérations. La seconde guerre mondiale a montré, dès avant l'emploi de la bombe atomique que, par suite de l'amplification des zones de destruction, toute la population doit désormais subir les conséquences des attaques aériennes dites « stratégiques ». Cela est du reste conforme à la logique d'une situation qui fait apparaître tous les membres d'une nation comme étant au service de la guerre. L'emploi de la bombe atomique exclut évidemment d'avance toute discrimination pratique entre des objectifs de différente nature.

9° La disparition de toute distinction entre militaires et populations civiles comme *sujets* des opérations de guerre. Nous avons affaire ici à une évolution nouvelle en son genre et dont les conséquences possibles sont en même temps incalculables. Dans la première guerre mondiale on s'efforçait encore de reprocher à l'adversaire l'emploi (réel ou imaginaire) de francs-tireurs comme une violation du droit des gens et inversement de se justifier soi-même de ce reproche. Dans la seconde on se débarrassa si bien de ces scrupules que la guerre des partisans sous toutes ses formes fut glorifiée davantage encore que l'héroïsme des troupes régulières agissant selon le droit des gens - circonstance qui n'a pas peu contribué, même après la fin des opérations militaires, à entretenir pendant longtemps encore dans la plupart des pays l'atmosphère de guerre et de guerre civile - et a ainsi puissamment facilité le passage à la phase préparatoire de la troisième guerre mondiale.

10° L'identification totale des peuples avec leurs dirigeants politiques ; d'où résulte automatiquement, dans la discussion du problème des responsabilités, le postulat de la faute collective. Déjà, entre la première et la seconde guerre mondiale on peut remarquer sur ce point d'énormes différences (d'une part Doorn et la Cour suprême de Leipzig ; de l'autre les procès de Nuremberg, peuvent permettre de mesurer le chemin parcouru). Dans tous les pays on a fait remarquer à bon droit que la perspective d'être, en cas de défaite, jugés par leurs adversaires, doit a *priori* faire des Chefs politiques et militaires de tous les pays des partisans fanatiques de la lutte jusqu'au bout. C'est là encore un motif de compter sur une aggravation de la *rabies* de guerre en guerre.

11° L'importance stratégique des moyens de destruction accrue par rapport à celle des moyens de combat. Il y a ici encore une conséquence directe du progrès technique. Dès avant la bombe atomique, au cours de la seconde guerre mondiale il est apparu que les puissances qui jouissaient d'une supériorité technique s'efforçaient tout particulièrement de jeter dans la lutte aussi peu de soldats que possible quand le but poursuivi semblait pouvoir être atteint par le simple emploi de moyens de destruction massive. Le fait qu'à Hiroshima il a suffi d'engager l'équipage d'un seul avion pour tuer d'un coup plusieurs dizaines de milliers de personnes montre que la guerre doit être conçue désormais essentiellement comme une opération de destruction - sous cette unique réserve, techniquement facile à remplir, que la destruction soit assez massive. L'emploi autrefois exceptionnel de la méthode de la « terre brûlée » deviendra donc inévitablement de plus en plus courante en sorte que des régions géographiques tout entières pourront être rendues inhabitables et stériles.

12° L'anéantissement total du potentiel de guerre adverse comme but de la guerre. Napoléon, père spirituel de la guerre de masses et de la bataille de masses, définissait encore le but de la guerre comme une tentative pour briser la volonté de l'adversaire. Cela pouvait en principe se produire après une grande bataille décisive qui laissait indemnes les forces combattantes non engagées du vaincu et tout ce qui demeurait inemployé de son potentiel de guerre matériel. La guerre moderne par contre doit - comme le prouvent l'expérience et la logique - être poursuivie jusqu'à ce que l'adversaire soit non seulement vaincu mais anéanti. C'est le corollaire du théorème selon lequel le potentiel de guerre d'un peuple englobe toutes ses forces et toutes ses possibilités de production. La population civile susceptible d'être mobilisée et de travailler en fait évidemment partie. Le meurtre en masses - baptisé *génocide* - d'êtres humains dont on considère le maintien à la vie comme nuisible ou comme simplement superflu, trouve ainsi son application dans les guerres nationales comme dans les guerres civiles, Là encore l'enchevêtrement de motifs politico-idéologiques et de raisons d'opportunité militaire mène à une révolution dans l'éthique de la guerre et dans la morale internationale traditionnelles.

13° La mise en jeu totale des moyens de propagande aussi bien dans la préparation que dans la conduite de la guerre. Jusqu'aux grandes révolutions démocratiques de la fin du XVIIIe siècle, la propagande de guerre n'avait aucun sens. Les armées de métier n'en avaient que faire et la diplomatie était l'unique moyen d'action non militaire pour préparer et mener la lutte. L'appel aux volontaires et la conscription établie bientôt après créèrent une situation nouvelle. Actuellement la diplomatie elle-même est en grande partie au service de la propagande pour la préparation des conflits. Comme une guerre moderne exige la participation active et la mobilisation - au sens psychologique également - de toute la population, elle a besoin d'une plus longue phase de préparation pendant laquelle la propagande va crescendo. Il faut que celle-ci soit menée avec une violence telle que les opinions divergentes aient autant de peine à se faire jour à cause de la pression de l'opinion publique qu'en raison des mesures de précautions prises par les pouvoirs publics, qui, à un moment donné, devront traiter toute opposition et même toute tiédeur comme un danger public. Le non-conformisme dans la population civile était sans importance au temps où la guerre était encore un « sport de rois » ; aujourd'hui quiconque ne s'engage pas corps ci âme pour la cause de son pays doit être considéré comme un traître, car Chaque individu a son rôle à jouer. Aussi est-ce à la propagande qu'incombe la tâche essentielle dans la fabrication de l'unanimité nationale, postulat indispensable pour mener une guerre au succès, et pas seulement dans les États totalitaires.

14° La régression totale de la mentalité des masses jusqu'au niveau de la pensée purement affective et symbolique des peuples primitifs. C'est la conséquence inévitable de la tâche assignée à la propagande devenue bourrage de crâne. Dès avant le déclenchement de la guerre les terribles simplificateurs dominent si complètement la situation qu'il n'y a pas place pour une autre prise de position qu'un « absolu » pour ou contre. Si, dans ce-domaine, il ne s'agissait que d'argumentation, la préparation psychologique de la guerre serait vite faite ; mais comme il s'agit d'excitation primaire des fortes affectives qui n'agissent qu'indirectement et par le moyen de l'inconscient sur les opinions, le processus exige ainsi une plus lente maturation. En outre la pression morale de l'unanimité croissante ne peut refouler que peu à peu à l'arrière- plan et désarmer les résistances psychiques. Enfin c'est une condition du succès que les masses atteignent un tel degré de passion que le souvenir d'expériences antérieures pouvant les inciter à des réflexions critiques se trouve pratiquement aboli.

Pour toutes ces raisons des années doivent s'écouler entre une guerre mondiale et la suivante - surtout si celle-ci entraîne un profond changement de l'alignement politique. Mais quand on dispose des moyens techniques pour fabriquer dans les masses la mentalité requise, le reste n'est plus qu'une question de temps. Le succès ne saurait manquer parce que - l'expérience le prouve - il n'est pas de peuple qui puisse à la longue résister à la mise en œuvre des moyens techniques dont on dispose aujourd'hui pour créer une psychose de guerre. Une fois les sentiments suffisamment échauffés l'indifférence à l'égard de l'ennemi futur se transforme en indignation morale et celle-ci en haine, en même temps que la défiance devient de la peur et la peur de la fureur. Une fois atteint le dernier stade, rien ne saurait plus retenir les gens, car alors l'immunisation contre l'influence que la raison et l'intérêt pourraient exercer en sens contraire est complète.

15° La totale inefficacité de la guerre en ce qui touche les buts primitivement proclamés.

On ne peut plus employer l'expression buts de guerre dans le même sens qu'aux époques antérieures quand les princes mettaient fin à leurs conflits pour conclure la paix aussitôt que les buts qu'ils avaient envisagés dès le commencement semblaient assurés. Pour cela il suffisait de briser la volonté contraire de l'ennemi. Aujourd'hui c'est une conséquence naturelle de l'indocilité des choses et de la grégarisation des âmes qu'il n'y ait plus de buts de guerre déterminés, si ce n'est tout simplement l'anéantissement de l'ennemi. Lutte à mort Jusqu'à la capitulation sans conditions, sans même avoir une idée de ce qui pourrait se passer ensuite, ce fut l'attitude des vainqueurs aux différentes phases de la seconde guerre mondiale. Le contenu de la propagande est, de sa nature, trop général, trop soumis à des variations d'interprétation selon le cours des événements pour qu'il puisse fournir des buts de guerre. Une fois que les deux adversaires savent qu'il y va de la vie et de la mort, il ne peut plus y avoir d'autre but que de survivre.

Paradoxalement ce but lui aussi est désormais devenu inaccessible. C'est la conséquence naturelle des changements survenus dans le caractère de la guerre et examinés dans les considérations qui précèdent. Une puissance qui aujourd'hui s'engage dans une guerre se met ainsi dans une situation dont les conséquences sont totalement imprévisibles. Pas seulement en ce qui touche l'issue de la lutte elle-même, mais encore à cause des changements qui, au cours de la guerre et en conséquence de la guerre, s'accomplissent dans les deux camps. Même un peuple dont l'armée est victorieuse n'est plus ce qu'il était en entrant en guerre. Cela vient en partie des pertes de substance que les immenses efforts exigés entraînent avec eux et qui ne peuvent être compenses par aucun gain de substance de quelque nature que ce soit - puisque, par hypothèse, seul l'anéantissement ou même l'extermination de l'adversaire met fin au combat. Les transformations que les nations belligérantes doivent opérer sur elles- mêmes pour leur propre conservation n'ont pas moins d'importance. Ce qui joue ici le rôle principal ce sont : a) les déplacements de puissance politique au profit des groupes sociaux qui sont les plus indispensables à la conduite de la guerre : industrie lourde, état-major par exemple ; b) l'extension inévitable de l'emprise de l'État et de la bureaucratie ; c) la restriction des libertés traditionnelles qui, en temps de guerre et déjà auparavant, s'impose de toute évidence ; d) les séquelles psychologiques d'une lutte qui est en même temps guerre civile et guerre de partisans.

Le résultat d'ensemble de ces effets de la guerre totale, c'est que, comme on dit en physique, une sorte d'osmose du totalitarisme s'établit entre les États belligérants. Étant donné que, au déclenchement d'une guerre totale, le plus totalitaire a le plus de chances d'être à la hauteur des tâches qui s'imposent, ses adversaires se trouvent contraints de rattraper aussi vite que possible cette avance et de se développer dans le sens totalitaire à une allure accélérée.

Il est d'autant plus impossible d'exercer une action sur le déroulement des guerres modernes et d'en prévoir l'évolution qu'elles sont fatalement des guerres d'épuisement. Il arrive donc d'ordinaire - et ce fut jusqu'ici un fait d'expérience - un moment où les adversaires ont tellement épuisé leurs forces qu'il devient relativement facile à une puissance restée neutre jusque-là, ou à un groupe de puissances, de jouer le rôle de l'aiguille sur la balance et de s'assurer ainsi à la fin une position décisive et avantageuse. Un esprit aussi sérieux que Toynbee va même jusqu'à imaginer comme résultat de la prochaine guerre mondiale une sinistre issue où il ne resterait plus comme troisième larron que les tribus de pygmées de l'Afrique équatoriale, pour se frotter les mains et remplir le vide laissé par le suicide en masse des autres peuples.

Que l'on me permette, à ce propos, de revenir sur des faits qui me touchent personnellement et dont je me suis souvenu depuis 1940 non sans quelque satisfaction en plus d'une heure difficile. Le début de ces difficultés remonte à la position que j'ai défendue en automne 1939 pour justifier la neutralité belge et que je résumais alors en ces termes : « Il est insensé de s'imaginer que cette guerre est un conflit entre A et B dans lequel ce ne peut être que A ou B qui sera vainqueur... La victoire appartiendra à un troisième que nous appellerons X, puisque nous ne le connaissons pas encore. » Il en fut ainsi en effet, car les deux puissances qui sont sorties victorieuses de la guerre, les U.S.A. et l'U.R.S.S. ne prenaient pas encore part aux hostilités et cet X avait, à la fin, une tout autre figure que ne l'avaient imaginé en 1939, A et B. Ce dénouement m'a confirmé dans mon opinion que le temps est passé où, à l'approche de guerres mondiales, on doit bon gré mal gré prendre parti, comme des supporters et des parieurs dans un match de football ;

on peut encore, par exemple, comme je l'ai fait une fois pour toutes, prendre le parti de l'humanité contre la guerre. Il n'est, quand éclate un conflit de ce genre, que deux choses que l'on puisse prédire avec une certitude approximative : 1° que cela se terminera d'une façon que personne, au début, n'aurait pu imaginer ; et 2° que ni A ni B n'ont de chances d'atteindre, ni de près ni de loin, ce qu'ils ambitionnaient ; car ils ne pourront ni garder ce qu'ils ont, ni rester ce qu'ils sont.

16° Le caractère autogène de la guerre comme produit de la peur de la guerre. La détermination des causes de la guerre -tout comme celle de ses buts - a perdu son sens antérieur, ce qui, soit dit accessoirement, rend pratiquement inapplicable dans presque tous les cas la différence jadis jugée si importante entre l'agression et la défensive. Il y a là encore une conséquence de l'impossibilité d'agir sur la marche des événements à l'époque des masses, qui permet à des forces toutes-puissantes, mais aveugles, d'acquérir un pouvoir de destruction presque illimité. Pour que la guerre se déclenche aujourd'hui, il n'est pas nécessaire que quelqu'un la désire ou la veuille. Tout ce que l'on veut d'une volonté consciente, ce sont les choses dont la guerre doit fatalement sortir, comme l'armement, les menaces diplomatiques, la propagande, etc. Mais on peut, sans faire le moins du monde violence à la vérité, aller plus loin encore et dire : la guerre moderne se déclenche sans raisons ou plus exactement sans autre raison que la peur qu'on en a.

On chercherait en vain par exemple, derrière le changement de front qui s'est accompli entre la fin de la seconde guerre mondiale et la première phase, la phase froide, de la prochaine, une modification objective quelconque de la situation, avec les oppositions d'intérêts matériels qui en résulteraient, entre les anciens alliés devenus ennemis. Les différences idéologiques entre les deux empires sont restées ce qu'elles étaient depuis 1917, ce qu'elles étaient encore entre 1941 et 1945. Ce qui est nouveau, c'est que, grâce au vide politique créé en Europe centrale, les deux adversaires ont occupé des positions qui les remplissent réciproquement d'angoisse.

Si paradoxal que cela paraisse, le rôle de la peur comme cause de la guerre a pour conséquence que la tendance à la guerre croît en même temps que l'effroi qu'elle provoque. Le frisson que justifie et suscite sa puissance de destruction devenue monstrueuse se transforme en angoisse. Voici forgé le premier anneau d'une chaîne de causes et d'effets dont la formule est simple à souhait : peur - haine - peur - haine - peur, etc... Cela va crescendo jusqu'au moment où vient s'inscrire sur le dernier chaînon - la guerre. À cette chaîne peut s'en adjoindre une nouvelle - comme l'expérience l'a déjà montré - qui double la première en jetant par-dessus ses anneaux comme un pont aux arches plus allongées sous la forme : guerre - peur - guerre.

Déjà la course aux armements antérieure à 1914 avait montré que, dès que les oppositions existantes entre les États (ou la peur qu'ils ont les uns des autres) ont atteint un degré suffisant, une réaction psychologique intervient qui accentue ces oppositions jusqu'à ce qu'éclate la guerre. La même série d'événements revient avec une telle exactitude que l'on devrait s'étonner de l'inaptitude de la plupart des hommes à constater cette ressemblance, si la formule attribuée à Jacob Burckhardt -à tort peut être - mais exacte en tous cas, ne s'appliquait merveilleusement ici : « L'histoire nous enseigne, qu'elle ne nous enseigne rien du tout. »

La course aux armements joue, dans cette transition de la guerre froide à la guerre chaude un rôle décisif, parce que, dans les circonstances présentes, elle est nécessairement liée à une intensification de la propagande. Il existe à cela bien des raisons dont on ne mentionnera ici que les deux plus importantes : D'abord la course aux armements exige de la masse de la population de tels sacrifices, qu'elle suppose un stade avancé de la réaction en chaîne : peur - haine - peur, pour se faire accepter.

L'autre motif pour lequel la propagande doit intervenir dans la course aux armements, c'est l'effet d'intimidation que l'on espère provoquer chez l'adversaire.

Une des choses que les hommes ont l'air de ne pas vouloir apprendre de l'histoire, c'est que la maxime : *si vis pacem, para bellum* a toujours jusqu'ici (ou du moins depuis la première guerre mondiale) donné le résultat diamétralement opposé.

Et cela s'applique tout particulièrement à la variante psychologique moderne du même texte : « être fort pour pouvoir mieux négocier, et ainsi servir la paix ». L'application de ce principe a toujours pour conséquence de rendre plus difficiles les négociations et d'être interprétée par l'adversaire comme une provocation.

Pourquoi il en est ainsi, - cela résulte tout simplement de la réaction en chaîne déjà mentionnée. Les phases principales du processus se répètent indéfiniment. Les appels à la vigilance sont motivés par la crainte d'être gagné de vitesse et surpris par l'adversaire. Une telle vigilance suppose une défiance accrue, qu'il faut bien égale. ment justifier devant l'opinion publique -la peur et la nervosité vont grandissant, il en résulte des préparatifs et des armements qui excitent chez l'adversaire la défiance et la peur ; cela provoque de l'autre côté également des appels à une plus grande vigilance et à de plus grands sacrifices pour les armements et les mesures de précaution ; un pas de plus, et la température a déjà monté un peu : on emploie un langage plus énergique encore ; l'adversaire suit votre exemple ; pour continuer à faire monter la température et obtenir le consentement aux sacrifices on lance des accusations de plus en plus violentes : il est question d'intrigues perfides, d'atrocités révoltantes. Finalement, le public ne peut plus se passer de ces clameurs qui lui permettent de justifier devant sa propre conscience une indignation morale dont le tumulte domine sa peur et la métamorphose en un noble courroux ; il en va de même chez l'adversaire qui, de ce fait, paraît d'autant plus menaçant. On espère le bluffer en faisant montre d'une audace plus grande encore et l'on se donne à soi-même du courage en se disant qu'il veut bluffer lui aussi... jusqu'à ce qu'il n'y ait plus à la fin pour les deux parties d'autre moyen de sortir « honorablement » de l'impasse que de passer de la menace aux actes. Voilà le cercle vicieux qui provoque le court-circuit à un moment que nul ne peut prévoir et que très peu de gens souhaitent - si tant est qu'il y en ait.

17° La course aux armements accélère et renforce la tendance à la guerre en ajoutant encore de nouveaux motifs matériels de conflit. Avec des armements comme ceux dont on se servait avant que la guerre ne devînt totale, ses effets avaient moins de poids, parce que la dépense en matériel de guerre coûteux était alors relativement légère en comparaison de la mise sur pieds de corps de troupe. Le matériel de guerre d'aujourd'hui exige par contre une préparation si massive et si onéreuse qu'on ne peut, en fait - selon le slogan célèbre - se dispenser de choisir entre « le beurre et les canons ». L'adaptation de la production à l'économie de guerre doit être entreprise des années à l'avance. L'attribution de fonds publics à tout ce qui n'est pas préparation à la guerre se trouve réduite en conséquence. L'inévitable montée des prix fait le reste pour réduire la part laissée aux classes laborieuses dans un revenu national déjà réduit lui-même. Le prix de la vie monte et les salaires suivent en boitant à une distance qui ne cesse de croître. Les tensions sociales inhérentes au conflit idéologique entre deux systèmes économiques différents s'en trouvent encore accrues. Raison de plus pour intensifier encore la propagande et dériver ainsi sur l'ennemi, grâce à l'alchimie des sentiments, le mécontentement croissant. À la guerre des nerfs menée d'un côté répond la guerre des nerfs de l'autre et toutes deux se stimulent réciproquement. La même progression géométrique se manifeste dans l'allure accélérée des événements. On dirait une avalanche. À la fin le plus pacifique des peuples peut même en venir à un point où la résistance intérieure au déclenchement de la catastrophe se « trouve minée par l'attitude résignée qui s'exprime dans la formule : Plutôt une fin effroyable qu'un effroi sans fin ! C'est l'état d'esprit qui s'est manifesté par exemple en France au cours de l'été 1939 après des mobilisations qui ne cessaient de recommencer et des années passées dans la peur de la prochaine alerte claironnée par l'ennemi.

18° La guerre autogène c'est la guerre en permanence. Le caractère impitoyable de la réaction psychologique en chaîne par laquelle toute guerre dans la situation présente du inonde doit fatalement engendrer une guerre nouvelle, fait que nous avons atteint le degré où la guerre devient un phénomène chronique. À peine y a-t-il une vraie pause, à peine peut-on respirer. Longtemps avant que les conséquences de la dernière guerre soient liquidées, les préparatifs de la prochaine battent leur plein. La guerre civile, c'est-à-dire le transfert de la mentalité de la guerre totale aux conflits de politique intérieure, continue de toute manière et la guerre froide permet de donner aux processus psychologiques que la propagande a la charge de déclencher le temps d'arriver à maturité.

Voilà les principales raisons pour lesquelles la guerre est aujourd'hui autogène, en ce sens également que l'entrée dans la course aux armements la rend inévitable.

Mais cela sous la réserve que ne se fassent pas jour des tendances contraires assez puissantes pour provoquer un soudain revirement. Rien ne permet de prétendre qu'il ne puisse se produire un tel renversement de la situation. Personne ne peut révéler d'avance à coup sûr ce que l'avenir nous réserve. Tout au plus peut-on se livrer à certaines estimations de probabilités, mais celles-ci sont naturellement trop subjectives pour ne pas laisser place à toutes sortes de sources d'erreurs. Bien des fois déjà dans l'histoire se sont produits ainsi des revirements si inattendus, les témoins surpris ont parlé de tournants du destin, des voies de Dieu, ou d'un miracle.

Le processus psychologique qui, d'un événement saisissant et douloureux, fait surgir une émotion et un espoir, peut créer un état de réceptivité entièrement nouveau à l'égard d'un message imprévu, comme ce fut le cas encore sous l'effet de la « grande peur » de l'an mille. Il est normal que de tels revirements émotionnels soudains se produisent plutôt à des époques bouleversées et chaotiques où de toute manière les événements se précipitent et où l'avenir, même le tout proche avenir, est si impénétrable, que toutes les solutions, même les plus déconcertantes, semblent dans le domaine du possible. L'époque que nous vivons dépasse tant en cela tous les précédents historiques que, rien que pour cette raison, il serait fou d'écarter la possibilité d'une péripétie qui renverserait brusquement le cours du destin.

Il restera encore quelque chose à dire tout à l'heure sur les conclusions d'ordre moral et pratique qui résultent de ces considérations. Mais cela n'est pas du ressort de l'historien qui doit s'interdire par principe de s'écarter du domaine qui lui est assigné, et qui est le passé. Il ne peut donc se dispenser de faire suivre les réserves ci-dessus mentionnées sur la possibilité d'une péripétie imprévue, de la simple constatation que la réalité dont il a connaissance jusqu'à cet instant ne lui présente pas le moindre signe avant-coureur d'un tel revirement. Plus précisément, les tendances contraires dont on pourrait l'attendre, ou bien n'existent pas actuellement, ou bien sont si faibles qu'on ne saurait les supposer capables de faire obstacle à l'avalanche. Bien plus, il est dans la nature de toute progression en avalanche qu'elle affaiblisse et paralyse dès le début, et dans une mesure croissante, les forces agissant en sens contraire, si toutefois il en existe.

Cela s'applique en première ligne à la force qui est par définition diamétralement opposée et qui a pris corps dans le pacifisme. Le destin a toujours voulu qu'il ait d'autant plus de peine à trouver audience que la nécessité s'en fait sentir davantage, c'est-à-dire que le danger de guerre se rapproche. La peur généralisée le plonge dans une atmosphère défavorable, car il est bien plus difficile de calmer une - émotion de masse par un appel à la raison que de la transformer en une autre émotion au moins aussi puissante. Or, la ligne de moindre résistance psychologique mène, comme on sait, de la peur au ressentiment, à la fureur, à la haine, et l'ennemi futur fournit tout naturellement un objet à cette haine. Seules une passion, une énergie comme on n'en rencontre que chez un très petit nombre d'hommes seraient en état de barrer ce chemin. Et cela, particulièrement en des temps où la guerre projette déjà -une ombre si dense que quiconque n'a pas pris parti « cent pour cent » s'expose au soupçon de manquer de patriotisme ou même d'être, en puissance, un traître à sa patrie.

Le pacifisme religieux a, en ceci, la tâche un peu moins difficile. Mais en fin de compte il lui faut bien, lui aussi, en présence des passions déchaînées dans la masse, se borner essentiellement à des exhortations sans rien pouvoir empêcher. En outre, il est entravé, a priori par la situation qui lui est faite par les intimes rapports qui existent entre la plupart des institutions ecclésiastiques et les États ; ainsi qu'avec d'autres organisations laïques et nationales.

Aux époques précédentes, des influences apaisantes, freinant ou limitant le danger de guerre, émanaient d'ordinaire des pays neutres. Mais elles ne pouvaient avoir de poids décisif qu'aussi longtemps que la somme de ces États représentait une majorité, ou tout au moins une minorité imposante. Dès l'instant où le monde presque tout entier se montre divisé en deux camps, l'influence des pays neutres baisse en conséquence. Au lieu de faire pression sur les autres, il leur faut s'adapter aux rapports de forces et procéder avec d'autant plus de prudence, dans l'intérêt de leur propre conservation, que la guerre qui vient projette devant elle une ombre plus épaisse.

Jusqu'à la première guerre mondiale, l'Internationale socialiste (qui, alors, comprenait encore les éléments passés plus tard au communisme) apparaissait comme la plus puissante des forces au service de la paix. En août 14, elle s'effondra comme un colosse aux pieds d'argile. Après les traités de 1918-1919, elle ne parvint à récupérer qu'une parcelle de sa forte position morale d'autrefois, et cela temporairement. La raison profonde en est que le communisme russe, aussi bien que les partis ouvriers socialistes de l'Europe centrale et occidentale, avaient lié une fois pour toutes leur destin à celui de leurs nations. Il s'est produit dans ce domaine, comme dans celui de l'évolution culturelle qui suit une voie parallèle, une véritable absorption (ou réabsorption) par le monde ambiant. Ce phénomène fut d'autant plus profond, d'autant plus « organique », que le milieu avait été d'abord lui-même, dans une mesure plus ou moins profonde, transformé par les mouvements réabsorbés. Au fond, il s'est produit ici un fait du même genre que, dans les Églises, les mouvements politiques de la bourgeoisie, jadis révolutionnaires, et en général, dans tous les courants spirituels qui prennent corps dans des institutions, tant et si bien qu'à la fin ils se trouvent menacés de n'être plus qu'un corps sans âme ; seulement la métamorphose qui, dans les Églises, a demandé un millénaire ou plus, et dans le libéralisme bourgeois un ou deux siècles, n'a en besoin pour le mouvement ouvrier que tout juste de deux ou trois générations.

Cette constatation, disons-le en passant, marque les limites à l'intérieur desquelles il peut être question d'un renouveau de la civilisation comme conséquence de la montée de la classe ouvrière ou même d'une révolution prolétarienne. Aux temps héroïques du socialisme, il allait presque de soi que l'on attendît de la « victoire du prolétariat dans la lutte des classes » l'aurore d'une ère nouvelle de la civilisation accompagnée d'une transmutation de toutes les valeurs. Cette attente s'est jusqu'ici révélée illusoire, et cela vaut autant pour les pays où on a établi une « dictature du prolétariat » que pour ceux où l'on a dû se contenter de la « participation au gouvernement ». Plus la puissance politique sur un État national a été conquise à fond, plus cet État, avec l'héritage de toute la civilisation et le milieu qu'il représente, imprime profondément sa marque à la nouvelle classe dominante : on croit conquérir, on est conquis. Il est ainsi prouvé par l'expérience qu'une nouvelle civilisation implique encore tout autre chose que le règne d'une nouvelle classe. Les faits suggèrent bien plutôt la supposition que nous vivons dans une situation où les tendances à la décadence dominant l'ensemble de la civilisation s'emparent également des mouvements sociaux et politiques qui agissent dans le cadre de cet ensemble, et cela exactement dans la mesure où ils tendent à la conquête du pouvoir ; or cette tendance-là est dans la nature de tous les mouvements politiques qui se livrent en fin de compte à la puissance qu'ils prétendent conquérir. La révolution n'est rien sans une transmutation des valeurs.

De tout ceci, il résulte que le mouvement qui entraîne le monde dans le torrent de la guerre mondiale en permanence condamne à une impuissance croissante les éléments qui lui résistent, parce que les objets auxquels ils se cramponnent sont entraînés dans le même tourbillon.

Cette conclusion peut s'appliquer à toute l'évolution signalée au chapitre 1 de cet ouvrage comme une conséquence de l'effort caractéristique de l'Occident vers la liberté, la dignité de la personne humaine, le gouvernement du peuple par lui-même, la détermination autonome du destin de la communauté, bref la démocratie au sens le plus large du terme.

Il semble que le sommet de cette courbe ait été atteint il y a environ un siècle. Depuis lors, un revirement s'est produit dans ce domaine aussi, dont l'allure s'est fortement accélérée, surtout au cours des trois dernières décades. Les institutions auxquelles, à l'époque des grandes révolutions bourgeoises, on avait confié la tâche de faire déterminer leur destin par les peuples et par les citoyens entrèrent vite dans un stade où la réalité apparaît comme la négation du but idéal d'autrefois. Elles n'échappèrent à la dégénérescence que dans quelques petits pays aux vieilles traditions, rompus à la pratique de l'administration locale par les citoyens eux-mêmes, ainsi que dans quelques autres zones sociologiques dont l'étroitesse permet de garder un contact direct suffisant entre les mandataires et les mandants. Mais dans les groupements plus vastes, particulièrement donc dans le gouvernement des grandes nations, de celles qui font la loi, le fonctionnement du mécanisme de direction finit par s'enrayer à cause de l'énormité de ses dimensions. Du fait qu'il a fallu insérer des institutions et des corps constitués toujours plus importants entre les électeurs et les hommes chargés de l'exécutif, le pouvoir est passé de plus en plus aux mains de ces derniers. La machine de l'État n'eut plus alors d'autre but que son propre entretien et sa propre expansion, et le Leviathan, devenant à la fois plus énorme et plus difficile à manier, constitua ainsi une menace de plus en plus précise.

En outre la grégarisation contribua à une transformation de l'opinion publique, qui, au lieu d'agir sur les événements, fut désormais prise en remorque par eux, grâce à la propagande des États d'une part, et d'autre part à l'influence de toutes sortes d'entreprises au service d'intérêts particuliers, irresponsables devant le peuple. L'âge du nationalisme déchaîné et des guerres mondiales impérialistes porta cette évolution à son comble. Sa fin logique est l'effondrement du régime de la volonté populaire devant une guerre qui menace tous les peuples et peut les dévorer tous, même si aucun d'eux ne l'a voulue.

La forte influence exercée ces derniers temps par la psychologie sur les sciences sociales explique les nombreuses et récentes tentatives faites pour amener à un commun dénominateur psychologique ce qu'il y a de positif dans la tendance d'ensemble de l'évolution de la civilisation occidentale depuis ses débuts. L'essai à mon avis le mieux réussi a abouti à formuler son sens global comme un affranchissement progressif de la peur. L'expression peut en effet s'appliquer avec presque autant d'exactitude aux aspects les plus divers de notre civilisation : le christianisme, religion d'amour, la science refoulant la peur de la nature grâce au savoir, la démocratie libérale remplaçant la peur du pouvoir politique par la confiance librement consentie, la démocratie socialiste - sa fille - chassant la peur économique. Très certainement, la quintessence psychologique de l'effort de l'Occident vers la démocratie, c'est le désir d'éliminer la peur de la violence comme motif du comportement politique. Sous cet aspect, notre époque dominée par l'angoisse de la guerre nous apparaît comme la relève de l'âge de la démocratie par son antithèse : l'âge de la peur.

CHAPITRE XI

LE DESTIN ET LE DEVOIR

Les courbes d'évolution à infléchissement brusque que nous avons observées sous des angles différents s'emboîtent les unes dans les autres, comme les thèmes d'une vaste fresque musicale, plutôt qu'elle, ne courent parallèlement les unes aux autres. Dans certains cas, qui appartiennent au domaine de la création intellectuelle et esthétique, elles atteignent très tôt leur point culminant ; en ce qui concerne par exemple l'architecture et la sculpture, on peut fort bien soutenir avec J.-K. Huysmans que, depuis le XIIIe siècle, le monde n'a fait que déchoir. Cette date correspond aussi en gros à celle où se sont manifestés pour la première fois l'affaiblissement et la scission des impulsions religieuses de notre civilisation. À bien d'autres égards par contre, le tournant critique s'est produit beaucoup plus tard : dans le domaine économique et en politique, il a fallu attendre le siècle dernier et, pour ce qui est des sciences exactes, le renversement dialectique est encore plus récent. Le développement de la technique moderne ne couvre au total que deux siècles et c'est pendant les quelques dernières dizaines d'années que l'on a assisté aux événements les plus importants. Toutefois, en dépit de ces différences dans la rapidité de l'évolution, toutes les courbes ont une forme analogue. Chose plus importante encore : leur tracé est à l'époque actuelle si concordant que l'on peut désormais parler d'une courbe unifiée de même direction et de même rapidité.

Or, cette rapidité est de toute évidence beaucoup plus grande qu'elle ne l'a jamais été pendant aucune des précédentes phases des différentes courbes envisagées.

Ce phénomène d'accélération demande à être étudié de près. Il est particulièrement surprenant de constater qu'il n'est pas limité aux événements qui se sont déroulés depuis l'an 1000. Il intéresse plutôt l'ensemble de ceux qui ont conduit à l'apparition de l'homme et de la civilisation.

On ne manquera pas d'être impressionné si l'on compare les périodes, écoulées entre les événements que nous allons indiquer et l'année de référence 1951 :

Apparition de la terre : environ 2.000.000.000 années

Apparition des premiers êtes vivants : environ 600.000.000 années

Apparition des mammifères : environ150.000.000 années

Apparition des quadrupèdes : environ 45.000.000 années

Apparition de l'homme : environ 650.000 années

Apparition de l'homme de Néanderthal : environ 100.000 années

Apparition de la plus ancienne civilisation historique : environ 6.000 années

Début de la civilisation occidentale : environ 950 années

Début des chemins de fer : environ 126 années

Début de l'automobile : environ 64 années

Début de l'aviation :   environ 46 années

Début de la bombe atomique :   environ 7 années

Ce ne sont là que quelques jalons choisis plus ou moins arbitrairement, et ceux de la période préhistorique n'ont pu être situés dans le temps qu'en vertu d'estimations grossières. J'ai emprunté ces chiffres aux sources qui, à ma connaissance, étaient actuellement les plus autorisées. Chaque fois que je me suis heurté à des opinions trop divergentes, j'ai fait une moyenne. Mais, même si l'on admet la possibilité d'erreurs grossières, dont le coefficient pourrait être compris entre 1/10 et 10 (ce qui représenterait plusieurs fois l'écart maximum entre les appréciations divergentes des experts), l'image d'ensemble, ne s'en trouve pas profondément modifiée. Étant donné la différence énorme entre les chiffres les plus grands et les chiffres les plus petits, if ne peut en tout état de cause être question que de comparer des ordres de grandeur.

À cette réserve près, on pourra se faire une idée plus claire des grandeurs indiquées ci-dessus en imaginant la comparaison suivante : supposons que le chiffre le plus grand - soit 2 milliards d'années, correspondant à l'âge approximatif de la terre - représente une distance de 1.000 km. (soit à peu près la ligne aérienne Lucerne- Copenhague) ; sur ces 1.000 km.; 300 (soit la ligne aérienne Lucerne Nuremberg) correspondent à l'âge des êtres vivants. Sur ces 300 km., l'homme « sauvage » (à partir de l'homme de Néanderthal) n'a parcouru que 50 mètres. Quant à la première civilisation attestée par l'histoire, elle a dû se contenter de trois pas d'un mètre chacun. Et depuis l'époque des chemins de fer, nous n'avons guère été au-delà de 63mm. : la longueur d'une cigarette.

Dans le cadre de la période totale qui, au Premier Livre de Moïse, correspond à l'histoire de la création du monde, l'histoire de l'humanité ne représente donc qu'une infime portion terminale, laquelle donne par-dessus le marché l'impression de se précipiter soudain vers une fin prochaine. Il ne s'agit toutefois là que d'une impression, et il serait téméraire de vouloir tirer des conclusions approfondies d'une simple comparaison où n'entrent en jeu, que des grandeurs linéaires et où l'on s'est contenté de faire correspondre une mesure de longueur à des choses d'essences très différentes.

Il en va déjà tout autrement si l'on examine la période historique, c'est-à-dire les quelque 6.000 dernières années, car il s'agit cette fois de phénomènes de même nature et que l'on peut comparer. Et si l'on s'en tient aux mille ans à peine qu'a duré la civilisation occidentale - et qui font à proprement parler l'objet de ce livre - on se heurte alors à des phénomènes dont la représentation symbolique exige beaucoup plus que de simples mesures de longueur.

Les courbes figurant l'évolution dialectique de la civilisation occidentale doivent en effet rendre compte à la fois d'une accélération et d'un changement de direction. Ce qui frappe tout d'abord à ce propos, c'est que le début de la courbe, c'est-à-dire sa partie croissante, est notablement plus longue que la partie récente, qui est décroissante. La section dirigée vers le bas est en outre caractérisée par le fait que sa courbe devient plus abrupte à mesure qu'elle s'éloigne du maximum pour se rapprocher du minimum atteint aujourd'hui. Enfin, la représentation linéaire devra tenir compte des deux caractéristiques suivantes, qui sont déterminantes : un changement de direction à « pulsation » rythmique et une accélération progressive du rythme de pulsation. Or il existe une courbe géométrique qui présente justement ces caractéristiques. Elle est simple et connue de tout le monde. C'est la spirale : courbe définie par un point qui se déplace en direction d'un point central en décrivant des révolutions de plus en plus fermées.

L'image de la spirale a déjà été employée par Goethe, mais dans un ordre d'idées quelque peu différent. On sait qu'il se représentait le développement des êtres vivants - et occasionnellement aussi l'évolution des sciences et de l'humanité en général - sous la forme d'une spirale ascendante. Ainsi se trouvaient concrétisées à la fois l'idée d'une évolution comportant un progrès ascendant et celle d'une succession rythmique de révolutions. Cette figure à trois dimensions peut également être appliquée à la marche de l'histoire si l'on veut symboliser, en plus de l'enroulement linéaire, une orientation pouvant être dirigée tant vers le haut que vers le bas. Dans ce cas, il nous faut nous représenter notre spirale sur l'arrière-plan d'une surface verticale, à la manière d'un ressort de montre vu de profil et dont l'extrémité, intérieure se trouve soulevée ou abaissée.

Avec cette figure, nous approchons de la limite où le symbole géométrique cesse d'être utilisable, soit parce qu'il ne rend plus compte de la complexité des phénomènes à représenter, soit parce qu'en raison de sa propre complexité, il ne permet plus de simplifier l'idée elle-même. En outre, le mouvement de la spirale vers le haut ou le bas ne figure pas dans la réalité une donnée objectivement mesurable, comme le temps et la vitesse : nous sommes forcés ici de juger suivant des critères purement subjectifs. Une année a la même durée pour tous les hommes, mais un événement historique peut être salué par les uns comme un progrès et déploré par les autres comme un signe de décadence.

La spirale ascendante peut donc fort bien être utilisée si l'on veut symboliser par là un progrès, une élévation constante, sinon rectiligne. Le biologiste peut très souvent y trouver son compte ; elle ne satisfait l'historien que dans la mesure où il « croit au progrès », au sens où l'entendaient nos ancêtres. Dès qu'il s'agit de représenter une évolution qui, comme celle des différentes civilisations ou des différents cycles de civilisation, comporte non seulement des phases ascendantes, mais aussi des phases déclinantes, la chose se complique. On en est alors réduit à imaginer que, tout en décrivant sa spirale, l'extrémité intérieure du ressort mobile s'élève d'abord pendant un certain temps pour se diriger ensuite vers le bas. Avec tout cela, la question reste encore entière de savoir si le point d'aboutissement de la courbe est situé au-dessus ou au-dessous du plan horizontal où se trouve son point de départ. La réponse à cette question pourra varier non seulement suivant que l'on croit ou non au progrès, mais encore suivant le lieu où l'on situe le point de départ de la courbe - c'est-à-dire, par exemple, lors de l'apparition de la civilisation la plus ancienne, ou au début de la période historique, ou encore ait début d'un cycle de civilisation déterminé. Le problème devient encore plus épineux si l'on estime, comme l'auteur de ces lignes, qu'il y aurait lieu en réalité de représenter trois processus : cumulatif, cyclique et dialectique. Ce serait en demander un peu trop à une figure de géométrie, à moins qu'on ne se passionne pour l'aspect mathématique du problème sans s'inquiéter de faciliter par une image la compréhension des phénomènes.

Tenons-nous-en donc à la question qui nous intéresse ici, et, sans rechercher si elles sont en fin de compte orientées vers le haut ou vers le bas, constatons que les révolutions de notre spirale deviennent de plus en plus fermées. Elles se sont même tellement fermées durant ces dernières années que le centre de la courbe ne saurait plus être éloigné. Les chiffres cités plus haut parlent une langue dont la clarté ne peut être mise en doute. Nous ne pouvons savoir où nous conduira en définitive ce tourbillon sans cesse accéléré de la spirale, mais il n'est guère douteux que nous approchions du terme, quel qu'il soit.

Toutefois, en dépit du très haut degré de vraisemblance avec lequel se présente une telle perspective, on fera bien de ne pas perdre de vue cette vérité, que nous enseignent les mathématiciens et suivant laquelle il n'est jamais possible de déterminer avec certitude le point final d'une courbe dont on ne connaît qu'une partie. En termes plus précis, bien que toujours empruntés à la langue commune : si nous suivons de l'œil un point dont le déplacement engendre une courbe donnée, et que nous le suivions jusqu'à la limite de notre champ de vision, nous ne Sommes pas pour autant en mesure de prédire avec certitude dans quelle direction il se déplacera ensuite. Nous pouvons admettre comme vraisemblable que le point continuera à suivre la courbe telle qu'elle est indiquée par la formule algébrique correspondant à la section qui nous est connue, ou telle que nous l'imaginons d'après une physionomie générale qui nous semble familière. Notre hypothèse sera d'autant plus vraisemblable que la section de courbe connue est plus importante et que son aspect est plus caractéristique. Mais il ne peut pas être question de certitude à ce sujet. Il nous faut donc toujours admettre la possibilité que la courbe qui nous était jusqu'à ce point apparue comme une spirale, prenne ensuite -une allure toute différente.

S'il convient de ne pas perdre de vue la différence entre vraisemblance et certitude, ce n'est pas seulement à cause de la nature même de la courbe tracée par notre imagination, mais encore et surtout parce que nous ne savons pas dans quelle mesure cette courbe recouvre exactement les phénomènes qu'il s'agit de représenter. Le problème le plus épineux est en l'occurrence de savoir où il faut situer le début de la spirale dont l'extrémité nous semble maintenant proche. S'agit-il ici uniquement de notre civilisation occidentale, on de la civilisation en général, ou de l'humanité, ou même du monde ?

Selon moi, il est heureux que la science n'apporte aucune réponse à cette question. Si le domaine de la certitude était ici trop étendu, celui de la liberté en serait, restreint d'autant. Or, sans liberté, il n'y a plus de choix raisonnable des buts, ni d'action consciente : la vie n'a plus de sens. Mais de même que nous pouvons nous estimer heureux de ne pas savoir ce que l'avenir nous réserve, de même nous devrions nous réjouir de pouvoir reconnaître le danger dont il nous menace, car la connaissance de ce danger nous dicte notre devoir.

Un tel raisonnement aura sans doute de quoi surprendre un grand nombre des hommes de ma génération. Depuis un siècle au moins, on s'est habitué à penser - et cela surtout en Allemagne - que l'étude de l'histoire permettait d'en déduire la nature d'un inéluctable destin dont nous sommes là pour être les exécutants. Selon le principe hégélien, la liberté ne peut consister qu'à reconnaître la nécessité et à l'exécuter ensuite en pleine conscience. Dans l'esprit de nos pères et de nos grands- pères, ce déterminisme historique a si bien pris la place de l'ancienne croyance à la volonté du Tout-Puissant (ou, pour les athées, de la croyance au hasard), qu'il a marqué de son empreinte les conceptions du monde les plus diverses de cette époque. On le trouve entre autres à la base du marxisme orthodoxe aussi bien que de l'anti-marxisme d'un Spengler.

Comme toutes les autres formes plus anciennes de superstition, ce respect idolâtre pour des produits de la pensée humaine a déjà fait de nombreux ravages. L'homme a toujours à se repentir lorsqu'il s'arroge un pouvoir qui dépasse ses forces et sa destination naturelle. La croyance selon laquelle il existe -un destin historique collectif dont nous avons la possibilité de connaître et ensuite le devoir d'exécuter les commandements, comme s'il s'agissait de remplir une mission supérieure, une telle croyance a déjà suscité beaucoup de fanatisme et fait couler beaucoup de sang. Mais, de ces excès mêmes et de l'expérience d'une série de guerres, il est résulté récemment un certain scepticisme à l'égard des prophètes de l'historisme ; et cet état d'esprit a pour effet de rendre le public plus sensible aux découvertes qui ont tout récemment sapé la base du déterminisme jusque dans son plus authentique domaine, celui des sciences exactes.

D'ailleurs, en ce qui concerne l'histoire, on n'a fait que confirmer ce que l'expérience avait depuis longtemps enseigné : à savoir qu'aucun homme n'a encore pu écrire l'histoire à l'avance. Les augures les plus pénétrants ont toujours mêlé le faux et le vrai, et leurs prophéties plus ou moins exactes n'ont en général été rien d'autre que la projection dans un avenir proche de certaines tendances déjà inscrites dans l'évolution. Mais c'est précisément de ce genre de prophéties qu'il convient de se méfier à une époque qui, comme la nôtre, est peut-être déjà en marge de l'histoire, ou du moins se trouve dangereusement menacée de l'être bientôt. À cet égard, les historiens sont dans une situation assez analogue à celle des météorologistes : on peut prévoir avec une grande vraisemblance que la zone frontale d'une, dépression apportera des précipitations suivies d'un rafraîchissement et d'éclaircies. Quant à prévoir un tremblement de terre, c'est là une autre question.

Aussi la science ne pourra-t-elle jamais nous révéler notre destin ; elle ne pourra que nous indiquer notre devoir. Pour employer une autre image de Goethe : nous devons nous contenter des cartes que nous avons en mains, mais, avec ces cartes, nous pouvons jouer de différentes manières.

En quoi consiste donc le devoir que dicte la situation actuelle, de l'humanité et de la civilisation ? La réponse à cette question résulte directement du diagnostic formulé dans les chapitres précédents, pour autant qu'on en reconnaît la justesse. Nous sommes menacés d'une catastrophe universelle dont nous ne pouvons pas savoir si et quand elle se produira, ni quelle en sera l'issue. Mais ce que nous savons bien, c'est qu'elle est dans la ligne de certaines tendances évolutives qu'il nous est actuellement possible de constater et qu'il nous faudrait par conséquent stopper ou détourner avant que la menace ne devienne inéluctable. Une fois qu'on a déterminé la direction du courant contre lequel il s'agit de nager, on connaît du même coup la direction opposée que l'on doit prendre.

Dans une situation de ce genre, on songe immédiatement à la formule de Toynbee, à laquelle ce dernier n'a peut-être eu que le tort de donner une valeur un peu trop générale : je veux dire *challenge and response*, littéralement « provocation et satisfaction » (ou, en termes plus sobres, mais de même sens : « tâche » et « accomplissement »). Le suprême *challenge* lancé aux hommes de notre époque, c'est de stopper les tendances qui conduisent au suicide collectif par le moyen d'une guerre générale. Ainsi se trouve précisément et clairement délimitée la tâche qui s'impose à tous les hommes dans le domaine de la vie publique. La part de chacun n'est guère plus difficile à déterminer : elle est fonction de son rayon d'action naturel, c'est-à-dire des forces et des capacités dont il dispose, ainsi que des possibilités d'agir que lui confère sa situation dans l'État et dans la société.

Une autre tâche s'impose en outre, qui concerne la formation de l'esprit public et la création d'un style de vie différent, et cette tâche conserverait encore toute son importance si un retournement heureux se produisait *in extremis* et nous permettait d'échapper à la fatalité d'une nouvelle guerre. Elle consiste à tenir en échec les tendances qui, dès avant l'ère des guerres mondiales, menaçaient déjà notre civilisation de décomposition et de décadence. Là encore, la direction à prendre se déduit pour ainsi dire automatiquement de la direction opposée ; le devoir résulte du diagnostic. Pour sauver notre patrimoine culturel, ce qui importe essentiellement c'est de pouvoir immuniser - ou réimmuniser - contre la grégarisation une partie aussi importante et aussi influente que possible de l'humanité.

Il n'y aurait donc plus rien à ajouter sur ce sujet - en supposant toujours que l'on admette la justesse du diagnostic - s'il n'était opportun de rappeler ici certaines conditions générales que nous avons à remplir pour augmenter au maximum les possibilités de succès. Elles consistent - 1° à connaître exactement la position de l'adversaire ; 2° à ne pas sous-estimer sa force ; 3' à ne pas la surestimer non plus.

Connaître exactement la position de l'adversaire est chose pratiquement difficile en raison surtout des interférences qui, dans l'atmosphère enfiévrée des relations internationales à notre époque, sont le produit des sympathies et des antipathies nationales. C'est pourquoi une foule d'hommes par ailleurs clairvoyants, ne veulent et ne peuvent souvent voir un mal, dont ils pourraient aussi bien trouver l'exemple autour d'eux, que sous la forme où il se présente dans le camp d'un adversaire détesté. La passion politique vient alors également fausser leurs jugements sur la civilisation.

Ne voit-on pas une moitié de l'Occident accuser l'autre de représenter un stade de civilisation inférieur ou dégénéré ? Mais lorsqu'il s'agit de la civilisation occidentale dans son ensemble, on doit, si l'on ne veut pas s'en tenir à la caricature, envisager les choses sous l'angle universel.

L'Europe est à ce point de vue un lieu géographiquement assez favorable car, en tant que berceau et patrie traditionnelle de la civilisation occidentale, elle est, plus que toute autre région du monde, susceptible de fournir les étalons de mesure permettant de comparer le passé et le présent. Les peuples jeunes, comme les Américains et les Russes, éprouvent à cet égard beaucoup plus de difficulté car leur regard saute directement du présent dans l'avenir.

L'Européen qui réussit à envisager les choses non seulement sous l'angle politique, mais également sur le plan de la civilisation, constate qu'à côté de ce qui oppose les États-Unis et l'U.R.S.S., il existe aussi entre les deux pays un certain parallélisme. Pans un ouvrage qui est le meilleur roman satirique d'anticipation, Aldous Huxley va jusqu'au bout des conséquences que l'ère du machinisme aura sur notre civilisation, et ce n'est pas par hasard si son *Brave new world* peut s'appliquer aussi bien à la Russie qu'aux États-Unis. D'autre part, dans des pages qui en maint endroit prêtent à contestation, mais donnent toujours matière à penser, le Suisse Adrien Turel a parlé d'une certaine « convergence » des deux mondes. Ils incarnent l'un et l'autre à ses yeux un « rétro-impérialisme » qui place pour ainsi dire l'Europe devant les conséquences de cette évolution technique qui a pris naissance sur son sol, mais a atteint son plein développement en dehors de ses frontières : le « monde artificiel de la technique », émigré vers des « territoires colonisés à la périphérie », exerce un pouvoir hégémonique en face duquel l'Europe se cantonne désormais dans une attitude réceptive. À l'aide d'un certain nombre de détails historiques, Turel illustre cette convergence qui, selon lui, ne réside pas seulement dans la simultanéité de la phase coloniale et du passage à l'indépendance : « L'abolition de l'esclavage en Amérique et l'affranchissement des serfs en Russie coïncident à une année près et elles ont des causes presque identiques. Abraham Lincoln (qui fut par la suite assassiné, comme le fut Alexandre II, le tsar libérateur) ne voulait procéder que progressivement à l'affranchissement des nègres et contre versement d'une indemnité aux propriétaires d'esclaves ; ce qui aurait conduit à des opérations commerciales analogues à celles que les grands propriétaires russes purent réaliser justement grâce à la « perte » de leurs serfs. Le parallélisme peut être pousse encore plus loin. Dès maintenant, on voit clairement que l'impressionnante révolution industrielle qui se déroule en Russie depuis 1917 correspond en grande partie au début de l'ère du fordisme aux États-Unis. »

Bien sûr, il ne s'agit là que de l'une des faces de la réalité, niais elle mérite d'autant plus d'être soulignée qu'elle se trouve habituellement éclipsée par l'autre face, plus volontiers mise en lumière.

En adoptant ce point de vue plus universel, on est moins exposé au danger de surestimer les traits plus ou moins accidentels, et en tout cas passagers, d'un tableau conditionné par l'actualité politique, et de négliger du même coup les phénomènes plus essentiels et plus durables du « rétro-impérialisme » culturel.

Pour l'Européen cultivé, ce danger consiste principalement à considérer la mécanisation de la vie, la grégarisation, l'appauvrissement intellectuel, et, d'une manière générale, les signes de décadence qu'on observe aujourd'hui dans notre civilisation, comme des phénomènes par trop exclusivement américains. Cette interprétation géographique n'est pas moins chère à tous ceux, si nombreux, qui éprouvent encore moins de sympathie pour la conception russe que pour la conception américaine de la vie. C'est qu'en réalité, les « radiations culturelles réfléchies » que l'Europe reçoit actuellement de l'extérieur proviennent presque - uniquement de l'Amérique et non de la Russie. Cet état de choses n'a presque rien à voir avec les relations politiques, la propagande, etc... Il résulte tout simplement des relations économiques et du fait que, dans une Europe appauvrie, mais cependant matériellement favorisée par rapport à la Russie, la riche Amérique, auréolée de son prestige, suscite le mimétisme et exerce une attraction analogue à celle d'une aristocratie sociale sur les classes inférieures de la société.

Ainsi s'explique que, vue d'Europe, la lutte contre la décadence de notre civilisation apparaisse si souvent en pratique comme une lutte contre l'américanisation. L'Amérique nous offre sans aucun doute l'image de notre avenir, mais il faut désormais l'entendre dans -un sens différent de celui qui avait cours à l'époque de la religion du progrès. Si l'Amérique est à la pointe d'un mouvement qui nous entraîne non pas vers le haut, mais vers le bas, elle précipite le déclin de notre civilisation et elle est elle-même la plus proche de l'abîme.

Ce n'est donc pas par hasard qu'à peu près tous les mots qui symbolisent le mieux la décadence culturelle, en Europe et presque partout dans le monde, sont empruntés au vocabulaire américain. Comment ne pas penser à Hollywood, jazz, sex-*appeal, best-sellers, gangsters, beauty parlours, taxi girls, glamour, house bars, cocktail parties, tabloïds, digests, publicity drives, chewing gum, coca-cola, pin-up-girls,* etc...

Mais, à y regarder de plus près, on s'aperçoit qu'il s'agit dans tout cela de jeunes pousses sorties du vieux tronc ; leur croissance s'est seulement trouvée accélérée du fait que, se développant sur un sol vierge, elles n'ont pas été gênées par l'influence de leur milieu. La civilisation américaine n'est au fond rien d'autre que celle de l'Europe moderne sous une forme chimiquement pure, et elle n'exercerait pas sur l'ancien continent une influence aussi considérable si l'évolution en Europe n'était pas en fin de compte dirigée dans le même sens. La seule différence, c'est que l'Europe est un peu à la traîne, ce qui donne encore une plus grande force d'attraction à l'exemple américain. Cependant, il suffit de jeter un regard sur le reste du monde pour voir que les mêmes causes technologiques, économiques, sociales et psychologico-sociales ont partout les mêmes effets. On se contentera de rappeler qu'en Amérique également une petite élite lutte contre les mêmes symptômes de décadence que nous appelons ici américanisation, et qu'elle voit en eux une « désaméricanisation » et comme la négation des idéaux de ses ancêtres, les pionniers et les fondateurs de la grande république. Rien ne pourrait prouver plus clairement qu'il est vain de chercher le mal dans un pays étranger quel qu'il soit, car ce mal est partout, dans notre voisinage immédiat et en nous-mêmes.

Celui qui a pris nettement conscience de cette vérité ne court plus le risque de sous-estimer la force de l'adversaire. Si mon diagnostic est exact, ne serait-ce que dans ses grandes lignes, on doit en conclure que le courant qui nous porte actuellement nous entraîne à une allure accélérée vers une catastrophe. J'ai fait de ce dernier mot un usage modéré, car il est employé à tort et à travers par de trop nombreux prophètes de malheur dont le fatalisme effraie et paralyse, plutôt qu'il n'éclaire l'intelligence. Maintenant encore, je ne voudrais pas employer ce mot sans préciser qu'il doit être compris ici dans son sens étymologique grec – et non pas dans son acception impropre, qu'un certain journalisme a rendue populaire à force d'appeler catastrophe n'importe quel grand malheur, comme il qualifie abusivement de « tragique » n'importe quel événement alarmant ou affligeant. Une catastrophe, c'est, au pied de la lettre, un retournement des choses, un *dénouement,* c'est-à-dire un événement soudain qui vient dénouer une situation dramatique. En ce sens, on peut dire sans aucune réserve que notre civilisation va vers une catastrophe ; elle s'en rapproche même à une allure telle que, dans l'état actuel des choses, il nous reste très peu de temps pour prendre position sur l'alternative qui demeure posée par principe à toute espèce d'êtres vivants non encore éteinte : je veux dire, le choix entre la mort et la mutation.

Aussi longtemps que ce choix reste possible, on doit se garder de surestimer la force de l'adversaire jusqu'à en être réduit à considérer toute résistance comme complètement absurde et désespérée. La crainte du danger paralyse, mais la connaissance du danger rend fort. En l'occurrence, elle nous indique deux moyens possibles d'y échapper. L'un ne dépend pas de nous, mais de forces dont l'origine est inaccessible à notre raison ; les uns les appellent providence, les autres destin, ou encore hasard, et ce sont elles qui, en biologie, déterminent les mutations et, en histoire, les renversements et les catastrophes. Quant à l'autre moyen possible (qui du reste pourrait bien avoir avec le premier des attaches profondes et invisibles), les hommes peuvent l'adopter ou le rejeter par une décision libre et consciente de la volonté.

Cette affirmation laisse entier le problème métaphysique du libre arbitre. Je me garderai bien de l'aborder, tout d'abord parce que sa résolution excède les possibilités de mon entendement ; en second lieu, parce que je soupçonne depuis longtemps qu'il s'agit moins en l'espèce d'un problème réel que d'une dispute de mots ; et troisièmement, parce que j'estime qu'il nous détourne du problème essentiel que nous avons à résoudre. Ce problème, c'est de savoir distinguer ce qui dépend de nous de ce qui n'en dépend pas.

Question de bon sens d'ailleurs, et qui est déjà à moitié résolue lorsqu'on reconnaît que, comme le prouve l'expérience de tous les jours, il y a des choses que l'on peut faire à côté d'autres qu'il faut bien accepter. De là cette conception sur laquelle reposent toute notre morale et tout notre système juridique, et selon laquelle nous portons la responsabilité de nos actions - une responsabilité qui n'est assurément pas illimitée, mais qui n'en est pas moins très réelle.

Chacun sait que notre conduite est en grande partie conditionnée par nos dispositions héréditaires, notre constitution physique et notre milieu social. Mais on s'accorde aussi généralement à reconnaître qu'aussi longtemps que nous jouissons de toutes nos facultés conscientes, nous portons la responsabilité de toute action impliquant un choix entre ce qui est bien ou mal, vrai ou faux, noble ou vulgaire, opportun on inopportun.

En politique comme dans les petites questions que pose la vie quotidienne, le commencement de la sagesse, c'est de trouver la ligne de partage entre les deux domaines. Si nous sous-estimons l'étendue de notre liberté, nous courons le risque d'être le jouet de circonstances extérieures et de renoncer gratuitement au privilège suprême de tout homme d'exercer consciemment une influence positive sur son milieu. Si, par contre, nous nous exagérons notre pouvoir en ce domaine, nous risquons de gaspiller inutilement nos forces en nous heurtant à une foule d'obstacles. En bref, il y a des choses devant lesquelles nous sommes absolument désarmés, et d'autres qui sont en notre pouvoir ; mais il y en a également dont nous ne savons pas si nous pouvons avoir sur elles une influence avant d'en avoir fait l'épreuve. Enfin, il y a des choses qui dépendent du comportement d'une collectivité humaine dont nous ne sommes que d'infimes composants, et sur laquelle l'individu ne peut donc exercer qu'une influence infinitésimale ou marginale.

Ces cas limites sont les seuls qui posent un problème de philosophie morale important et délicat. On en trouve des exemples dans le cas de l'électeur qui se demande si sa voix changera quelque chose au résultat du vote ; dans celui du soldat dont la bravoure ou la lâcheté ne suffira tout de même pas à décider du sort de la bataille ; ou dans celui du contribuable qui se demande avec scepticisme s'il importe tellement pour l'État d'être ou non frustré d'une partie des impôts qu'il lui doit. Il est bien évident que de tels problèmes ne sauraient être résolus par des considérations purement rationnelles, à base d'intérêt bien compris ou de commodité personnelle. L'impératif catégorique de Kant ne résout lui-même pas grand-chose, car la question :

« Qu'arriverait-il si tous agissaient comme moi ? » constitue un argument trop faible pour dominer la voix des intérêts et des passions. En réalité, ce qui décide dans de tels cas limites, c'est un sentiment qui place le devoir envers autrui au-dessus des attraits de l'inclination ou de l'intérêt personnel. En dernière analyse, c'est dont la force du sentiment moral du devoir qui décide ; et c'est, dans la réalité des faits, le processus psychologique dans tous les cas où ce sentiment entre en lutte avec les forces qui le contrarient, que cette lutte promette ou non le succès.

Du destin que l'avenir nous réserve, nous ne pourrons jamais connaître que ce qui est nécessaire pour nous dicter le devoir dont l'accomplissement aboutira à notre victoire ou à notre perte. À cet égard, tout ce que la science peut nous révéler, c'est que chacun de nous peut appartenir aux cas limites susceptibles de faire finalement pencher la balance. Et quand bien même nous devrions dès maintenant placer tout notre espoir dans une mutation : les mutations s'opèrent en définitive sur des individus qui forment un type nouveau.

La même vérité est exprimée sous une forme moins prosaïque dans le Premier Livre de Moïse (18, 22-23). Il n'y a peut-être, dans tout l'Ancien Testament, rien de plus attachant et de plus profondément humain que le dialogue où Abraham s'efforce d'obtenir de Jéhovah que Sodome soit sauvée de la destruction qu'elle a méritée. Abraham demande : « Peut-être y a-t-il cinquante justes au milieu de la ville ; les feras-tu périr aussi et ne pardonneras-tu pas à la ville à cause des cinquante justes qui sont au milieu d'elle ? » Jéhovah répond : « Si je trouve dans Sodome cinquante justes au milieu de la ville, je pardonnerai à toute la ville à cause d'eux. » Sur quoi Abraham pousse un peu plus loin son avantage : « Peut-être, des cinquante justes, en manquera- t-il cinq ; pour cinq, détruiras-tu toute la ville ? » Et Jéhovah dit : « Je ne la détruirai point si j'y trouve quarante-cinq justes. » À ce point, Abraham ne veut pas rester en si bon chemin. On continue à marchander ; de quarante-cinq, on descend à quarante, puis à trente, puis à vingt, et, pour finir, à dix. Après que Jéhovah a dit « Je ne la détruirai point à cause des dix justes », les deux interlocuteurs se séparent pour suivre chacun son chemin ; mais on reste sous l'impression que le Tout-Puissant se souciait peu du nombre des justes et qu'il voulait surtout éviter que la dernière source de justice fût tarie ; car toute source peut devenir un fleuve.

Pour en revenir au langage de tous les jours lorsqu'il y va du destin de tous, il importe que chacun fasse ce que sa conscience lui ordonne de faire ; le reste n'est pas en notre pouvoir.

DÉJÀ PARUS

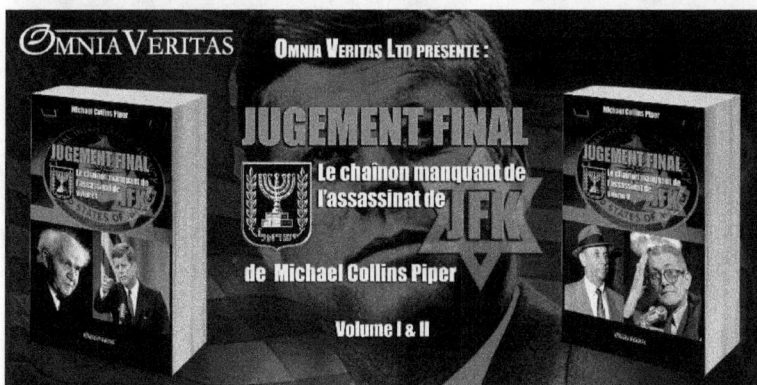

OMNIA VERITAS
Omnia Veritas Ltd présente :
Triptyque sur le conditionement de l'homme par la femme
par
ESTHER VILAR
I
II
III
Une analyse des rapports entre hommes et femmes dans les pays occidentaux

OMNIA VERITAS
OMNIA VERITAS LTD PRÉSENTE :
ORION
GEORGES VERMARD
LA TRILOGIE
L'Égypte Antique, lance un défi à notre monde contemporain

OMNIA VERITAS
OMNIA VERITAS LTD PRÉSENTE :
La Tradition Hermétique
GEORGES VERMARD
Roman initiatique
Une connaissance mystique cachée d'un niveau transcendant

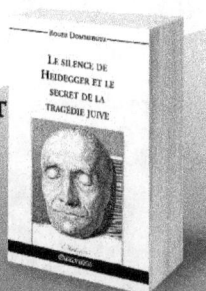